新时代行业特色高校
治理模式与创新发展研究

王宇波　于　辉　张京京　王　鹏　著

科学出版社

北　京

内 容 简 介

行业特色高校在引领行业创新发展、服务国家重大战略需求、推动高等教育强国建设等方面具有不可替代的重要作用。破解我国行业特色高校发展面临的现实困境与复杂问题，构建适应新时代发展要求的行业特色高校治理模式以及创新发展路径，实现行业特色高校高质量、内涵式发展，成为亟待解决的关键问题。本书以行业特色高校发展中存在的现实问题为逻辑起点，通过多学科交叉融合，探索新时代行业特色高校多元协同治理模式，明确其战略定位与选择，厘清其与政府、市场和社会之间的相互作用机制，构建新时代行业特色高校创新发展的机制与路径，对创新型人才培养路径提出了对策建议。

本书适合从事大学治理研究工作的学者和高校管理者阅读参考。

图书在版编目(CIP)数据

新时代行业特色高校治理模式与创新发展研究/王宇波等著. —北京：科学出版社，2023.4

ISBN 978-7-03-074747-1

Ⅰ. ①新… Ⅱ. ①王… Ⅲ. ①高等学校–学校管理–研究–中国 Ⅳ. ①G647

中国版本图书馆 CIP 数据核字（2023）第 016109 号

责任编辑：王丹妮／责任校对：贾伟娟

责任印制：张 伟／封面设计：有道设计

科学出版社 出版

北京东黄城根北街 16 号

邮政编码：100717

http://www.sciencep.com

北京中科印刷有限公司 印刷

科学出版社发行 各地新华书店经销

*

2023 年 4 月第 一 版 开本：720 × 1000 1/16

2023 年 4 月第一次印刷 印张：13 1/4

字数：267 0000

定价：162.00 元

（如有印装质量问题，我社负责调换）

前　言

行业特色高校是中国特色高等教育的重要组成部分，具有毕业生就业领域相对集中、学科专业设置相对聚焦、主要服务于相关特定行业、曾经或依然归属行业主管部门等特征。随着高等教育管理体制的改革，行业特色高校有了新的发展空间和办学平台。与此同时，为了适应外部环境的变化，处理与政府、市场、社会的外部关系，行业特色高校普遍面临着诸如发展战略、办学定位、治理路径等一系列新的矛盾和问题。

党的二十大报告提出，高质量发展是全面建设社会主义现代化国家的首要任务①。如何把握时代脉搏，立足新发展阶段、贯彻新发展理念、构建新发展格局，从而推进经济社会高质量发展是我国全面建设社会主义现代化、实现中华民族伟大复兴的时代主题。高等教育是促进社会进步和构建新发展格局的重要载体，高等教育高质量发展是我国高质量发展的关键环节，而行业特色高校的高质量发展无疑是我国高等教育高质量发展题中应有之义。新发展阶段，行业特色高校必须融入社会发展大循环，构建适应国家发展进程的高水平人才培养体系。

一、行业特色高校对推动经济社会发展具有重大作用

行业特色高校是高等教育适应特定历史时期经济建设和社会发展的产物，肩负着引领行业发展和促进我国高等教育由大变强的重要使命。新中国成立初期，百废待兴，为了推动国民经济和工业体系的建设，国家新设了钢铁、地质、矿冶、水利等 12 个工业专门学院，奠定了行业特色高校的基础。一直到改革开放前，行业特色高校面向新中国成立初期国民经济建设的需要，培养了一大批专门技术人才，弥补了行业经济发展人才的缺口。改革开放以后，行业特色高校进入快速发展期，为培养行业所需人才、促进行业科技进步和服务经济社会发展做出了重要贡献。20 世纪末，随着高等教育管理体制改革，一批行业特色高校进行机制创新，适时调整办学思路，继续加强与行业骨干单位联合培养人才，促进学科交叉，搭建协同创新平台，取得了新的进步和发展。“双一流”战略的实施，带动

① 习近平. 习近平：高举中国特色社会主义伟大旗帜 为全面建设社会主义现代化国家而团结奋斗——在中国共产党第二十次全国代表大会上的报告[EB/OL].[2023-02-21]http://www.gov.cn/xinwen/2022-10/25/content_5721685.htm.

一批行业特色高校主动抢抓机遇，革新办学观念，增强办学实力，力求在高质量发展上实现突破，推动高等教育内涵发展,为创新型国家建设贡献力量。

行业特色高校具有因国家需要而建立、应国家需要而发展的历史必然。不管在哪个时期，行业特色高校一直承担着人才培养、科学研究的重任，主动服务于国家重大战略需求，承担国家有关行业关键性技术的重大、重点项目，不断创造出世界领先、世界一流的科研成果，在我国新型工业化道路和建设创新型国家的进程中扮演着重要角色，发挥着不可替代的重要作用。同时，经过数十年的发展，行业特色高校具有深厚的行业背景，与所在行业存在很高的依存度和关联性，形成了行业特色高校的专长和特色，也已经成为高等教育多样化、多类型办学的中坚力量。

二、新时代行业特色高校发展面临重要的机遇和挑战

进入新时代，行业特色高校的责任担当、服务范围、与行业及主管部门之间的关系已经发生了巨大变化。

一是新一轮科技革命和产业变革提出了新要求。进入 21 世纪以来，全球科技创新进入空前密集活跃期，新一轮科技革命和产业变革方兴未艾，一些重大科学问题的原创性突破正在开辟新前沿、新方向，一些颠覆性技术创新正在创造新产业新业态，国家亟须全面增强自主创新能力，行业特色高校发展面临新机遇和挑战。一方面，行业特色高校作为行业技术创新和知识创新的主力军，应在行业关键技术研发方面承担更多责任，做出更多突破，推动行业科技进步与发展。另一方面，行业特色高校作为向相关行业培养输出高素质人才的重要基地，须全面提升人才培养质量，为国家创新驱动发展战略提供人才保障和支持。

二是高等教育发展迎来了新变化和新要求。习近平总书记在党的二十大报告中强调，加快建设高质量教育体系[①]。对高等教育而言，从根本上讲，就是要加快建设贯彻新发展理念、适应新发展格局需要的高质量高等教育体系，在量的合理增长和质的稳步提升两方面，促进高等教育发生格局性变化，赋能教育强国建设。行业特色高校虽然整体实力较为雄厚，但一些高校存在优势学科较为单一、学科面狭窄、学科交叉融合不够、学科布局失衡等问题，这既不利于科技创新取得大的突破，也不利于人才综合素质的培养，而且影响着丰富多彩的校园文化的形成。新形势下，行业特色高校要对照党和国家对高等教育的新要求，深入思考和探索，如何在坚持办学特色、发挥学科优势的同时，转变固有思维、打破合作

---

① 习近平. 习近平：高举中国特色社会主义伟大旗帜 为全面建设社会主义现代化国家而团结奋斗——在中国共产党第二十次全国代表大会上的报告[EB/OL]. [2023-02-21] http://www.gov.cn/xinwen/2022-10/25/content_5721685.htm.

壁垒，不断补短板、强弱项，全面提升办学质量和办学实力。

三是行业特色高校自身发展面临着新形势。行业特色高校在长期办学实践中与所在行业的依存度和关联性很高，这虽然是行业特色高校的专长和特色，但也面临新的挑战。伴随创新发展、经济转型、产业升级、新业态涌现、信息技术提升等，一些原行业所属科研院所推进企业化改制，研发经费倍增，工程试验验证的硬件条件不断完善，企业创新资源与能力大幅提升，行业对高校在技术与工艺领域的需求减弱，对于人才的需求也发生了变化。同时，随着行业改革开放不断深入，行业“壁垒”和“门槛”降低甚至消除，一些非本行业的高校也纷纷参与行业发展，行业对于业内高校人才与服务的依赖性下降，导致行业特色高校的生存空间受到挤压。另外，当前行业及其学会、协会对相关行业特色高校的办学资源投入也在减少，政策的倾向性有所改变。如果行业特色高校不能与时俱进、开拓创新，将会与行业的发展渐行渐远。

教育部、财政部、国家发展和改革委员会联合印发的《关于深入推进世界一流大学和一流学科建设的若干意见》提出要“强化一流大学作为人才培养主阵地、基础研究主力军和重大科技突破策源地定位，依据国家需求分类支持一流大学和一流学科建设高校，淡化身份色彩，强特色、创一流”。行业特色高校在引领行业创新发展、服务国家重大战略需求、推动高等教育强国建设等方面具有不可替代的重要作用。党和国家对于“双一流”建设的政策导向，突出了面向需求、强化特色、注重产学研结合、培养一流人才的要求，这就为以服务国家重大战略需求为己任、与行业产业及区域发展对接联动、特色鲜明的行业特色高校提供了新的发展机遇。破解我国行业特色高校发展面临的现实困境与复杂问题，构建适应新时代发展要求的行业特色高校治理模式以及创新发展路径，实现行业特色高校高质量、内涵式发展，成为亟待解决的关键问题。

三、新时代行业特色高校治理模式与创新发展研究

本书是在国家自然科学基金委员会管理科学部 2020 年第 1 期应急管理项目“新时代行业特色高校治理模式与创新发展研究”（项目编号：7204102363）研究成果基础上经过修订、充实而形成的论著。该课题由西北工业大学张炜教授主持，课题组成员包括王宇波、于辉、张京京、王鹏、张学良、王莉、王彦革。此外，王贞敏、李卫卫、陈梦婷、陈军、周明莉等 5 位学生参与了本书的编著。在国家自然科学基金委员会的支持下，课题组以行业特色高校发展中存在的现实问题为逻辑起点，综合运用聚类分析法、调查研究法、扎根理论法和案例研究法，通过多学科交叉融合，探索新时代行业特色高校多元协同治理模式，明确战略定位与选择，厘清其与政府、市场和社会之间的相互作用机制，构建行业特色高校

创新发展的机制与路径。

项目研究大致经历了四个阶段。第一阶段（2020 年 7 月至 2020 年 11 月）：2020 年 7 月，国家自然科学基金委员会召开启动会之后，项目组立即投入到研究工作中，完善文献综述与研究框架制定。2020 年 8 月至 11 月开展了访谈与问卷调查。访谈了 5 所国防军工高校和 9 个国防军工企业，发放了 2220 份调查问卷，有效问卷回收率为 91%，问卷主要针对教师、学生、职能部门以及用人单位。第二阶段（2020 年 12 月至 2021 年 3 月）：对访谈结果和回收问卷进行数据分析，并结合研究需要，进行补充调研。2020 年 12 月召开项目推进会，总课题和子课题共同研讨项目的难点。2021 年 2 月由总课题组牵头，统筹各子课题研究进展，部署本书撰写事宜。2021 年 3 月召开项目中期交流会，研讨课题推进情况与下一步研究计划。第三阶段（2021 年 4 月至 2021 年 7 月）：2021 年 4 月 17 日至 18 日课题组所在单位举办了“新时代行业特色高校高质量发展与创新型人才培养”学术论坛和项目中期检查会，邀请了国内知名专家对项目进行评估研讨。中期检查结束后，课题组立即召开项目推进会，对专家建议进行逐条梳理，明确下一步的研究任务。2021 年 5 月至 7 月，进行了补充调研，进一步丰富研究资料，并完成本书初稿的撰写。第四阶段（2021 年 8 月至 2021 年 12 月）：2021 年 8 月，研究成果上报相关单位，推动研究成果的落实与应用。9 月，再次召开项目推进会，总结项目完成情况，思考未来研究方向。12 月，圆满完成各项研究任务，整理凝练研究成果，准备结题。

根据总体设计，本书共分为五篇：第一篇为新时代行业特色高校治理模式与创新发展研究的基础与现状（第一章到第四章），介绍了本书的主旨立意、文献基础、理论挖掘以及调研设计等方面内容；第二篇为新时代行业特色高校的治理模式（第五章到第七章），论述了行业特色高校的要素特点、发展阶段、辩证关系，明确了新时代行业特色高校的治理理念、治理主体和治理制度，辨识了国防军工高校治理模式的特征，形成了模式架构；第三篇为新时代行业特色高校的战略管理（第八章到第十章），梳理了行业特色高校战略管理的演进特征与制度逻辑，论述了国防军工高校的战略规划与管理实施策略；第四篇为新时代行业特色高校与政府、市场和社会的关系（第十一章到第十四章），对用人单位、高校职能部门等开展了调研访谈与数据分析，厘清了“政府—市场—高校—社会”“四元关系”形态框架，阐述了“四元关系”的相互作用机制，分别从供给和需求视角下，对创新型人才培养提出了对策建议；第五篇为新时代特色高校的创新发展机制：以国防军工行业特色高校为例（第十五章到第十七章），开展了案例研究、影响因素研究和人才培养体系研究，分析了博士研究生培养机制、课程体系改革等核心问题，对创新型人才培养路径提出了对策建议。本书的部分相关内容也是教育部首

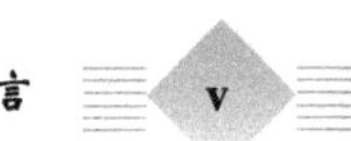

批新文科研究与改革实践项目“国防特色高校新文科复合型人才大类培养模式的创新与实践”（项目编号：2021100083）、教育部人文社会科学研究西部和边疆地区项目“我国‘双一流’高校教师评价改革研究：成效评估、问题剖析、路径优化”（项目批准号：22XJC880013）和陕西省社会科学基金项目“协同治理视域下陕西行业特色高校创新发展战略研究”（立项号：2021P024）的研究成果。

文章千古事，得失寸心知。关于新时代行业特色高校治理模式与创新发展的研究仍在继续，本书仅是对此研究的一个阶段性小结。虽然即将出版，但文中尚有许多不足之处，真诚感谢读者对本书的批评和指正！

目录

第一篇

新时代行业特色高校治理模式与创新发展研究的基础与现状

第一章

绪　论

第一节　问题的提出

党的十九大作出我国经济已由高速增长阶段转向高质量发展阶段的重要论断，学界也逐渐“开始关注并研究高质量发展有关问题”[①]。高质量发展是新时代中国经济发展的鲜明特征，“体现在经济、社会、政治、文化与生态等方面的协同发展上”[②]。同样，质量是高等教育改革发展的永恒主题，体现了教育活动水平的高低与效果的优劣。使更多的人接受高等教育，并以此提高一个国家的人力资源水平与社会生活质量，是提高高等教育质量的应有之义[③]。

改革开放之初，我国高等教育的发展规模比较有限，无法满足广大人民接受高等教育的强烈诉求和迫切需求，与公平而有质量的现代化高等教育有明显差距。因此，增加高等学校的入学人数，提高国家的人力资源水平和人民的生活质量，成为当时我国高等教育发展的重要任务，行业特色高校为此作出了突出贡献。

进入新时代，我国社会主要矛盾已经转变。经济社会发展由低收入阶段转向中等收入发展阶段、数量型增长转向质量效益型增长、摆脱贫困转向基本实现现代化[④]。同时，我国已逐渐“步入劳动力数量减少而人力资本加快积累的新阶段”[⑤]，高等教育发展的矛盾，已经转变为人民对于高水平高质量教育的渴望与教育发展不均衡、不充分、不全面之间的矛盾[⑥]，人民日益强烈地表现出对多样、特色、优质高等教育的需求，高等教育的内外环境、供求关系、资源条件、任务要求都已发生了重要而深刻的变化。

在这样的背景下，行业特色高校转型发展成为我国高等教育高质量发展的重

---

① 安淑新．促进经济高质量发展的路径研究：一个文献综述[J]．当代经济管理，2018，40(9)：11-17.

② 王珺．以高质量发展推进新时代经济建设[J]．南方经济，2017，(10)：1-2.

③ 张炜．高等教育强国视角下的“两个一流”[N]．光明日报，2016-06-14(13).

④ 任保平．新时代中国经济从高速增长转向高质量发展：理论阐释与实践取向[J]．学术月刊，2018，50(3)：66-74，86.

⑤ 郭春丽，王蕴，易信，等．正确认识和有效推动高质量发展[J]．宏观经济管理，2018，(4)：18-25.

⑥ 管培俊．新时代中国高等教育的使命[J]．中国高教研究，2017，(12)：17-19.

要抓手。有文献认为，高校“转型”，就是高校办学由较低能级向更高能级的提升，既有可量化的办学能级外在表现形式的显性因素，也包含难以量化的促使各个孤立的显性要素之间协调与配合的隐性因素①。行业特色高校要贯彻新发展理念，注重科学性、协同性和联动性，把握新特征，瞄准新目标，踏上新征程，制定新战略，完成新任务②，从而真正成为行业创新型人才培养的摇篮、科技创新的基地、新产业培育发展的源泉，成为国家和地方经济发展的重要科技支撑，成为我国创新队伍中的一支重要力量③。行业特色高校应坚持目标导向与问题导向相结合，关注和防止以下倾向：一是妄自菲薄，忽视我国行业特色高校转型发展取得的成绩，对高质量发展决心不大、信心不足；二是缘木求鱼，将行业特色高校的实力与大学排名简单挂钩，关注表象、舍本求末，脱离了高等教育高质量发展的本质和关键；三是路径依赖，习惯于看老皇历、照老办法，担当作为不够，高等教育高质量发展和改革的劲头不足。

“高质量发展的目标思路和政策举措不是一成不变的，需要根据实践的深入、认识的升华而不断丰富、不断完善”④，行业特色高校要适应高质量发展的新要求，就应率先实现自身的高质量发展，以动态和开放的眼光重新审视高等教育的质量评价体系，紧紧抓住高质量发展这个主要矛盾和矛盾的主要方面，进一步扩大有效供给，不断改善供给质量⑤，培养更多适应高质量发展的各类人才。行业特色高校要努力克服专业学科相对单一的劣势，坚持以人民为中心发展教育，重视学生在教育中的主体地位，构建德智体美劳一体化的教育体系，形成更高水平的全面人才培养体系。行业特色高校要把立德树人融入思想道德教育、文化知识教育、社会实践教育各环节，坚持将思想政治工作体系贯通人才培养的全过程，引导学生求真学问、练真本领，提升大学生的学业挑战度，激发学生的学习动力和专业志趣，培养学生积极向上的健康心态，健全其人格、锤炼其意志，坚持以美育人、以文化人，弘扬劳动精神，增强集体观念，端正价值取向，真正把高质量和现代化体现在每一个学生的成长成才的培养上，更好地满足全面发展的需求。

行业特色高校必须贯彻新发展理念，走高质量发展之路，以人的全面发展为本，加快学习型社会建设，把当前发展和长远目标有机结合起来，以更宽广的视

---

① 罗嗣海, 何小陆, 张和仕, 等. 行业特色高校建设教学研究型大学的思考[J]. 江苏高教, 2009, (3): 84-86.

② 张炜. 高等教育现代化的高质量特征与要求[J]. 中国高教研究, 2018, (11): 5-10.

③ 高文兵. 新时期行业特色高校发展战略思考[J]. 中国高等教育, 2007, (Z3): 24-28.

④ 何立峰. 深入贯彻新发展理念 推动中国经济迈向高质量发展[J]. 宏观经济管理, 2018, (4): 4-5, 14.

⑤ 迟福林. 以高质量发展为核心目标建设现代化经济体系[J]. 行政管理改革, 2017, (12): 4-13.

野、更长远的眼光来思考和把握高等教育未来发展面临的一系列问题，既要基于高等教育现代化的目标来部署当前工作，又要把解决高质量发展中的矛盾和问题作为实现长远发展的根基，以新的精神状态和奋斗姿态把高等教育现代化推向前进，使教育结构、教育方法、教育内容、教育手段、教育体制能够更好地适应高质量发展的进程和要求。

第二节　研究设计与方法

一、研究设计

本书以行业特色高校发展中存在的现实问题为逻辑起点，运用文献研究法，归集国内外研究资料以及政策制度文本，通过 ROST CM6.0 软件进行分析，总结行业特色高校治理模式内涵、特征、研究现状以及存在问题，探索多元协同治理模式改革路径。在文献研究的基础上，统筹设计问卷与访谈提纲，全面覆盖本书中的主要内容，即行业特色高校的治理模式、战略管理、外部关系以及创新发展机制，再结合调查与访谈的结果，明确现状、问题，通过影响因素分析，总结归纳问题产生的原因，厘清行业特色高校与政府、市场及社会的关系，总结行业特色高校的创新发展机制，形成对策与建议（图 1-1）。

二、研究方法

（一）文献研究法

用 ROST CM6.0 等工具，分析相关文献、文件和政策法规等资料，对国内外行业特色高校治理模式及创新发展研究成果进行梳理，形成文献综述。

（二）问卷调查法

从工业和信息化部直属的七所国防军工行业特色高校回收职能部门问卷 122 份，有效问卷 110 份；回收教师问卷 448 份，有效问卷 448 份；回收学生问卷 1464 份，有效问卷 1384 份；面向国防军工企业等用人单位回收问卷 96 份，有效问卷 84 份。问卷针对行业特色高校治理模式、战略管理、外部关系以及创新发展进行了调查研究。

（三）访谈法

面向五所国防军工行业特色高校——南京理工大学、哈尔滨工业大学、北京航空航天大学、哈尔滨工程大学、南京航空航天大学开展访谈，了解各高校治理

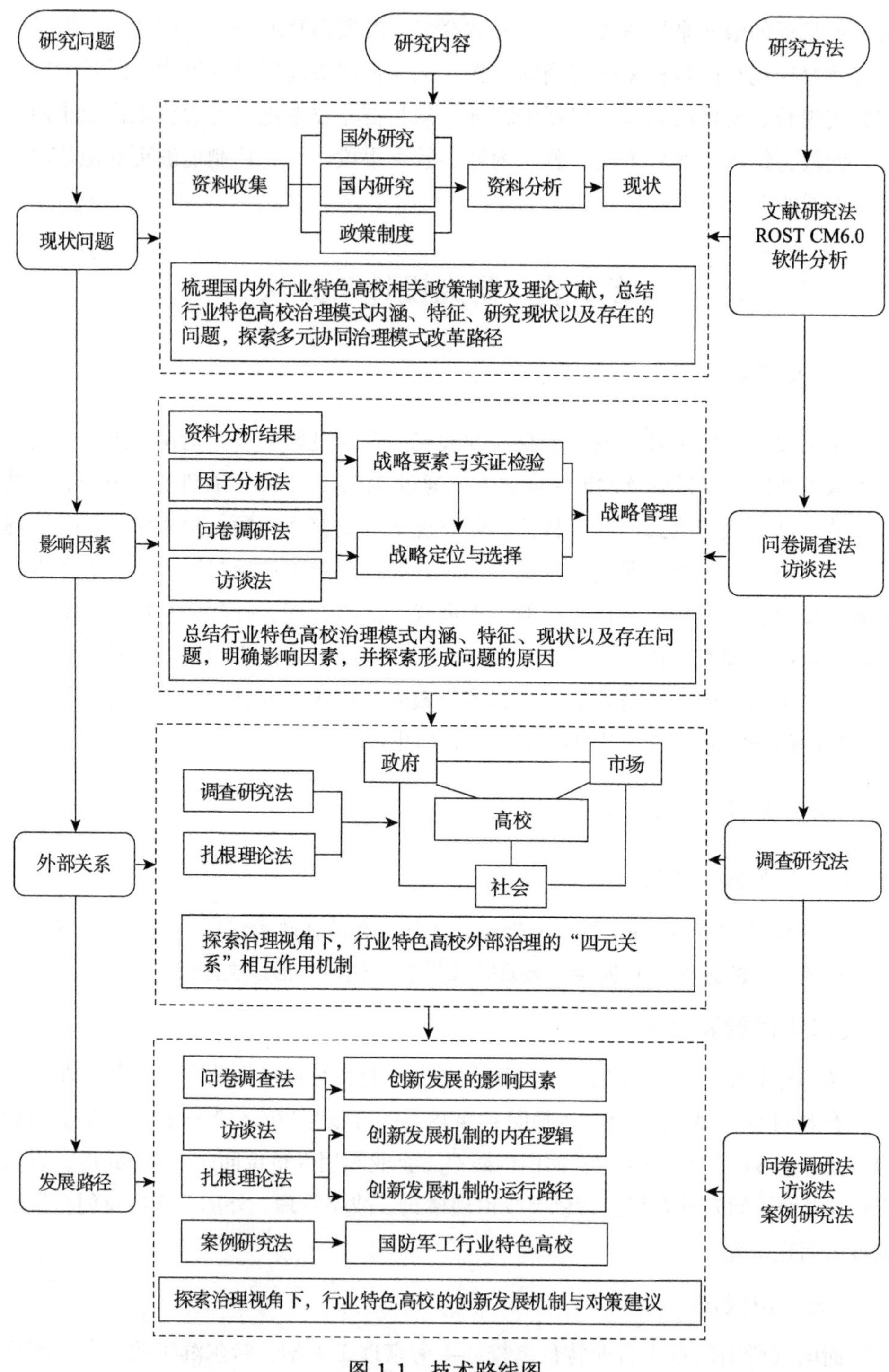
研究问题
研究内容
研究方法
国外研究
资料收集
国内研究
资料分析
现状
政策制度
现状问题
文献研究法
ROST CM6.0
软件分析
梳理国内外行业特色高校相关政策制度及理论文献，总结行业特色高校治理模式内涵、特征、研究现状以及存在的问题，探索多元协同治理模式改革路径
资料分析结果
因子分析法
问卷调研法
访谈法
战略要素与实证检验
战略定位与选择
战略管理
影响因素
问卷调查法
访谈法
总结行业特色高校治理模式内涵、特征、现状以及存在问题，明确影响因素，并探索形成问题的原因
政府
市场
高校
社会
调查研究法
扎根理论法
外部关系
调查研究法
探索治理视角下，行业特色高校外部治理的“四元关系”相互作用机制
问卷调查法
访谈法
扎根理论法
案例研究法
创新发展的影响因素
创新发展机制的内在逻辑
创新发展机制的运行路径
国防军工行业特色高校
发展路径
问卷调研法
访谈法
案例研究法
探索治理视角下，行业特色高校的创新发展机制与对策建议

图 1-1　技术路线图

模式的现状与问题、战略管理的目标和总体规划、外部治理及创新发展思路。面向九个国防军工企业——中国商用飞机有限责任公司、中国兵器工业集团第二〇二研究所、中国航天科技集团有限公司、中国空气动力研究与发展中心、中航工业第一飞机设计研究院、航空工业成都飞机工业（集团）有限责任公司、中国航发动力股份有限公司、中国船舶重工集团第七二四研究所、中国船舶重工集团公司第七〇五研究所开展访谈，了解各单位与国防军工行业特色高校的合作现状、存在的问题。

（四）案例研究法

本书重点以工业和信息化部直属的七所国防军工行业特色高校为案例，对其治理模式及创新发展案例进行研究，明确其发展现状，并提出对策与建议。

第三节 主要研究内容

本书的主要研究内容涉及四个方面：行业特色高校的治理模式，行业特色高校的战略管理，行业特色高校与政府、市场及社会的关系分析，以及行业特色高校创新发展机制。

一、行业特色高校的治理模式

行业特色高校的治理模式，既要遵循高校治理的共性，又要秉持自身的个性，以应对在高质量发展中所面临的诸多机遇与挑战。

（一）新时代行业特色高校内涵、特征以及现状

在高校治理普遍规律框架之下，总结新时代赋予行业特色高校的新内涵，从治理理念、治理主体和治理制度等三个方面，对行业特色高校治理模式的共性与个性特征进行辨析，通过调查研究，了解行业特色高校的现状及困境，为新时代行业特色高校治理模式的有效构建提供价值定位与判断标准。

（二）行业特色高校典型治理模式的国际比较

通过系统论述美国创业型大学等多种高校治理模式，比较国外典型高校治理理念与经验，从所处的历史环境及其时代角色中反思行业特色高校治理模式的“守正”与“创新”。

（三）新时代行业特色高校多元协同治理模式建构路径

对特定对象进行访谈，研讨行业特色高校治理模式存在的问题与改革路径，依据协同治理理论，运用扎根理论法，分析行业特色高校治理模式的结构要素与

作用机理，结合行业特色高校治理模式的个性与国际经验，提出基于多元协同治理的新时代行业特色高校治理模式建构路径。

二、行业特色高校的战略管理

关于高校“专”与“博”的讨论有多个视角，但主要是以人才培养定位为基础进行分类设置和管理的。面临经济社会的不断发展特别是行业的科技进步与产业升级对于人才需求的变化，行业特色高校应基于学生全面发展的视角来重新确定人才培养定位，对战略发展定位作出相应调整。

（一）行业特色高校的战略要素分析

本书将从行业特色高校内外部战略要素入手，从创新型人才培养战略、学科交叉融合战略等方面，通过因子分析法，对行业特色高校的战略要素进行提取、判定与验证。

（二）多元协同治理下的行业特色高校战略定位与选择

本书将以创新型人才培养为根本出发点，从符合国家发展战略需求、区域经济社会发展需求等方面，在对到相关行业特色高校走访和问卷调查所获得数据进行分析的基础上，为多元协同治理下的行业特色高校战略定位与选择提供最优发展路径。

三、行业特色高校与政府、市场及社会的关系分析

行业特色高校既要服务于行业，也要面向地方，还要积极争取行业与地方政府的支持。在新的历史条件下，行业特色高校要协同处理好与政府、市场、社会之间的关系，坚持面向行业不动摇，以服务求支持，以贡献求发展，不断提升自身的核心竞争力。

（一）行业特色高校“四元关系”结构分析

本书将通过实地调研访谈，探讨治理视角下行业特色高校与政府、市场及社会的关系，分析政府在治理过程中的角色定位、权力行使范围和权力运作方式，探究治理模式中市场的定位与功能，探析行业特色高校与社会的相互促进作用。

（二）治理视角下行业特色高校“四元关系 ”相互作用机制

本书将在“政府—市场—高校—社会”“四元关系”形态框架下，运用扎根理论法，分析行业属性、地理区位、学科实力、产教融合和国际化程度等因素对高校治理模式变革的相互作用机制，分析行业特色高校与外部治理要素间的矛盾冲

突，探究关系的整合路径。

四、行业特色高校创新发展机制

培养创新型人才，高校自身必须创新发展。行业特色高校应聚焦高质量发展这条主线，构建多元协同创新发展机制，推动理念创新、组织创新、管理创新和制度创新。

（一）行业特色高校创新发展机制的内在逻辑

本书将以行业特色高校高质量发展为目标，以创新型人才培养为根本出发点，从创新发展的价值、规律及实践三个理念维度，对行业特色高校创新发展机制的内在逻辑进行精准把握。

（二）行业特色高校创新发展的影响因素

本书在前期资料收集的基础上，对行业特色高校和相关企业进行访谈，依据协同优势理论，运用扎根理论法，从创新发展的目标定位、组织协调、管理模式、制度体系和评价反馈等方面，分析和提取行业特色高校协同创新发展的影响因素，构建行业特色高校创新发展机制的理论模型。

（三）行业特色高校创新发展机制的运行路径

本书将对行业特色高校进行问卷调查，对行业特色高校创新发展影响因素进行因子分析，论述行业特色高校协同创新发展的作用机理，针对行业特色高校提升创新型人才培养质量、发挥多学科交叉融合作用、深化产教融合发展和驱动行业产业创新能力等方面的要求，探索新时代我国行业特色高校协同创新发展机制的运行路径。

（四）基于行业特色高校创新发展机制的案例研究

本书将以国防军工行业特色高校为研究对象，探索其在技术创新、知识创新、区域创新、协同创新、科技中介服务等方面的分工与协同模式，打破创新主体间存在的壁垒，有效汇聚创新资源和要素，为新时代我国行业特色高校创新发展机制的构建提供实践参考。

1. 研究趋势分析

以“行业特色高校”为关键词，收集 1998~2020 年的 626 篇相关文献，如图 1-2 所示，从 2007 年开始，行业特色高校的研究逐渐受到学术界重视，2010 年以后，一直保持较高的研究热度。

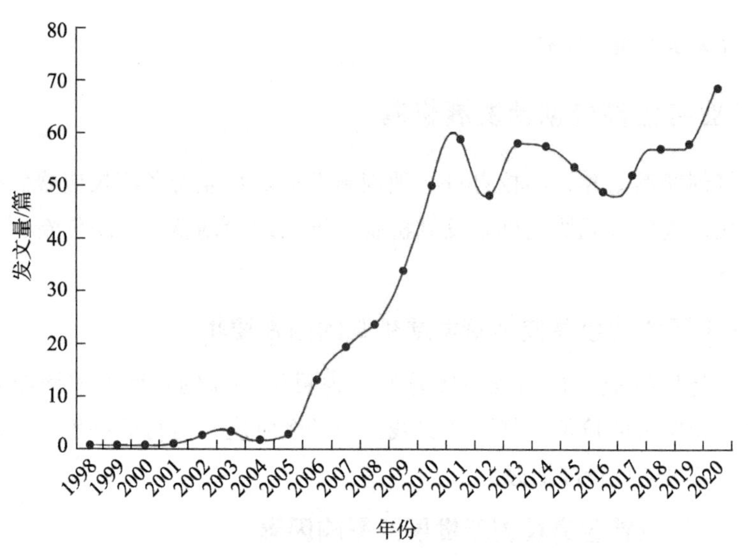

图 1-2　论文发表年度趋势图

2. 社会网络和语义网络分析

为了从总体上把握行业特色高校的研究现状，用社会语义分析法，以“行业特色高校”等为关键词，对 2000~2020 年的论文进行索引，用 ROST CM6.0 对主题关联最紧密的前 150 篇文献进行社会网络和语义网络分析，结果如图 1-3 所示。可知，学术界对于行业特色高校的研究热点主要集中在人才、培养、科技、创新、发展、改革、特色等方面。

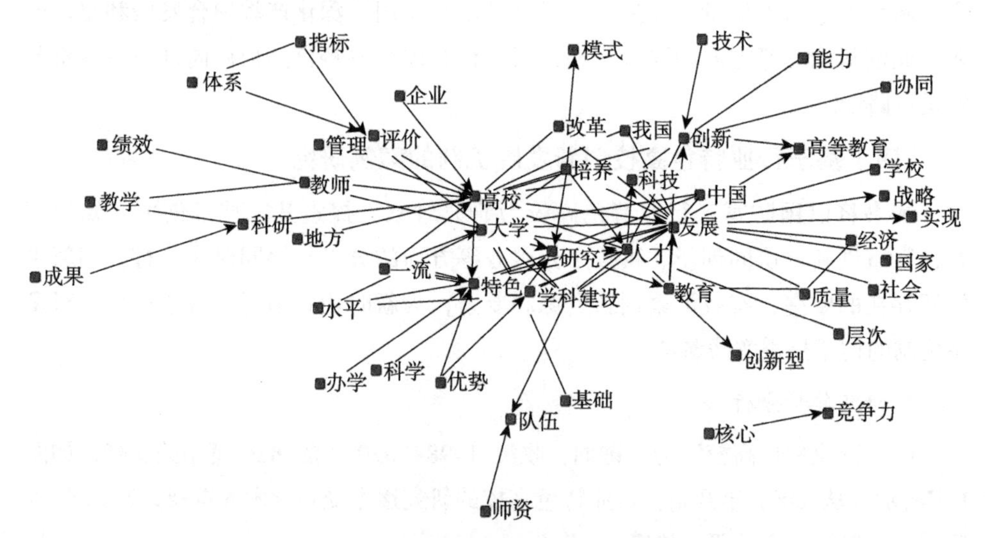

图 1-3　社会网络和语义网络分析图
→表示延伸关系；折线表示平行关系

以“特色”为核心关键词进行社会网络分析，结果如图 1-4 所示，结合图 1-3“地方”“企业”等关键词可以看出，研究行业特色高校已经涵盖校地协同、校企协同，但对于政府、市场、社会等主体关系的研究还有待加强。同时，行业特色高校创新型治理模式及创新发展这一核心问题，目前学术界还较少涉及。因此，要阐明行业特色高校的内涵特征、机制路径、队伍建设、培养模式、评估研究等问题还需建立一套更为完整、系统的理论框架体系。

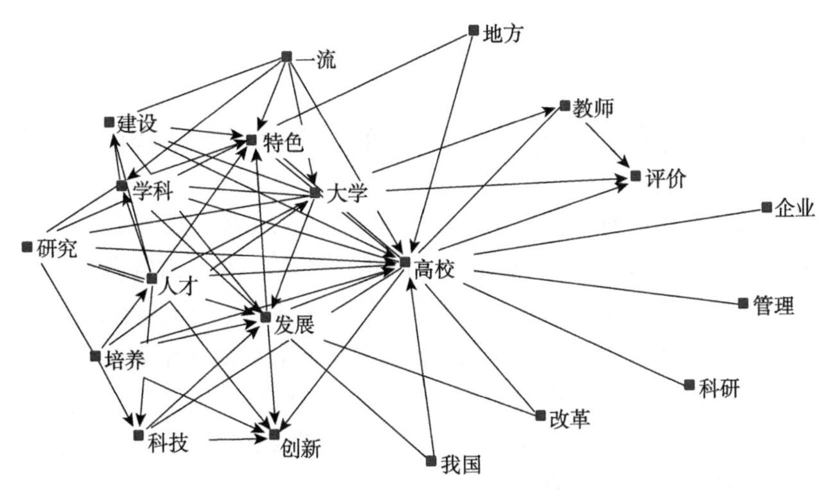

图 1-4 关键词“特色”社会网络分析图

→表示延伸关系；拆线表示平行关系

行业特色高校具有显著的行业背景、专才型的人才培养理念、相对集中的学科分布等特征，在我国高等教育体系中占据重要地位，是我国高等教育办学体制的重要特色。

3. 研究热点

为了进一步直观了解到行业特色高校创新型人才相关理论的研究热点，本章以时间轴为坐标，对相关文献进行了二次检索，检索关键词同上述一致，将文献发表时间限定在 2015~2019 年，共收集到 287 篇相关文献，以此为样本利用 CiteSpace 软件进行关键词共现分析。分析发现人才培养、学科建设、“双一流”建设是该领域的研究热点。此外，行业特色高校在产教融合、产学研用等方面也发挥着关键作用。行业特色高校在近年来逐渐受到学术界重视，从图书馆建设到智库建设再到特色学校建设，理论界已经由传统的硬件设施建设逐渐转化为人文理念建设。

第二章 行业特色高校治理模式与创新发展研究的文献基础

第一节　有关行业特色高校与政府、市场及社会的关系研究

行业特色高校与政府、市场及社会共同构成治理主体，现有研究主要从治理主体的多元化与主体间的关系方面进行了阐述。刘义[①]指出，当前我国高校治理主体构成存在不协调性，主要表现为：政府主体为主导，学校主体有待加强，社会主体参与不足。孙登高[②]认为这种不协调会直接导致高校缺乏办学自主权、学术权力淡化、办学理念淡化、行政权力监督不到位、高校缺乏竞争力等问题。姚金雨和徐玉特[③]提出，构建政府、社会和高校三元治理模式，政府是宏观治理主体，通过简政放权，赋予社会团体和高校相应的权责；社会团体是中观治理主体，高校是微观治理主体，高校让渡出部分权力给社会团体，实现权力的分散和制衡。郎付山[④]指出“党委领导、校长负责、教授治学、民主监督、社会参与”是高校治理体系的基本框架，这也进一步明确了行业特色高校的治理主体。肖建国和李永贤[⑤]认为，高校治理主体间需要持续协调与互动，通过合作、协商、伙伴关系确立共同的目标，进而构建政府、高校、市场、社会与师生共同作用和相互影响的多元治理模式。

第二节　有关行业特色高校的治理模式研究

行业特色高校治理模式是国家治理体系的重要组成部分，关系到高等教育制

① 刘义．主体及模式：高效治理现代化的多重选择[J]．中国成人教育，2015，(19)：36-38.

② 孙登高．现代大学制度视域下高校治理模式创新研究——基于去行政化的思考[D]．西安：长安大学，2017.

③ 姚金雨，徐玉特．构建政府、社会和高校三元治理模式[J]．高教发展与评估，2017，33(1)：10-17，126-127.

④ 郎付山．推进高校治理体系和治理能力现代化[N]．河南日报，2020-02-14(8).

⑤ 肖建国，李永贤．新时期高校治理模式及其优化设计——基于工具理性和价值理性的统一[J]．安徽师范大学学报(人文社会科学版)，2020，48(1)：101-106.

度创新与治理能力的提升。

在行业特色高校治理模式分类与选择方面，学者一致认为应该针对学校情况，对不同模式进行有机组合。国外学者对高等教育治理模式的比较研究，为行业特色高校的发展提供了借鉴。英国大学治理模式中“新公共管理”治理模式越来越凸显，它与现代大学的发展目标，政府、市场和大学权力的分配，大学面对外部环境复杂性所作出的回应是高度相关的。英国大学的治理模式反映出其追求共同治理，行政权力与学术权力并行，效率、有效性和参与性的联合的特征[①]。Kok 等[②]将英国大学分为传统大学和新大学，并在此基础上将治理模式划分为官僚制模式、管理制模式、学院制模式、政治组织模式、学科制模式等；Frølich [③]等对不同治理模式的大学如何组织和构建战略发展过程进行了比较分析，总结出高校的有效变革与系统层面的各种政策工具如何设计和协调密切相关，为行业特色高校进行治理模式选择提供了参考。李立国和张翼[④]提出，美国研究型大学形成了清晰的校、院、系三级权力结构，在学院治理模式上一直是高等教育领域的典范，引领着世界高等教育的潮流。美国公立高校治理模式主要分为：统一治理模式、分类治理模式、市场模式和干预模式。各种治理模式并非总是单独存在的。相反，绝大多数州同时采用了其中几种甚至全部治理模式，从而形成了自己的治理模式组合[⑤]。这也为行业特色高校结合行业背景构建组合型、分类式的治理模式提供了理论依据。孙兴洋等[⑥]提出，国外以董事会制度实现行业特色高校多元利益相关者的共治共享，以完善的法律法规为行业特色高校发展提供根本保障，为行业特色高校依法治理提供了参考与借鉴。

在行业特色高校治理体系构建方面，学者一致强调融入中国特色。樊伟[⑦]指出，必须以习近平总书记关于教育的重要论述为政治导向，以研究解决新时代行业高校存在的薄弱环节和突出短板为问题导向，以切实推进行业特色高校治理体

---

① 王梦然，李立国．英国研究型大学治理变迁与模式分析[J]．复旦教育论坛，2019，17(5)：40-46.

② Kok S K, Douglas A, McClelland R J. Shifting higher education management: examining the organizational changes among various[J]. The International Journal of Learning Annual Review, 2008,15(4): 227-239.

③ Frølich N, Christensen T, Stensaker B. Strengthening the strategic capacity of public universities: the role of internal governance models[J]. Public Policy and Administration, 2019, 34(4):475-493.

④ 李立国，张翼．美国研究型大学学院治理模式探析[J]．清华大学教育研究，2016，37(6)：15-27.

⑤ 王绽蕊．美国公立高校治理模式对办学水平影响的统计分析[J]．比较教育研究，2013，35(1)：8-16.

⑥ 孙兴洋，王万川，邓光．国外行业特色型高校办学特色及其对我国高职院校的启示[J]．教育与职业，2018，(9)：49-54.

⑦ 樊伟．新时代高校治理现代化的三重导向[J]．中国高等教育，2019，(24)：7-9.

系和治理能力现代化为实践导向。何健[①]指出，治理视角下，新时代行业高校治理体系存在纵向和横向两个维度。从纵向来看，包含中国特色社会主义价值体系、制度体系和实践体系；从横向来看，包括治理主体、治理机制、治理内容等。杨静[②]认为行业特色高校的办学历史、特殊属性和特定的服务指向，决定了行业特色高校与部门、行业、企业等具有较强的服务和辐射关系，这种联系或者关系只有建立在制度规定的形式上，才能实现其时效性、稳定性和长期性的属性要求。

第三节　有关行业特色高校的本质特征与发展战略研究

关于行业特色高校的本质特征研究，学者均强调其行业特征。张文晋和张彦通[③]指出，行业特色高校的本质特征是其行业属性，具体表现为：行业特色文化是核心与灵魂，行业特色主干学科是基础与支柱，培养行业特色专才是根本，为行业提供技术支撑与引领是动力，行业背景的师资队伍是根本保证。从学科构成的角度来看，周南平和蔡媛梦[④]指出行业特色高校学科布局大多集中在重点发展的某一行业领域，相应的专业设置、院系调整、学科建设等均围绕行业特色展开，重点建设特色鲜明的学科或学科群。从服务面向的角度来看，这类高校的学科建设、人才培养、师资队伍、科学研究等主要服务于某一行业领域，在为行业培养人才的同时，承担行业主管部门的科研任务，成为行业科技发展的主要依靠对象。因此，行业特色高校具有办学特色鲜明、学科专业体系行业特点突出、人才培养和科学研究主要聚焦行业需求、行业内影响力强且认可度高等基本特征。具体来讲，行业特色高校应该具有满足行业发展的学科，主要围绕行业的需要设置和建设学科，拥有若干特色鲜明、相对成熟并具有一定比较优势的应用学科，形成源于行业、长于行业、用于行业、名扬行业的特色学科群[⑤]。行业特色高校应该支撑行业的科技进步，面向行业需求，积极参与农科教结合，建设技术转移及高新技术产业化平台及基地，构建和完善大学科技园[⑥]，具有较为浓厚的应用研究和工程实践指向。相关研究人员主要侧重于分析行业特色高校的特征产生和发展的

---

① 何健. 高校治理体系现代化构建: 原则、目标与路径[J]. 国家教育行政学院学报, 2017, (3): 35-40.

② 杨静. 行业特色高校内部治理结构改革的探索[J]. 中医教育, 2011, 30(6): 12-15.

③ 张文晋, 张彦通. 行业特色型大学本质特征之刍议[J]. 江苏高教, 2011, (6): 31-33.

④ 周南平, 蔡媛梦. “双一流”建设中地方行业特色型高校的发展思考[J]. 江苏高教, 2020, (2): 49-54.

⑤ 罗维东. 高水平行业特色型高校在协同创新体系中的定位思考[J]. 北京教育(高教), 2012, (1): 8-10.

⑥ 吴启迪. 进一步提高教育在全面建设小康社会中战略地位的认识全面开创高等教育改革和发展的新局面[J]. 中国大学教学, 2003, (8): 4-8.

过程，对治理视角下新时代赋予行业特色高校的新特征研究较少。

在行业特色高校的发展战略研究方面，现有研究主要集中于战略定位研究，以及从行业特色高校全局战略高度宏观分析如何高质量发展。王亚杰等[①]明确指出：行业特色高校是我国经济社会发展的重要支撑，在我国新型工业化道路和建设创新型国家的进程中充当着重要角色，发挥了不可替代的重要作用，服务于国家重大战略需求，承担着国家有关行业关键性技术的重大、重点项目，不断创造出世界领先、世界一流的科研成果，是高等教育多样化、多类型办学的中坚力量。行业特色高校要特别注重解决自身的办学定位和战略发展问题，走出“贪大求全”、盲目追求综合型的误区，并在全校上下形成共识，在此基础上制定科学的发展战略[②]。高文兵[③]指出新时期行业特色高校发展的战略选择应坚持特色战略、产学研联盟战略、人才战略、平台战略。白逸仙[④]提出推动行业特色高校产教融合发展，政府要加强顶层设计，企业要增强社会责任意识，高校要发挥主体作用。陈栋和周萍[⑤]分析行业特色高校可从强化管理、教学引领、铸造品牌和突出实效四条路径上实现政产学研用协同创新、协同育人突破。陈治亚[⑥]认为行业特色型高校创建世界一流，应协调好学科建设与专业建设之间的关系、探索行业关键共性技术发展方向、吸引优秀人才、建设科研创新平台。还有许多学者从发展战略的角度，对行业特色高校的高质量发展提出了中肯的建议。江莹[⑦]提出在科研经费相对短缺、学术大师相对匮乏的当代中国，选择重点学科建设作为创建世界一流高校的突破口，把有限的经费和人力投在重点学科建设上，是创建世界一流高校的捷径。尚丽丽[⑧]通过对 61 所行业特色“双一流”高校规划文本进行分析，概括了我国行业特色高校通过学科群优化学科结构，提升学科实力的发展路径。刘向兵[⑨]认为，行业特色高校应充分发挥自身客户更加明确、资源更易整合、学科更易共生的优势，找准核心竞争力培育的生长点，精准推进“再行业化”战略，持续优化学科结构，建立健全共建机制，深入推进协同创新。行业特色高校具有重要的战略地

---

① 王亚杰, 陈岩, 谢苗峰. 注重三项创新在更高层次上办好行业特色型大学[J]. 中国高等教育, 2010, (2): 8-11.

② 王亚杰. 关于行业特色型大学建设的几点思考和建议[J]. 中国高教研究, 2009, (3): 4-6.

③ 高文兵. 新时期行业特色高校发展战略思考[J]. 中国高等教育, 2007, (Z3): 24-28.

④ 白逸仙. 高水平行业特色高校“产教融合”组织发展困境——基于多重制度逻辑的分析[J]. 中国高教研究, 2019, (4): 86-91.

⑤ 陈栋, 周萍. 一流高校推进产教融合的创新策略——以 J 校为例[J]. 中国高校科技, 2019, (7): 67-70.

⑥ 陈治亚. 行业特色型高校如何创建世界一流[N].人民日报, 2016-05-12(18).

⑦ 江莹. 重点学科建设: 创建一流研究型大学的突破口[J].安徽大学学报,2002, (2): 118-120.

⑧ 尚丽丽. “双一流”建设背景下行业特色高校学科群建设问题分析及对策研究[J]. 高校教育管理, 2019, 13(5): 36-43,51.

⑨ 刘向兵. “双一流”建设背景下行业特色高校的核心竞争力培育[J]. 中国高教研究, 2019, (8): 19-24.

位，行业特色高校高质量发展战略研究已逐渐成为热点方向。随着世界经济政治形势的深刻变化，加之新冠疫情产生的重大影响，行业特色高校的发展迎来新的挑战和机遇，需要结合新的形势确定新的发展战略。

第四节 有关行业特色高校的创新发展研究

国内外学者对行业特色高校创新发展的研究，主要集中于高质量发展、创新型人才培养模式和路径、行业特色高校创新发展对策等方面。

在行业特色高校的高质量发展方面，学者普遍强调了高质量发展的动态性与主要矛盾。张炜[①]指出，实现高等教育内涵式发展，高质量是关键和保障。何立峰[②]指出，高质量发展的目标思路和政策举措不是一成不变的，需要根据实践的深入、认识的升华而不断丰富和完善。应以动态和开放的眼光重新审视高等教育的质量评价体系，不能简单地沿用拔尖创新教育的质量标准。但是，拔尖创新教育在高等教育历史上持续时间非常长，所形成的质量观难以在短期内彻底改变。

在创新型人才培养模式和路径方面，研究成果以高校创新型人才培养具体实践居多。耶鲁大学的 Lane [③]指出大学、学院及专科学校应该根据办学定位、培养目标的不同选择不同的培养模式，实施通识教育模式，均衡人文学科和自然学科的教学比例，锻炼学生的各项官能以实现全面发展教育。白春章等[④]认为，开办特色班、特色院系，建立书院制成为培养创新型人才的普遍模式，如具有代表性的“四所一系”模式、华罗庚班模式、元培计划（学院）模式、匡亚明学院模式、竺可桢学院模式、望道计划模式等。徐晓飞等[⑤]构建了新工科模式创新型人才培养的教育体系及生态环境，形成“哈尔滨工业大学新工科‘Π型’方案”，涵盖人才培养目标、培养方案、教学模式、师资队伍、校企合作、国际交流、通专结合、学院书院等八个方面。Liuta 等[⑥]基于教学转换、能力培养、学习游戏化和情商等教育理论，以技术大学的水力学课程为例，提出了一种创新的游戏化学习教学方法，旨在提高本科生的创造力和可持续的技术能力。

---

① 张炜．一流大学的核心是质量[N]．人民日报, 2016-03-24(5).

② 何立峰．深入贯彻新发展理念 推动中国经济迈向高质量发展[J]．宏观经济管理, 2018, (4): 4-5, 14.

③ Lane J C.The Yale report of 1828 and liberal education: a neorepublican manifesto [J]. History of Education Quarterly, 1987, 27(3): 325-338.

④ 白春章, 陈其荣, 张慧洁.拔尖创新人才成长规律与培养模式研究述评[J]．教育研究, 2012, 33(12): 147-151.

⑤ 徐晓飞, 沈毅, 钟诗胜,等．新工科模式和创新人才培养探索与实践——哈尔滨工业大学“新工科‘Π型’方案”[J]．高等工程教育研究, 2020, (2): 18-24.

⑥ Liuta A V, Perig A V, Afanasieva M A, et al. Didactic games as student-friendly tools for learning hydraulics in a technical university's undergraduate curriculum[J]. Industry and Higher Education, 2019, 33(3): 198-213.

在行业特色高校创新发展对策方面，国内外学者提出了不同的对策与建议。Cyert 和 Goodman [①]从组织学习的角度，对如何建立有效的校企联盟提出了对策建议。Lee[②]从校企合作对提高科技型中小企业效益的作用、校企合作的边界问题及技术转移过程等三个方面进行了研究。以上研究都强调了行业特色高校要坚持面向行业发展，加强与企业联系的重要性。在协同创新研究方面，Santoro 和 Gopalakrishnan[③]把大学协同创新合作定义为一种互补型的战略联盟，企业、大学和科研院所之间因能力与资源的互补性而产生的组织之间的协同效应，成为其协作的关键动力所在。这为新时代背景下，我国行业特色高校应对不断变化的国际国内形势提供了理论支撑。要实现中国特色行业高校创新发展，从国家宏观政策层面应大力扶持行业特色高校发展，并将其纳入我国高等教育发展的基本战略；建立针对行业特色高校的科学评价体系，营造适合其发展的竞争环境；为行业特色高校的发展提供一系列相关的配套政策[④]；采取共建模式，联合中央与地方的力量，有效配置教育资源[⑤]。从高校自身发展对策层面应进一步明确行业特色高校在我国多样化高等教育体系中的战略地位；发挥传统优势，促进行业特色高校与行业建立牢固的产学研联盟；科学研究要引领行业科技进步，参与和扶植企业技术创新体系建设[⑥]；优化行业特色高校的学科结构，建设特色学科群；建立行业特色高校与区域经济协同发展的互动机制；基于创新驱动发展战略，以治理创新营造创新生态环境，激发创新活力，提升创新水平。推进行业特色高校教育综合改革，实现教育现代化，要从治理现代化入手，通过现代大学制度建设，特别是治理结构体系的完善，解决教育改革进入“深水区”“攻坚期”后单项或局部改革效果不佳等问题。围绕“扎根中国大地办大学”要求，通过大学治理体系承载“中国特色”，既体现多元共治普遍性特征又具“在地性”[⑦]，是实现行业特色高校创新发展的路径与对策。

现有研究对新时代行业特色高校治理的普适性和特殊性研究尚浅，需要结合治理理论对行业特色高校作出有针对性的、系统性的研究，进一步明确行业特色高校治理模式的构建与创新发展的路径选择。

---

① Cyert R M, Goodman P S. Creating effective university-industry alliances: an organizational learning perspective [J]. Organizational Dynamics, 1997, 25(4): 45-57.

② Lee Y S. The sustainability of university-industry research collaboration: an empirical assessment [J]. The Journal of Technology Transfer, 2000, 25(2): 111-133.

③ Santoro M D, Gopalakrishnan S. Relationship dynamics between university research centers and industrial firms: their impact on technology transfer activities [J]. The Journal of Technology Transfer, 2001, 26(1/2):163-171.

④ 王亚杰. 自强与扶持: 特色型大学的发展之路[J]. 中国高等教育, 2008, (Z1): 10-12.

⑤ 罗维东. 新时期行业特色高校发展的趋势分析及对策思考[J]. 中国高等教育,2009, (5): 8-11.

⑥ 张文晋, 张彦通. 关于行业特色型大学共建体制的思考[J]. 高教探索, 2010, (4): 15-18.

⑦ 张衡, 眭依凡. 大学内部治理体系: 现实诉求与构建思路[J]. 高校教育管理, 2019, 13(3): 35-43.

第五节 相关文献评述

总体来看，上述研究对行业特色高校治理模式与创新发展具有一定的指导意义，但以下领域亟待深入研究。

一、行业特色高校与政府、市场以及社会的关系研究需要深化

进入新时代以来，经济社会发展对行业特色高校与政府、市场以及社会的要求发生了重大改变，现有研究对以上治理主体最新角色定位研究不足，对主体间的关系研究不够系统，亟待深入。

二、新时代行业特色高校的内涵、战略定位需进一步明确

进入新时代，行业特色高校的内涵、战略定位发生了变化，需要结合新时代背景，用治理的视角系统总结凝练，为行业特色高校治理模式及创新发展研究奠定基础。

三、对新时代行业特色高校治理模式研究需要加强针对性和系统性

行业特色高校治理模式的研究既要面向外在要素，又要统筹内部要素的关系，需要运用科学与系统的思维方式，构建新时代背景下的行业特色高校治理模式。

四、对新时代行业特色高校创新发展研究不足

现有研究单纯地研究行业特色高校的发展路径与对策，案例研究较多，总结凝练有待加强，治理视角下新时代行业特色高校的创新发展机制与体制研究不足，对于创新型人才培养的理论研究有待深化。

第三章

行业特色高校治理模式与创新发展研究的理论基础

第一节　行业特色高校概念、定位与研究意义

一、概念辨析

现有文献从不同视角对行业特色高校进行界定：从人才培养的视角，王亚杰和张彦通[①]将其定义为"以行业为依托，围绕行业需求，针对行业特点，为特定行业培养高素质专门人才的大学或学院"。从专业领域的视角，潘懋元和车如山[②]将其定义为"依托行业发展，在行业相关的专业领域形成明显优势和显著特色的行业性专门高等院校"。从管理体制与特色的视角，钟秉林等[③]将其定义为"我国高等教育管理体制改革以前隶属于中央政府部门、具有显著行业办学特色与突出学科群优势的高等学校"；刘献君[④]比较简洁、集成地将其定义为 "具有行业背景、服务面向及相应学科特色的大学"。从隶属关系的角度来看，姚瑶[⑤]认为行业特色高校是指计划经济时代下，隶属中央某一业务部门，而后又随着我国市场经济体制的建立和高等教育管理体制改革的深化，大多数被划转由教育部等部委或地方政府建设和管理的一批高校。

依据上述不同视角的定义，可以辨析行业特色高校具有的一些内涵，一是毕业生相对集中在某一行业；二是优势学科专业主要围绕某一行业的需要；三是主要服务于某一行业；四是曾经或依然归属于行业主管部门。尽管行业特色高校不是一个统计类型，加之数据来源不一，难以准确界定不同时期行业特色高校的数量，但依据上述特征，可以将综合大学、语言院校、财经院校、体育院校、艺术

---

① 王亚杰, 张彦通．论新时期特色型大学的建设和发展[J].教育研究, 2008, (2): 47-52.

② 潘懋元, 车如山．特色型大学在高等教育中的地位与作用[J].大学教育科学, 2008, (2): 11-14.

③ 钟秉林, 王晓辉, 孙进,等．行业特色大学发展的国际比较及启示[J]．高等工程教育研究, 2011, (4): 4-9, 81.

④ 刘献君．行业特色高校发展中需要处理的若干关系[J]．中国高教研究, 2019, (8): 14-18.

⑤ 姚瑶．行业特色型高校的继续教育改革思路[J]．高教学刊, 2015, (21): 134-135.

院校、民族院校等排除在外，农业、林业、医药、师范等院校的行业特色还有待于进一步辨析。此外，以上分类描述基本反映出国内学者对行业特色高校内涵的定义，这些内涵界定主要依据行业特色高校历史、办学特色以及服务面向。进入新时代以来，行业特色高校面临的环境发生深刻变化，其内涵也随之发生变化，急需结合新时代元素重新界定与深入挖掘，为实现行业特色高校可持续发展奠定理论基础。国外并没有“行业特色高校”这一专门概念，但是有和中国高水平行业特色高校相似背景的高校，这些高校大多已跻身于世界一流大学的行列。例如，美国的麻省理工学院、加州理工学院，英国的伦敦政治经济学院，法国的巴黎综合理工学院等[①]。西方发达国家的应用科技大学、高等专业学院[②]、职业院校、社区学院等高等教育形式与我国的行业特色高校具备共同的基本特征，并在长期的发展中形成了各自的办学模式和特色，因此也列为本书研究的“行业特色高校”之列，并将在研究中进一步明确其内涵。

二、定位

行业特色高校作为中国高等教育的重要组成部分，是高等教育适应特定历史时期经济建设和社会发展的产物，肩负着引领行业发展和促进我国高等教育由大变强的重要使命。行业特色高校具有因国家需要而建立、应国家需要而发展的历史必然性，具有鲜明的“中国特色”。经过数十年的发展，行业特色高校具有深厚的行业背景，与所在行业存在很高的依存度和关联性，这是行业特色高校的专长和特色，但也可能成为利益藩篱和改革阻力。进入新时代，我国社会主要矛盾已经转化，经济社会发展由低收入阶段转向中等收入发展阶段、数量型增长转向质量效益型增长，已逐渐“步入劳动力数量减少而人力资本加快积累的新阶段”[③]；高等教育发展的矛盾已经转变为人民对于高水平高质量教育的渴望与教育发展不均衡、不充分、不全面的矛盾[④]，呈现出对多样、特色、优质高等教育日益强烈的需求。此外，高质量发展“体现在经济、社会、政治、文化与生态等方面的协同发展上”[⑤]。对于行业特色高校来讲，要为建设“中国特色、世界一流大学”作出更大贡献，就应不断深化对高等教育逻辑和规律的认识，突破观念陈旧、思想保守的制约，主动适应高质量发展的新要求，完善新思路、新任务、新举措，率先实现自身的高质量发展。

---

① 祖燕．高水平行业特色大学创建世界一流学科的机制与路径研究[D]．徐州：中国矿业大学，2018.

② 潘懋元，车如山．特色型大学在高等教育中的地位与作用[J]．大学教育科学，2008，(2)：11-14.

③ 郭春丽，王蕴，易信，等.正确认识和有效推动高质量发展[J]．宏观经济管理，2018，(4)：18-25.

④ 管培俊．新时代中国高等教育的使命[J]．中国高教研究，2017，(12)：17-19.

⑤ 王珺．以高质量发展推进新时代经济建设[J]．南方经济，2017，(10)：1-2.

在“双一流”建设的引领下，行业特色高校要立足全球化，承载强国信念，将自身发展与国家经济社会发展更加紧密地联系起来，精准做好自身定位，明确发展目标，才能稳步推进建成世界一流大学和一流学科。

行业特色高校有以下三个定位。

一是国家战略的有力支撑者。行业特色高校要面向国家重大战略需求，成为国家和民族振兴与发展的强大支撑者。以国防军工行业特色高校为例，国家安全是保障中华民族伟大复兴事业的重要基石，国防军工行业特色高校要瞄准世界新军事革命和中国特色军事变革发展趋势，开展高新武器装备的原始创新和颠覆性技术攻关，有力支撑军事强国建设。另外，要围绕创新驱动发展和军民融合发展等战略，发挥科技和人才优势，为高端装备制造、新能源、新材料等战略性新兴产业发展作出积极贡献。此外，还要围绕国家战略和经济、社会发展重大理论和现实问题，提供决策咨询研究和智库服务。

二是行业领域创新发展的引领者。行业特色高校要加强产学研协同创新，从支撑服务行业发展转向引领驱动，主动思考、谋划和设计未来行业领域发展方向，通过创新人才培养模式、加强基础研究和应用创新，推进行业转型升级，实现行业引领。

三是高等教育体系不可或缺的重要力量。行业特色高校要注重强化鲜明的行业背景、产教融合的人才培养理念、突出的特色学科体系等优势，努力提升综合办学实力，在我国世界一流大学和一流学科布局体系中占据更重要的位置，成为我国高等教育体系不可或缺的重要力量。①

三、研究意义

在教育部公布的一流大学建设高校中，行业特色高校占 1/3；一流学科建设高校中，行业特色高校约占 3/4。可见，行业特色高校已成为教育强国建设的重要力量，应在新时代背景下，从治理视角加强对行业特色高校的研究。具体研究意义有如下几点。

（一）有助于丰富行业特色高校治理模式的内涵

新时代要求高校进一步完善治理结构、健全治理机制、提高治理效率，这就需要深入开展高校治理模式与创新发展研究。而行业特色高校与社会联系密切，治理主体更加多元，越发需要更为宏观、综合并且符合行业特色高校的“多元共治”理论体系与方法论，来为新时代行业特色高校治理模式的构建提供理论支撑。

---

① 付梦印.把握“双一流”发展机遇，建设特色高水平大学[EB/OL].[2021-03-01] http://www.moe.gov.cn/jyb_xwfb/moe_2082/zl_2017n/2017_zl05/201701/t20170125_295697.html.

（二）有助于完善行业特色高校高质量发展的体制机制

新时代要求高等教育高质量发展，既有共性标准，也有特色要求，行业特色高校要把高质量发展作为其转型发展的重要抓手，坚持目标导向与问题导向相结合，走高质量发展之路。因此，需要进一步厘清行业特色高校与政府、市场及社会“四元关系”，构建多元协同创新发展的体制机制，为行业特色高校高质量发展提供体制保障。

（三）有助于促进行业特色高校更好地服务国家战略部署

新时代要求高校必须服务国家战略，行业特色高校更要进一步弘扬服务国家战略的传统和优势，使高校的教育结构、教育方法、教育内容、教育手段、教育体制能够更好地适应高质量发展的进程和要求。因此，聚焦新时代与行业特色高校治理模式相适应的战略管理研究，对行业特色高校传承弘扬办学理念、持续改革创新，更好地服务国家重大战略部署具有重要的指导意义。

第二节　行业特色高校及其治理模式发展历程

尽管行业特色高校不是一个统计类型，且数据来源不一，难以准确界定不同时期行业特色高校的数量，但我国行业特色高校的发展历程，大致可以划分为四个阶段。

一、打基础：1949～1976年

中华人民共和国成立初期，由于国民经济和工业体系处于初建阶段，专门技术人才十分匮乏，国家“新设了钢铁、地质、矿冶、水利等十二个工业专门学院”[①]，以此奠定了行业特色高校的基础。1952年“院系调整”，也主要是按照专业大类设置专门高校，对高等教育体系进行重构[②]，全国有近百所高校被划分到或委托中央某一行业部门管理[③]。例如，同济大学当时就集中了华东地区十余所高校的土木建筑类学科[④]。该校由高等教育部划归中央人民政府建筑工程部和双重领导，“一度成为全国土木建筑类高校中规模最大、学科最全、人才最多的学校”

① 周南平，蔡媛梦.“双一流”建设中地方行业特色型高校的发展思考[J].江苏高教，2020，(2)：49-54.

② 韩一松.国际比较视野下的区域高等教育协调治理机制完善路径选择[J].中国成人教育，2018,(5)：45-48.

③ 王亚杰.挑战与出路：特色型大学的发展之路[J].高等工程教育研究，2008，(1)：1-6.

④ 吴启迪.努力探索面向新世纪的中国高教发展模式——“同济模式”的改革实践与思索[J].中国高教研究，1998，(1)：5-9.

[①]。1956 年，全国有普通高校 227 所，其中综合性大学减少到 15 所，而单科性院校占到九成以上[②]，包括一批行业特色高校。1965～1970 年，普通高校数量稳定在 434 所，但隶属关系有所变化，如上海交通大学划归第六机械工业部。1971 年，普通高校的数量下降到 328 所，1976 年又恢复到 392 所[③]，其中行业特色高校依然占有相当的比例。可见，改革开放前，我国行业特色高校面向经济社会发展的需要，已经具有了一定的基础，但也存在办学规模较小、学科专业单一、受苏联办学模式束缚等问题。

大学治理结构的核心问题，主要是大学决策权由谁掌握的问题。一般而言，党委领导就是党委掌握决策权，但我国大学治理演进过程中也存在党委领导但不掌握大学决策权的情况。中华人民共和国成立之初，大学实行校长负责制，决策权集中在校长领导的校务委员会。1958 年，针对苏联模式存在的一定程度上忽视政治、忽视党的领导等弊端，按照党中央的统一要求，我国大学开始实行党委领导下的校务委员会负责制。然而，校务委员会是在校长的主持下讨论和决定学校工作中重大问题的，掌握学校决策权的依然是校务委员会，在这种情况下，党委领导并不掌握大学决策权。这一阶段，我国行业特色高校在曲折中探索确立治理结构。

二、大发展：1977～1997 年

伴随改革开放对人才的迫切需求，行业特色高校得到其主管部门的支持快速发展，一批中专、大专升格及合并，又进一步扩大了行业特色高校的队伍。1990 年，普通高校数量增加到 1075 所，其中行业特色高校占到 30.98%[④]。1997 年，普通高校 1020 所，其中综合性大学 74 所，含中央部门所属 14 所；理工院校 278 所，包括中央部属 202 所，其中大部分为工业行业特色高校。在这 20 年间，行业特色高校为培养行业所需人才、促进行业科技进步和服务经济社会发展作出了重要贡献，但存在人才培养模式较为单一、办学理念相对滞后等问题，其发展惯性、核心刚性和改革阻力有待进一步破除。

“文化大革命”期间，我国大学治理体系遭到破坏。“文化大革命”结束后，按照第五届全国人民代表大会的规定，我国大学从 1978 年开始实行党委领导下的校长分工负责制，学校的教学、科学研究等重大问题经党委讨论作出决定。这标志着 1949 年以来我国大学党委首次掌握大学决策权，在大学治理中发挥主导作

① 吴启迪. 同济沧桑九十年[J]. 科学, 1997, 49(3): 3-7, 2.

② 王浒. 对我国高校布局的思考[J]. 中国高教研究, 1998, (2): 8-12.

③ 国家统计局国民经济综合统计司. 新中国六十年统计资料汇编[M]. 北京: 中国统计出版社, 2009: 69.

④ 李廉水. 行业特色高校的开放发展战略[J]. 阅江学刊, 2010, 2(4): 71-74.

用。此外，为了推进大学民主管理，我国大学定期召开师生代表大会，并设立了学术委员会。可见，中国特色大学治理结构已经初具雏形。第二次转变是1989年我国大学重新实行党委领导下的校长负责制。1985年，在教育体制改革的推动下，我国大学逐步实行校长负责制，大学党委不再掌握大学决策权。然而，在经受了政治风波的严峻考验后，党中央深刻认识到忽视党的基层组织建设、削弱党组织作用的危险性。1989年，党中央决定大学重新实行党委领导下的校长负责制，大学党委再次掌握了大学决策权。这次转变是历经曲折探索后作出的战略选择，标志着中国特色大学治理结构的正式确立。这是我国大学治理演进的第二个阶段。面对从有计划的商品经济向社会主义市场经济转型的新形势，如何适应社会主义市场经济体制的需要，加快高等教育改革发展步伐，更好地为社会主义事业服务，成为该阶段坚持和完善中国特色大学治理的重要任务。该阶段大学治理法治化、科学化、民主化不断推进，中国特色大学治理在规范中提升，有力地支撑和推动了高等教育大众化进程和高等教育强国建设。大学治理结构法治化得到前所未有的重视。1996年，中共中央正式印发《中国共产党普通高等学校基层组织工作条例》，从党内法规层面正式确立了大学党委的决策权。

三、促改革：1998~2016年

从20世纪末开始，政府机构改革，相关工业部门撤销，所属的高校划归到教育部或地方管理，教育部部属高校的数量从1997年的35所增加到2000年的72所，地方高校同期从675所上升为925所，而中央其他部门所属高校的数量从310所下降到44所。伴随高校扩招，全国普通高校数量再次攀升，2001年比上年增加17.67%，2008年总量突破了2000所，但中央部属高校的数量下降到111所。2016年，全国有普通高校2596所[①]，其中地方高校（含民办高校和独立学院）的占比提高到95.45%（图3-1）。通过高等教育管理体制改革，初步形成了中央和省级人民政府两级管理、以省级人民政府管理为主的新体制。一批行业特色高校通过体制改革带动机制创新，在调整办学思路的同时，继续与行业骨干企事业单位联合培养人才，促进学科交叉，搭建协同创新平台，取得了新的进步与发展。但改革的阵痛尚未消除，一些行业特色高校运行的原有渠道有所变化，新的渠道尚未完全畅通，办学资源相对紧张且结构发生改变。在这个变革过程中，还有少数高校主动性不够，与行业部门的沟通减少，对行业的动态与政策跟进不及时，向行业输送的人才与成果有所减少。

① 中华人民共和国教育部. 高等教育学校(机构)数[EB/OL]. [2022-09-16]. http://www.moe.gov.cn/jyb_sjzl/moe_560/jytjsj_2016/2016_qg/ 201708/t20170822_311604.html.

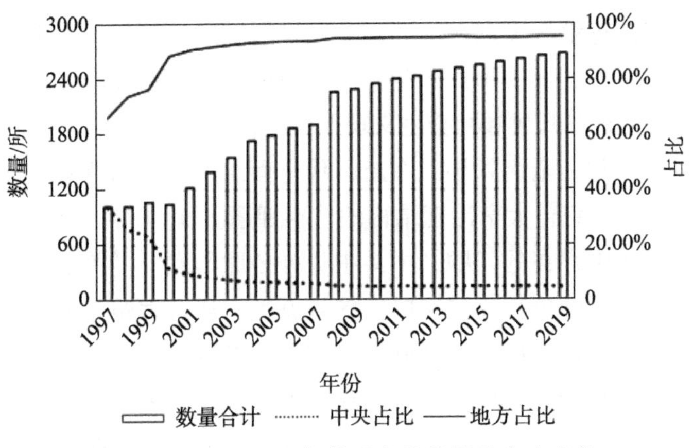

图 3-1　1997~2019 年普通高校数量及占比变化

1998 年，全国人民代表大会常务委员会颁布的《中华人民共和国高等教育法》，以法律形式正式确立了大学党委的决策权，明确了党委的职责、校长的职权、学术委员会和教职工代表大会的作用，标志着大学治理结构的法治化。2010 年以来，在国家现代大学制度建设的推动下，以大学章程为核心的大学治理体系建设为大学优化治理提供了有力的制度保障。大学领导班子决策机制也在不断健全。2008 年，中共中央纪律检查委员会、教育部、监察部制定了《关于加强高等学校反腐倡廉建设的意见》，明确要求健全领导班子科学民主决策机制，严格执行议事规则和决策程序；2010 年，中共中央印发了《中国共产党普通高等学校基层组织工作条例》，明确规定了高校党委实行民主集中制。此外，《中华人民共和国高等教育法》确立了教职工代表大会制度、学术委员会制度，保障教职工参与学校民主管理和民主监督的权利。2010 年以来，我国大学进一步完善了学术治理体制机制，不少大学设立了教授委员会，积极探索教授治学的新途径。

针对计划经济体制下平均主义倾向、教师积极性受到抑制等问题，20 世纪 90 年代以来我国大学先后启动了三轮人事制度改革，推动高校全面实行聘用制，建立和完善以实绩和贡献为导向的分配激励机制，有效激发了高校教师的积极性和创造性，从治理机制上健全了促进高校内涵式发展的激励约束机制。党的十八大以来，全球化与“逆全球化”相互交织、中国崛起与世界多极化相互作用、新一轮科技产业革命与我国新旧动能接续转换等，都对我国高等教育发展提出了新的更高要求。以习近平同志为核心的党中央高度重视发展高等教育，行业特色高校要进一步强化党对高校的全面领导，从治理理念、治理结构、治理机制等方面加大力度持续推进中国特色大学治理。

治理理念突出“四为”方针。大学治理理念是大学治理组织及人员在治理过程中所秉承或信奉的观念和信仰。在 2016 年全国高校思想政治工作会议上，习近平强调："我国高等教育发展方向要同我国发展的现实目标和未来方向紧密联系在一起，为人民服务，为中国共产党治国理政服务，为巩固和发展中国特色社会主义制度服务，为改革开放和社会主义现代化建设服务。"①

治理结构突出党的全面领导。在新时代全面从严治党的背景下，加强党对大学的全面领导，成为完善大学治理结构的重要课题。2014 年，针对党委领导下校长负责制实施过程中存在的问题，中共中央办公厅印发了《关于坚持和完善普通高等学校党委领导下的校长负责制的实施意见》，通过理顺党委领导与行政负责的关系、健全党委与行政议事决策制度、完善领导班子协调运行机制等举措，进一步强化大学党委在治理结构中的领导核心地位。近年来，中共中央组织部和教育部制定有关文件，针对院（系）党的领导存在弱化问题，明确了院（系）党委的职责，进一步强化了院（系）党的领导。

治理机制突出学术事务去行政化。在推进现代大学制度建设的过程中，教授治学和学术民主受到前所未有的重视。针对大学学术委员会运行机制存在的问题，2014 年我国教育部专门颁布《高等学校学术委员会规程》，确立了高等学校学术委员会为校内最高学术机构的地位。《高等学校学术委员会规程》于 2014 年 3 月 1 日起施行，明确了学术委员会的组成规则、职责权限、运行制度，同时限制了校院两级党政领导进入学术委员会的比例，推动学术事务去行政化迈出了重要一步。

四、创一流：2017 年至今

2017 年 9 月，教育部、财政部、国家发展和改革委员会印发《关于公布世界一流大学和一流学科建设高校及建设学科名单的通知》。有文献统计，在 42 所世界一流大学建设高校中，行业特色高校占 1/3；在 95 所一流学科建设高校中，行业特色高校约为 3/4。②第四轮学科评估，95 个全国排名第一（含并列）的学科中，行业特色高校占到 83.2%③。面对新形势新要求，一批行业特色高校抢抓"双一流"机遇，不断革新办学观念，增强办学实力，提高办学水平，在多年高速增长的基础上转向高质量内涵式发展，实现从做大到做强的转变。

2017 年，在深化高等教育领域简政放权、放管结合、优化服务改革中，教育部等五部门发布《关于深化高等教育领域简政放权放管结合优化服务改革的若干

① 新华社. 全国高校思想政治工作会议 12 月 7 日至 8 日在北京召开[EB/OL].[2022-08-17]http://www.gov.cn/xinwen/2016-12/08/content_5145253.htm?_k=ong1jd#1.

② 薛岩松, 王雅韬. "双一流"建设背景下行业特色高校的竞争分析——基于生态位的研究[J]. 现代教育科学, 2019, (12): 8-13.

③ 陆静如, 郭强. 中外合作办学助力高校一流学科建设——以行业特色高校为例[J]. 教育探索, 2019, (4): 63-67.

意见》，明确要求完善学术评价体系和评价标准，推动学术事务去行政化。完善高校内部治理有四点要求。第一，加强党对高校的领导。高校要坚持和完善党委领导下的校长负责制，高校党委对本校工作实行全面领导，对本校党的建设全面负责，履行管党治党、办学治校的主体责任，落实党建工作责任制，切实发挥领导核心作用。坚持党管干部、党管人才，落实“三重一大”决策制度。强化院（系）党的领导，进一步发挥院（系）党委（党总支）的政治核心作用。加强基层党组织建设，推动全面从严治党向高校基层延伸，充分发挥党支部战斗堡垒作用。第二，加强制度建设。高校要坚持正确办学方向和教育法律规定的基本制度，依法依章程行使自主权，强化章程在学校依法自主办学、实施管理和履行公共职能方面的基础作用。完善政治纪律、组织人事纪律、财经纪律，对工作中的失职失责行为要按有关规定严格问责。加强自我约束和管理，抓紧修订完善校内各项管理制度，使制度体系层次合理、简洁明确、协调一致，使高校发展做到治理有方、管理到位、风清气正。第三，完善民主管理和学术治理。进一步健全高校师生员工参与民主管理和监督的工作机制，发挥教职工代表大会和群众组织作用。坚持学术自由和学术规范相统一，坚持不懈培育优良校风和学风。完善学术评价体系和评价标准，推动学术事务去行政化。提高高校学术委员会建设水平，充分发挥高校学术委员会在学科建设、专业设置、学术发展、学术评价等事项中的重要作用。确立科学的考核评价和激励机制。突出同行专家在科研评价中的主导地位。第四，强化信息公开与社会监督。积极推进高校重大决策、重大事项、重要制度等校务公开。除涉及国家秘密、商业秘密、个人隐私以及公开可能危及国家安全、公共安全、经济安全、社会稳定和学校安全稳定的情况外，均应当依法依规公开相关信息。畅通监督渠道，发挥社会公众、媒体等力量在监督中的作用。利用现代信息技术手段，提高工作透明度，增强信息公开实效，让权力在阳光下运行。

第四章

行业特色高校治理模式与创新发展状况调查

第一节　抽样调查问卷的设计与执行

（一）问卷的编制

调研问卷由个人基本信息和变量题项两部分组成。问卷设计采用的是 Likert 量表法，量表采用 5 级尺度，用 1~5 来表示答卷者对问题的同意程度：1 表示完全不符合；2 表示不符合；3 表示一般；4 表示比较符合；5 表示完全符合。

（二）问卷的发放以及样本情况

调查问卷面向行业特色高校教师发放，回收了 448 份，有效问卷 448 份；面向行业特色高校学生发放，回收了 1464 份，有效问卷 1384 份；面向行业特色高校职能部门发放，回收问卷 122 份，有效问卷 110 份；面向国防军工企业等用人单位发放，回收 96 份，有效问卷 84 份。

第二节　相关现状分析

本章调查面向行业特色高校职能部门的工作人员，共回收问卷 122 份，有效问卷 110 份，研究对象以学校中层管理干部和校领导及学校中层管理人员以外的其他管理服务人员为主，占到总人数的 73.64%，还有校党委书记、校长、副校级领导、教务部门领导、科研部门领导、学科建设部门领导、规划发展部门领导、高教管理研究专家、学校高级职称教学科研人员、学校中级职称及以下教学科研人员（图 4-1）。

其中 98.18%的受访者来自部属重点本科院校（“211 工程”与“985 工程”建设院校），来自部属一般本科院校和省属重点本科院校的受访者只占到 0.91%（图 4-2）。

受访者所在高校类别以国防军工类和综合类为主，占比情况如表 4-1 所示。

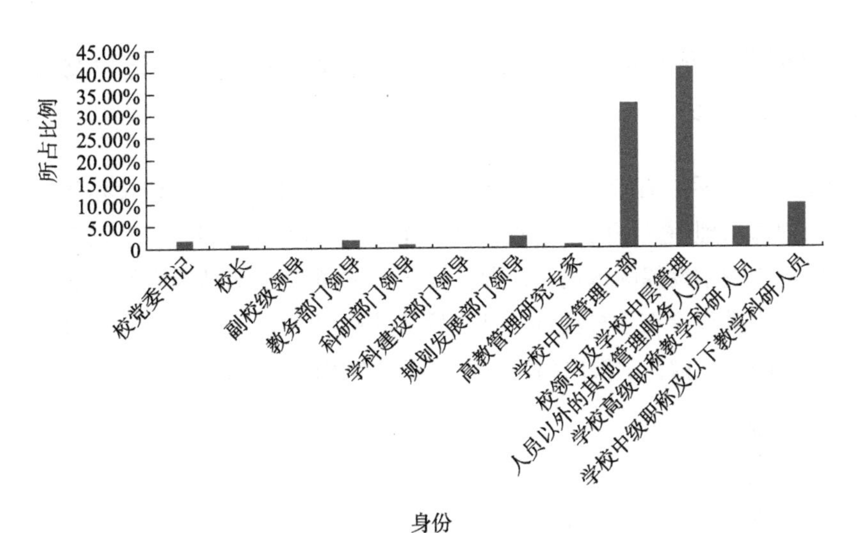

图 4-1　职能部门研究对象构成

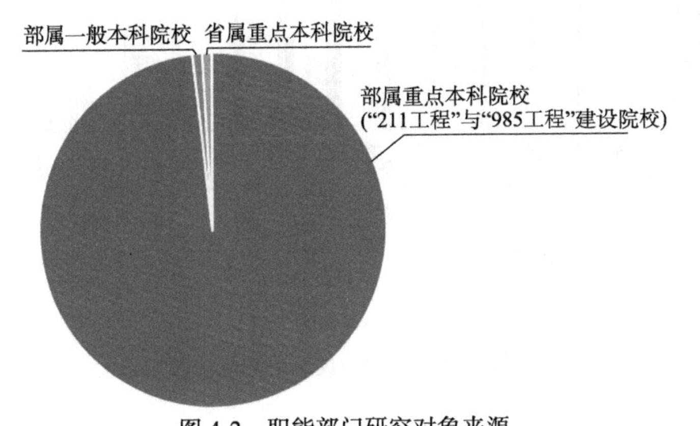

图 4-2　职能部门研究对象来源

表 4-1　受访者基本情况表

分类	人数	占比
国防军工类	59	53.64%
综合类	42	38.18%
财经类	2	1.82%
电子类	1	0. 91%
农林类	1	0. 91%
医药类	1	0. 91%
钢铁类	1	0. 91%
化工类	1	0. 91%
石油类	1	0. 91%
其他	1	0. 91%

注：表中数据进行过修约，故存在加和不等于 100%的情况

一、国防军工行业特色高校议事决策机构在推进学校治理体系构建中发挥重要作用

如图 4-3 所示，有 78.18%的受访者认为党的常务委员会和校长办公会或校务会在学校内部治理中发挥的作用非常大，有 58.18%的受访者认为学位评定委员会在学校内部治理中发挥的作用非常大，有 52.73%的受访者认为党的委员会全体会议和校级学术委员会在学校内部治理中发挥的作用非常大；不到 10%的受访者认为这些议事决策机构在学校内部治理中发挥的作用比较小或非常小。

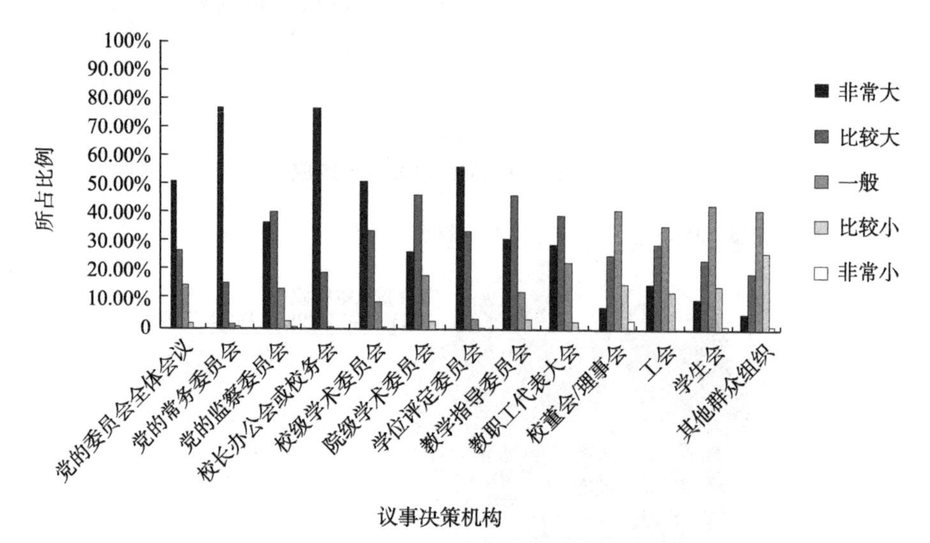

图 4-3 高校内部治理中议事决策机构作用程度

综上所述，党的委员会全体会议、党的常务委员会、校长办公会或校务会、校级学术委员会、学位评定委员会在高校内部治理过程中发挥着重要作用。我国高等教育实行党委领导下的校长负责制，学校党委充分发挥职责，统筹和领导全校工作，确保政治理念落实落地；校长在学校党委的领导下全面负责学校教学、科研、行政管理工作；校级学术委员会、学位评定委员会等学术机构充分发挥作用，确保高校尊重学术自由，追求科学精神与创新精神。

二、高校治理体系的构建需要科学完善的制度建设作保障

超过一半的受访者认为学校在发展过程中遇到了人才引进困难和地域环境不利发展的问题；30%左右的受访者认为学校在发展过程中遇到了制度执行不到位和体制机制不健全的问题（图 4-4）。

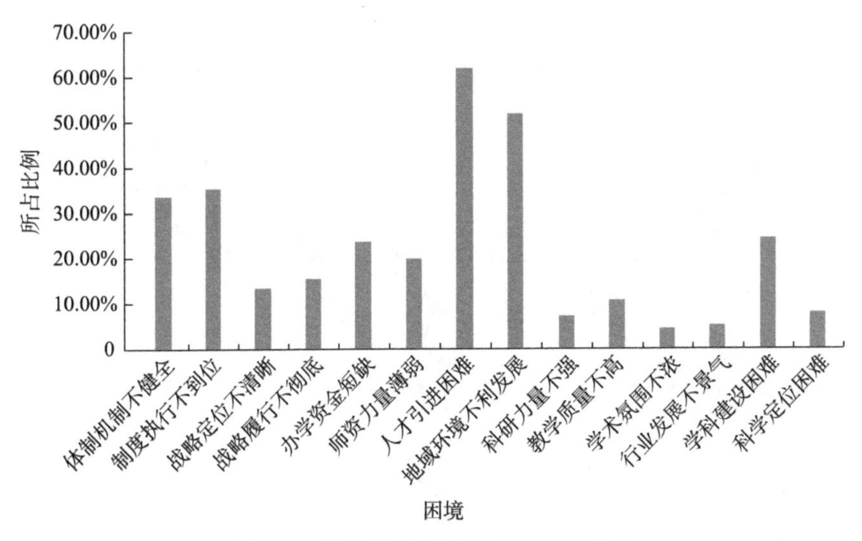

图 4-4 行业特色高校治理问题和困难

综上所述，行业特色高校治理制度还存在很多需要改进和完善的地方，行业特色高校的制度建设既要面向自身建设，又要面向政府等上级主管部门、社会、市场等，对接和引领行业发展。从宏观的顶层设计到微观的具体落地执行，囊括制度体系、理念、架构、规范、执行、监督与评价等在内的多个方面都需要进行改善。

三、理清内部治理关系有助于推进学校治理能力提升

有 59.55%的受访者认为“理清校院两级责任与权力清单、有效衔接”“优化财务、公用房等资源配置政策”“大力推进信息化和智慧校园建设”“理清机关职能部门职责，加大对二级单位绩效考核工作力度”“不断完善教学质量评价体系”“加强行业特色高校的校园文化建设”等六个因素非常重要，其中，“理清校院两级责任与权力清单、有效衔接”这一因素占比最高，为 64.55%，“加强行业特色高校的校园文化建设”这一因素占比最低，为 56.36%。有 20.15%的受访者认为这六个因素比较重要，“不断完善教学质量评价体系”这一因素占比最高，为 23.64%，“理清校院两级责任与权力清单、有效衔接”这一因素占比最低，为 17.27%。有 12.27%的受访者认为这六个因素重要，“理清校院两级责任与权力清单、有效衔接”这一因素占比最低，为 9.09%。有 6.21%的受访者认为这六个因素非常不重要，其中，“加强行业特色高校的校园文化建设”这一因素占比最高，为 7.27%。1.82%的受访者认为这六个因素不重要，其中，“理清校院两级责任与权力清单、有效衔接”和“优化财务、公用房等资源配置政策”这两个因素占比最高，均为 2.73%（图 4-5）。

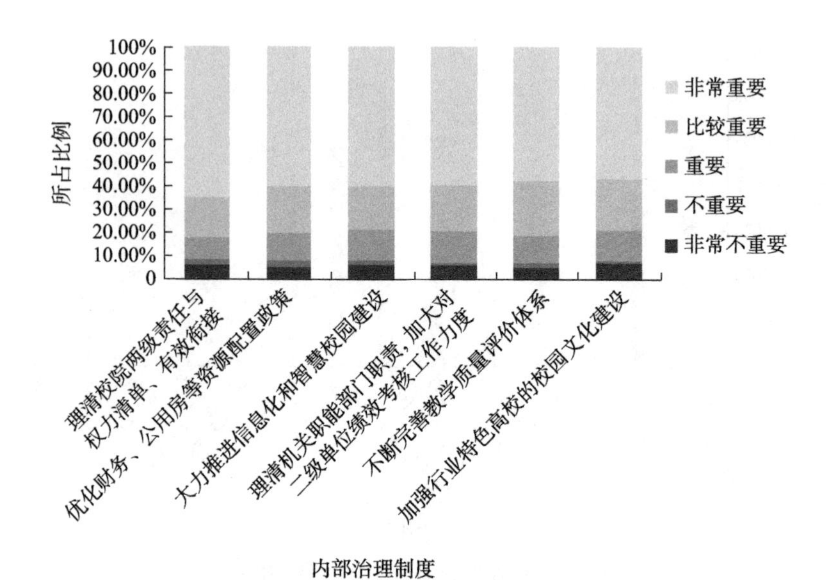

图 4-5 内部治理制度因素重要程度

四、行业特色学科结构的优势突出

55.05%的受访者认为“优化学科结构，进一步拓展学科专业覆盖面”“围绕主干优势学科实现多学科协调发展”“持续加强优势学科（群）建设”“加强基础学科对其他学科的支撑作用”“积极推进交叉学科培育，拓展新学科”“适应行业发展趋势形成新的学科特色优势”“处理好做强特色优势学科与发展新兴学科的关系”“以特色学科打造特色高校、协同行业产业特色”“跟踪行业发展形成特色优势学科动态调整机制”这些因素非常重要。其中，57.27%的受访者认为“持续加强优势学科（群）建设”“适应行业发展趋势形成新的学科特色优势”这两个因素非常重要。24.34%的受访者认为这些因素比较重要，其中 28.18%的受访者认为“以特色学科打造特色高校、协同行业产业特色”“跟踪行业发展形成特色优势学科动态调整机制”这两个因素比较重要，19.09%的受访者认为“优化学科结构，进一步拓展学科专业覆盖面”这一因素比较重要。11.31%的受访者认为这九个因素重要，其中只有 7.27%的受访者认为“以特色学科打造特色高校、协同行业产业特色”这一因素重要。6.67%的受访者认为这九个因素非常不重要。其中 7.27%的受访者认为“优化学科结构，进一步拓展学科专业覆盖面”“加强基础学科对其他学科的支撑作用”“适应行业发展趋势形成新的学科特色优势”“跟踪行业发展形成特色优势学科动态调整机制”这些因素非常不重要，5.45%的受访者认为“处理好做强特色优势学科与发展新兴学科的关系”这一因素非常不重要。2.63%的受访者认为这九个因素不重要，其中认为“优化学科结构，进一步拓展学科专业覆盖面”不重要的受访者占到4.55%（图4-6）。

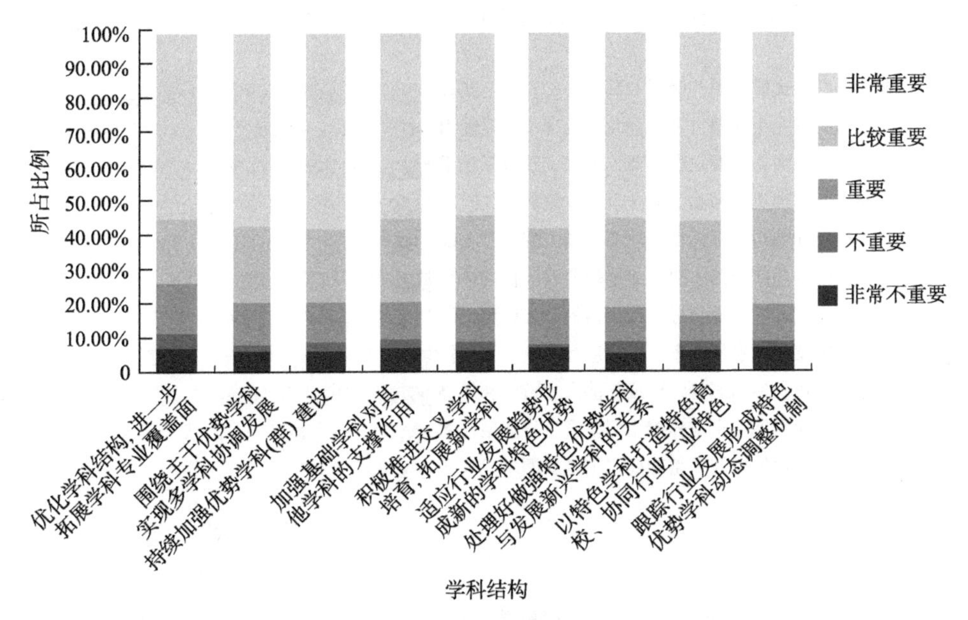

图4-6 学科结构因素影响程度

五、人才培养面向行业发展需求

50%及以上的受访者认为“围绕行业发展需求培养高水平创新型学术人才”“围绕行业发展需求培养应用型复合型技能型人才”等 11 个因素非常重要，其中，认为“围绕行业发展需求培养高水平创新型学术人才”这一因素非常重要的占比最高，为 67.27%，“面向行业企业地方需求强化学生岗位适应能力”这一因素占比最低，为 50%。22.98%的受访者认为这 11 个因素比较重要，其中，“面向行业企业地方需求强化学生岗位适应能力”这一因素占比最高，为 30.91%，“围绕行业发展需求培养高水平创新型学术人才”这一因素占比最低，为 16.36%。有 10.25%的受访者认为这 11 个因素重要，其中，“积极开展与国际标准实质等效的工程教育认证”这一因素占比最高，为 16.36%，“围绕行业发展需求培养应用型复合型技能型人才”这一因素占比最低，为 7.27%。有 7.52%的受访者认为这 11 个因素非常不重要，其中，“积极开展与国际标准实质等效的工程教育认证”这一因素最高，为 9.09%，“围绕行业发展需求培养高水平创新型学术人才”“围绕行业发展需求培养应用型复合型技能型人才”“面向行业企业地方需求强化学生岗位适应能力”这三个因素最低，为 6.36%。有 1.9%的受访者认为这 11 个因素不重要，其中，认为“围绕行业发展需求培养应用型复合型技能型人才”这一因素不重要的占比最高，为 4.55%，没有人认为“摒弃拼规模比数量的观念，以适应社会需要为目标”这一因素不重要（图 4-7）。

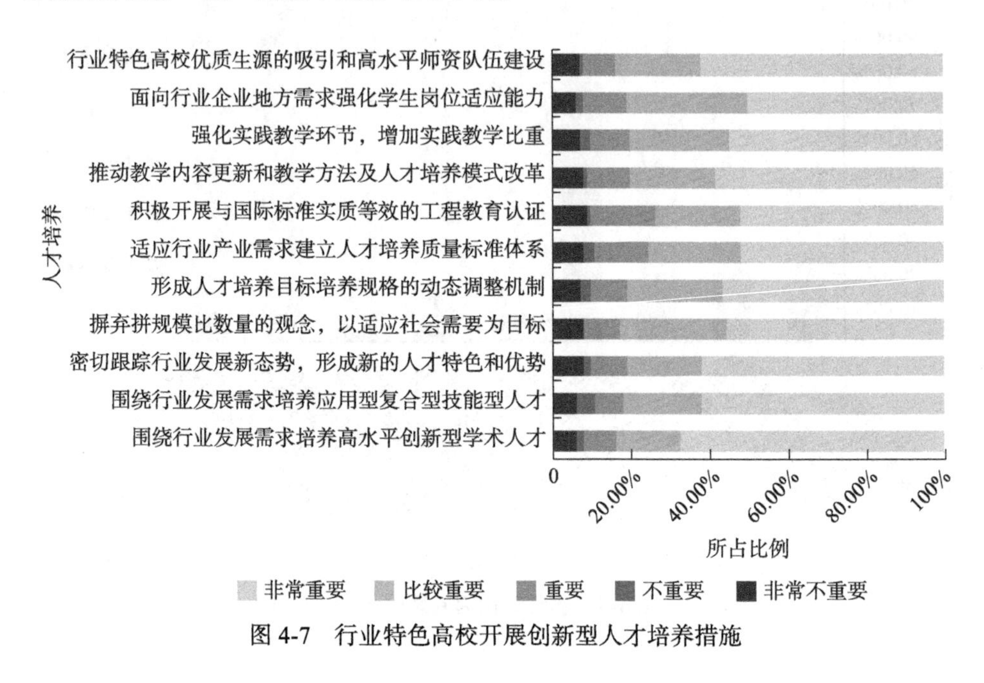

图 4-7 行业特色高校开展创新型人才培养措施

六、科学研究着力服务于解决行业重大技术问题

有 61.3%的受访者认为“着力解决行业区域共性与关键技术问题”“与行业区域协同建立重大研发与应用平台”等七个因素非常重要，其中，认为“强化高水平科研导向，提高学校的创新能力”这一因素非常重要的占比最高，为 68.18%，认为“与行业区域协同建立重大研发与应用平台”“大力推进高校产学研合作与协同创新”这两个因素最重要的占比最低，为 58.18%。有 18.96%的受访者认为这七个因素比较重要，其中，“着力解决行业区域共性与关键技术问题”“与行业区域协同建立重大研发与应用平台”这两个因素占比最高，为 21.82%，“强化高水平科研导向，提高学校的创新能力”“注重成果转化，增强服务行业产业和社会的能力”这两个因素占比最低，为 15.45%。有 11.43%的受访者认为这七个因素重要，其中“建立科学的科研绩效考核与激励机制”“大力推进高校产学研合作与协同创新”“促进教学、科研与学科互动，增强学校核心竞争力”这三个因素占比最高，为 12.73%，“强化高水平科研导向，提高学校的创新能力”这一因素占比最低，为 8.18%。6.75%的受访者认为这七个因素非常不重要，其中，“着力解决行业区

域共性与关键技术问题”这一因素占比最高，为 8.18%。1.56%的受访者认为这七个因素不重要，“注重成果转化，增强服务行业产业和社会的能力”这一因素占比最高，为 2.73%（图 4-8）。

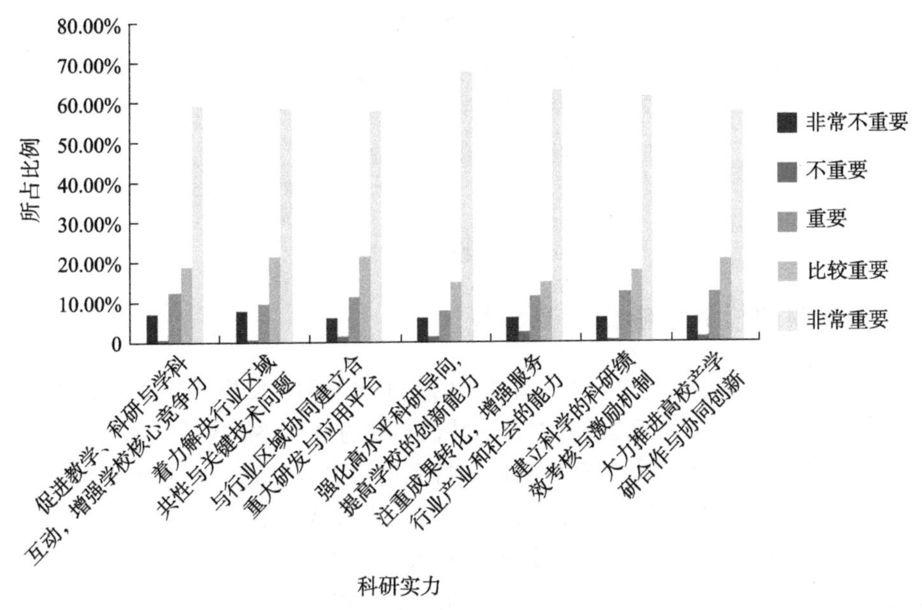

图 4-8 科学研究重点服务领域

七、国际化程度是行业特色高校治理水平的重要标志

45.06%的受访者认为“与国际知名高校和机构建立合作关系”“扩大学生赴国（境）外交流学习规模”等七个因素非常重要，其中，“建设具有国际化视野的课程”这一因素占比最高，为 51.82%，“优化留学生生源结构，进一步提高留学生培养质量”这一因素占比最低，为 40%。28.83%的受访者认为这七个因素比较重要，其中，“加强国际科研合作，参与国际或区域性重大科研计划”这一因素占比最高，为 32.72%，“优化留学生生源结构，进一步提高留学生培养质量”这一因素占比最低，为 24.55%。14.55%的受访者认为这七个因素重要，其中，“优化留学生生源结构，进一步提高留学生培养质量”这一因素占比最高，为 19.09%，“加强国际科研合作，参与国际或区域性重大科研计划”这一因素占比最低，为 10.91%。7.92%的受访者认为这七个因素非常不重要，其中，“优化留学生生源结构，进一步提高留学生培养质量”这一因素占比最高，为 10%。3.64%的受访者认为这七个因素不重要，其中，“优化留学生生源结构，进一步提高留学生培养质量”这一因素占比最高，为 6.36%（图 4-9）。

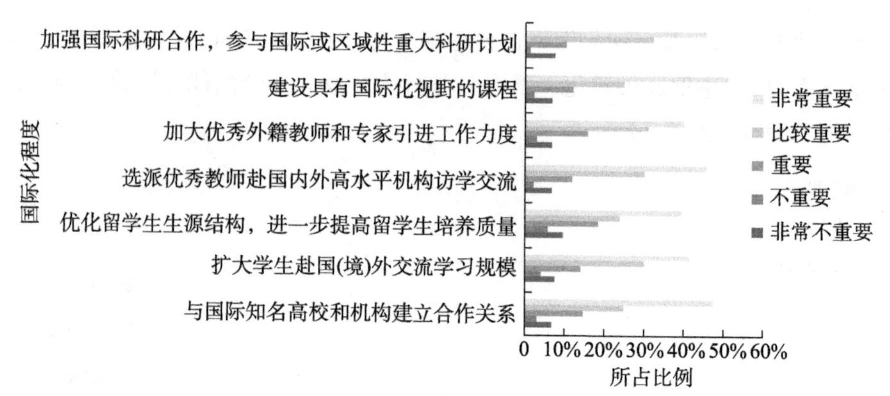

图 4-9　国际化因素重要程度

八、确保财政投入能够促进高校发展

60.15%的受访者认为“行业主管部门的政策支持和经费投入”“加大政府对高校政策扶持和财力投入”“建立针对行业特色高校的科学评价体系”等六个因素非常重要，其中，“加大政府对高校政策扶持和财力投入”这一因素占比最高，为71.82%，“加大校友甚至社会人士对高校的财力投入”这一因素占比最低，为50%。21.06%的受访者认为这六个因素比较重要，其中，“加大校友甚至社会人士对高校的财力投入”“扩大与社会各界的联系，拓宽资源渠道”占比最高，为26.36%，“加大政府对高校政策扶持和财力投入”这一因素占比最低，为12.73%。10.76%的受访者认为这六个因素重要，其中，“加大校友甚至社会人士对高校的财力投入”这一因素占比最高，为 15.45%，“建立针对行业特色高校的科学评价体系”这一因素占比最低，为 6.36%。有 6.82%的受访者认为这六个因素非常不重要，还有 1.21%的受访者认为这六个因素不重要（图 4-10）。

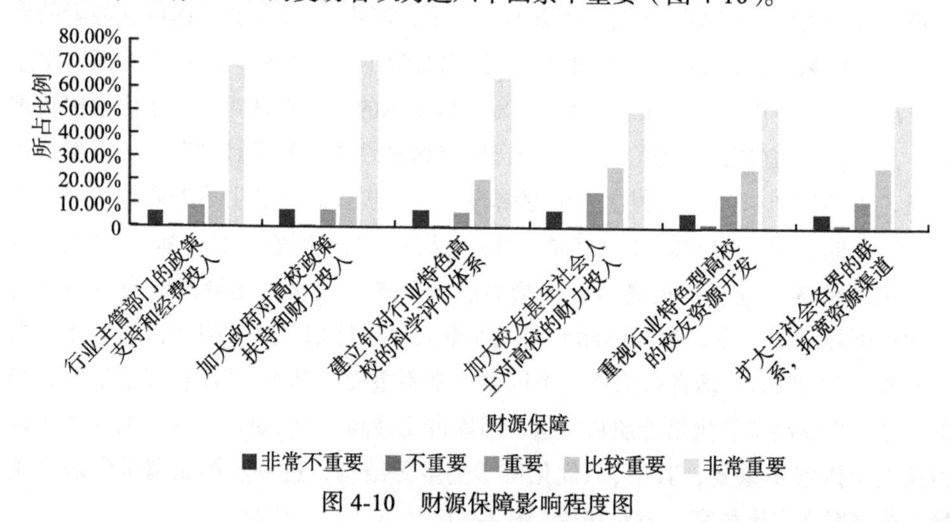

图 4-10　财源保障影响程度图

第二篇

新时代行业特色高校的治理模式

第五章

新时代行业特色高校的治理模式概述

高校治理模式的变革是由其自身发展逻辑与组织形态的变迁决定的。无论什么类型、层次的高校，都必须具有高等教育的共性，刘献君[①]将其归纳为立德树人、大学理念、文化之根、学科元素、教师主体、学术自由、共同治理七个方面，这是所有高校提升质量均应着力推进的方面，行业特色高校也不例外。同样，不能保持个性的高校也难以成为一流大学，特别是行业特色高校更要注重保持和张扬个性。因此，行业特色高校的治理模式，既要遵循高校治理的共性，又要秉持治理的个性，以应对在创新发展中所面临的诸多机遇与挑战。高校治理体系和治理能力现代化就是要正确处理学校和政府、社会的关系，在积极争取办学自主权的同时，全面推进高校的现代化治理及各要素的协调运行，加快推进现代大学制度建设，构筑有助于人才培养、科学研究、社会服务和文化创新的现代化治理体系，理顺内部治理机制和完善外部治理条件，平衡学术权力和行政权力，加强民主管理和民主监督，严格依法治校，规范办学行为，激发广大师生员工的干事创业活力，统筹推进学校各项改革，不断提高教学、科研和人才培养质量，助力“双一流”建设目标实现。[②]本章将在高校治理普遍规律框架之下，从治理理念、治理主体和制度体系等三个方面，对行业特色高校治理模式的个性特征进行辨析，为新时代行业特色高校治理模式的有效构建提供价值定位与判断标准。通过开展行业特色高校典型治理模式的国际比较，系统论述德国现代大学、美国创业型大学等多种高校治理模式，比较国外典型高校治理理念与经验，从所处的历史环境及其时代角色中反思行业特色高校治理模式的“守正”与“创新”。

第一节　新时代行业特色高校的治理理念

新时代行业特色高校的治理理念，不能简单地照抄照搬西方大学治理理念，

---

① 刘献君. 行业特色高校发展中需要处理的若干关系[J]. 中国高教研究, 2019, (8): 14-18.

② 刘有军, 冷冷. 高校治理体系和治理能力现代化视域下教代会改革创新: 理论逻辑与实践指向[J]. 中国劳动关系学院学报, 2021, 35(1): 104-113.

而是坚持中国特色、遵循充分结合行业发展的特点，在党的领导下经过长期反复探索、不断改革创新的演进结果。以党的领导确保治理正确方向、以遵循学术规律为前提构建制度体系、以能力建设提升治理效能是历史发展的基本经验，也是新时代推进中国特色大学治理现代化必须遵循的基本要求。

一、政治上：坚持党的领导，确保治理方向正确

为谁服务，是大学治理的政治方向；谁来治理、谁来决策，是坚持正确政治方向的治理保障。马克思主义认为，教育是由社会关系决定的。纵观大学发展史，为阶级统治服务、为国家服务是大学治理政治逻辑的集中体现。在中世纪，大学因宗教而生，为宗教服务。尽管被誉为“现代大学之母”的柏林洪堡大学拓展了科学研究功能，以威斯康星大学为代表的美国现代大学拓展了社会服务功能，但它们依然坚持国家利益至上。可见，为国家服务或为治国理政服务，是大学治理的必然要求。中国特色大学治理的首要问题，就是如何从制度上保障大学始终坚持正确的政治方向，这就需要从治理结构上加以解决，明确谁来主导大学治理、掌握大学的决策权。我国高等教育取得的辉煌成就雄辩地证明，加强党对高校的全面领导，实行党委领导下的校长负责制是历史的选择，也是中国大学的根本特色和最大优势所在。

二、学术上：遵循学术规律，崇尚科学精神与创新精神

我国提出科技创新的“三步走”战略：到 2020 年进入创新型国家，到 2035 年左右进入创新型国家前列，到 2050 年要成为世界科技强国。中国要想真正地成为科技强国，就要崇尚科学与创新。

科学精神，是科学实现其社会文化职能的重要形式，是科学文化的主要内容之一，包括自然科学发展所形成的优良传统、认知方式、行为规范和价值取向。其集中表现在：主张科学认识来源于实践，实践是检验科学认识真理性的标准和认识发展的动力；重视以定性分析和定量分析作为科学认识的一种方法；倡导科学无国界，科学是不断发展的开放体系，不承认终极真理；主张科学的自由探索，在真理面前一律平等，对不同意见采取宽容态度，不迷信权威；提倡怀疑、批判、不断创新进取的精神。邓伟志①强调理性与实证性是科学精神的核心，“探索与创新”是科学精神的活力。同时还要有创新精神，有坚持不懈、不怕困难、不辞辛劳、勇于创新的精神。科学精神就是实事求是、求真务实、开拓创新的理性精神，基本概括为：①批判和怀疑精神；②创造和探索的精神；③实践和探索

---

① 邓伟志．社会学辞典[M]. 上海: 上海辞书出版社, 2009.

的精神；④平权和团队精神；⑤奉献和人文精神。

三、行政上：依法依规科学治校，全面提升治理效能

大学制度体系是大学治理的基本依据，大学治理必须依据制度展开。中国特色大学治理的持续演进，是中国特色大学制度体系从不完善走向完善的过程，也是中国特色与学术特性的有机统一、不断融合的过程。

中国特色大学治理在演进过程中，嵌入了中国特色的制度文化，具有文化的嵌入性特征。一方面，制度文化的嵌入形成了中国特色大学治理所具有的独特治理结构优势，今天的中国特色大学治理显然有别于西方国家的大学治理。另一方面，制度文化的嵌入推动中国特色大学治理随时代发展而变革。正是由于文化的嵌入性，大学治理变革始终与国家治理改革同频共振、同向而行。然而，完善大学制度体系必须根据学术活动的特殊性充分考虑大学治理的特殊性，以确保制度体系科学有效。探索学问、传播真理是大学的基本职能。正是凭借对学问的探索、对真理的追求，大学才能在人类社会知识创造、知识传播、知识应用的链条中占据核心地位，才能在国家创新体系中发挥关键作用。从中国特色大学治理的演进历程来看，不论是法律法规和党内法规，还是学校层面的大学章程与各项规章制度，都越来越注重遵循高等教育规律和学术规律，大学制度体系日益科学化。今后，以遵循学术规律为前提不断完善大学制度体系，仍然是推进新时代中国特色大学治理现代化的重要基础。

提高办学质效、实现有效治理，是中国特色大学治理的必然追求。制度体系的完善，并不意味着大学治理效能的自然提升。提升大学治理效能，关键在于治理能力的提升。大学各级领导班子和干部队伍肩负着贯彻落实党的教育方针政策、回应经济社会发展需求、推动大学改革发展的重要使命，领导班子和干部队伍的治理能力与大学治理的效能息息相关。从中国特色大学治理的演进来看，高校党的领导、党的建设不断强化，治理的法治化、科学化、民主化水平不断提升，对领导班子和干部队伍的能力建设也提出了更高要求。推进新时代大学治理现代化，既要坚持正确的政治方向、健全大学制度体系，也要注重加强领导班子和干部队伍建设，不断提升大学的治理能力，从而把制度优势转化为治理效能。[①]

第二节　新时代行业特色高校的治理主体

高校内部治理主体一般包含以下机构。

---

① 张海滨. 中国特色大学治理的历史演进、内在逻辑和推进路径[J]. 理论与评论, 2021, (1): 75-82.

一、党委

学校党委全面领导学校工作，支持校长按照《中华人民共和国高等教育法》的规定积极主动、独立负责地开展工作，保证教学、科研、行政管理等各项任务的完成。

学校党委由党员代表大会选举产生，每届任期 5 年，对党员代表大会负责并报告工作。学校党委承担管党治党、办学治校主体责任，把方向、管大局、作决策、抓班子、带队伍、保落实。其主要职责如下。

（1）宣传和执行党的路线方针政策，宣传和执行党中央及上级党组织及本组织的决议，坚持社会主义办学方向，依法治校，依靠全校师生员工推动学校科学发展，培养德智体美劳全面发展的社会主义建设者和接班人。

（2）坚持马克思主义指导地位，组织党员认真学习马克思列宁主义、毛泽东思想、邓小平理论、“三个代表”重要思想、科学发展观、习近平新时代中国特色社会主义思想，学习党的路线方针政策和决议，学习党的基本知识，学习业务知识和科学、历史、文化、法律等各方面知识。

（3）审议确定学校基本管理制度，讨论决定学校改革发展稳定以及教学、科研、行政管理和服务等重大事项。

（4）讨论决定学校内部组织机构的设置及其负责人的人选。按照干部管理权限，负责干部的教育、培训、选拔、考核和监督。加强领导班子建设、干部队伍建设和人才队伍建设。

（5）按照党要管党、全面从严治党的要求，加强学校党组织建设。落实基层党建工作责任制，发挥学校基层党组织战斗堡垒作用和党员先锋模范作用。

（6）履行学校党风廉政建设主体责任，领导、支持内设纪检组织履行监督执纪问责职责，接受同级纪检组织和上级纪委监委及其派驻纪检监察机构的监督。

（7）领导学校思想政治工作和德育工作，落实意识形态工作责任制，维护学校安全稳定，促进和谐校园建设。

（8）领导学校群团组织、学术组织和教职工代表大会。

（9）做好统一战线工作。对学校内民主党派的基层组织实行政治领导，支持其依照各自的章程开展活动。支持无党派人士等统一战线成员参加统一战线相关活动，发挥积极作用。加强党外知识分子工作和党外代表人士队伍建设。加强民族和宗教工作，深入开展铸牢中华民族共同体意识教育，坚决防范和抵御各类非法传教、渗透活动。

（10）其他需要党委会决定的重大事项。

学校党委实行民主集中制，健全集体领导和个人分工负责相结合的制度。凡属重大问题都应当按照集体领导、民主集中、个别酝酿、会议决定的原则，由党委集体讨论，作出决定；党委成员应当根据集体的决定和分工，切实履行职责。表 5-1 列举了我国九所学校党委的职能定位。

表 5-1　各学校党委的职能定位

序号	学校	党委的职能定位
1	北京大学	保证办学方向，统一领导学校工作；支持校长独立负责地行使职权；讨论决定学校内部组织机构的设置；讨论决定学校的改革、发展；开展学校党组织的各项建设
2	清华大学	依照《中华人民共和国高等教育法》统一领导学校工作，支持校长独立行使职权
3	北京航空航天大学	学校的领导核心，履行党章等规定的各项职责，把握学校发展方向，决定学校重大问题，监督重大决议执行，支持校长依法独立负责地开展工作，保证教学、科研、行政管理等各项任务的完成
4	北京理工大学	学校的领导核心，统一领导学校工作，支持校长独立负责地行使职权。校党委及其常务委员会实行集体领导和个人分工负责相结合的制度，遵循民主集中原则制定议事规则和决策程序，通过“集体领导、民主集中、个别酝酿、会议决定”的方式决定学校重大事项
5	哈尔滨工业大学	学校的领导核心，统一领导学校工作，支持校长依法独立地行使职权及开展工作。宣传和执行党的路线、方针、政策；审议确定学校基本管理制度；讨论决定学校内部组织机构的设置及其负责人的人选；领导学校的思想政治工作和德育工作；做好统一战线工作；领导学校的工会、共青团、学生会等群众组织和教职工代表大会
6	哈尔滨工程大学	学校的领导核心，履行党章等规定的各项职责，把握学校发展方向，决定学校重大问题，监督重大决议执行，支持校长依法独立负责地行使职权，保证以人才培养为中心的各项任务完成
7	西北工业大学	学校的领导核心，依法领导学校工作，支持校长独立负责行使职权，保障学校各项工作的顺利进行
8	南京航空航天大学	统一领导学校工作的机构，支持校长依法独立地行使职权及开展工作
9	南京理工大学	统一领导学校工作，履行法律和党内法规规定的各项职责的机构。把握学校发展方向，决定学校重大问题，监督重大决议执行，支持校长依法独立负责地行使职权，保证以人才培养为中心的各项任务完成

二、校长

校长是学校的法定代表人和行政负责人，在学校党委领导下，组织实施学校党委有关决议，行使高等教育法等规定的各项职权，全面负责学校的教学、科学研究和其他行政管理工作。

校长的主要职权如下所示。

（1）组织拟订和实施学校发展规划、基本管理制度、重要行政规章制度、重大教学科研改革措施、重要办学资源配置方案。组织制定和实施具体规章制度、年度工作计划。

（2）组织拟订和实施学校内部组织机构的设置方案。按照国家法律和干部选拔任用工作有关规定，任免内部组织机构的负责人。

（3）组织拟订和实施学校人才发展规划、重要人才政策和重大人才工程计划。负责教师队伍建设，依据有关规定聘任与解聘教师以及内部其他工作人员。

（4）组织拟订和实施学校重大基本建设、年度经费预算等方案。加强财务管理与审计监督，管理及保护学校资产。

（5）组织开展教学活动和科学研究，创新人才培养机制，提高人才培养质量，推进文化传承创新，服务国家和地方经济社会发展，把学校办出特色、争创一流。

（6）组织开展思想品德教育，负责学生学籍管理并实施奖励或处分，开展招生和就业工作。

（7）做好学校安全稳定和后勤保障工作。

本章主要列举了包括北京大学在内的我国九所学校校长的职能定位，详见表5-2。

表 5-2 各学校校长的职能定位

序号	学校	校长的职能定位
1	北京大学	全面负责学校的教学、科学研究和其他行政管理工作；拟订学校的发展规划和具体学术管理制度；组织教学活动、科学研究；拟订内部组织机构的设置方案；支持学术委员会履行职权，保障其决议的执行
2	清华大学	学校的法定代表人和行政负责人，依法全面负责教学、研究、管理、服务等校务工作
3	北京航空航天大学	在学校党委领导下，贯彻党的教育方针，组织实施学校党委决议，行使高等教育法规定的各项职权，全面负责学校的教学、科研和行政管理工作
4	北京理工大学	校长作为学校主要行政负责人，全面负责学校教育教学、科学研究和行政管理工作。副校长协助校长开展工作。校长办公会是学校的行政议事决策机构，是校长行使职权、履行职责、贯彻落实校党委有关决议、研究和处理学校行政重要事项的会议
5	哈尔滨工业大学	校长是学校的法定代表人，全面负责学校的人才培养、科学研究和其他行政管理工作。负责拟订发展规划；组织教学活动、科学研究和思想品德教育；拟订内部组织机构的设置方案；主持校长办公会议；负责教师聘任与解聘；拟订和执行年度经费预算方案
6	哈尔滨工程大学	校长是学校法定代表人，在学校党委领导下，贯彻党的教育方针，组织实施学校党委有关决议，全面负责学校教学、科研和行政管理工作
7	西北工业大学	学校的法定代表人和行政负责人，在党委领导下全面负责学校的教学、科学研究和其他行政管理工作
8	南京航空航天大学	全面负责本校的人才培养、科学研究、社会服务和其他行政管理工作
9	南京理工大学	学校的法定代表人，主持学校行政工作，全面负责学校的教育教学、科学研究和行政管理工作。副校长协助校长开展工作

（8）组织开展学校对外交流与合作，依法代表学校与各级政府、社会各界和境外机构等签署合作协议，接受社会捐赠。

（9）向党委报告重大决议执行情况，向教职工代表大会报告工作，组织处理教职工代表大会、学生代表大会、工会会员代表大会和团员代表大会有关行政工作的提案。支持学校各级党组织、民主党派基层组织、群众组织和学术组织开展工作。

（10）履行法律法规和学校章程规定的其他职权。

校长根据工作需要，可授权其他校领导分管或协管有关工作，或组织专门领导小组或委员会负责有关工作。

三、学术委员会

学术委员会是学校的最高学术机构，统筹行使学术事务的决策、审议、评定和咨询等职权。学术委员会坚守学校使命，维护学校学术声誉，倡导学术自由，鼓励学术创新，服务学校发展战略，独立、公平、公正地履行职责。

学术委员会分为校学术委员会、学部学术委员会、学院（系、所、中心）学术委员会，分别是所在单位的最高学术机构。本章主要列举了包括北京大学在内的我国九所学校学术委员会的职能定位，详见表 5-3。

表 5-3　各学校学术委员会的职能定位

序号	学校	学术委员会的职能定位
1	北京大学	学校的最高学术机构，可以讨论决定学位授予、教师聘任、学术道德规范等学术标准与规程；讨论决定学术管理制度
2	清华大学	作为最高学术机构，统筹负责学术事务的决策、审议评定和咨询等事项
3	北京航空航天大学	学校学术委员会可以就学科建设、教师聘任、教学指导、科学研究、学术道德等事项设立若干专门委员会，具体承担相关职责和学术事务
4	北京理工大学	学校学术委员会是学校最高学术机构。学术委员会依据国家有关规定产生，按照自身章程统筹行使学术事务的决策、审议、评定和咨询等职权
5	哈尔滨工业大学	校学术委员会是学校学术事务的决策机构负责审议并决策学校学科、专业建设规划；学校宏观科研规划；学校教师职务聘任标准；制定学校学术道德规范；审议并通过学术委员会专门委员会组织规程；听取学术委员会专门委员会工作汇报并指导其工作
6	哈尔滨工程大学	学术委员会是校内最高学术机构，根据需要设立若干专门委员会，统筹行使学术事务的决策、审议、评定和咨询等职权
7	西北工业大学	学校最高学术机构，统筹行使学术事务的决策、审议、评定和咨询等职权
8	南京航空航天大学	学校最高学术机构，统筹行使学术事务的决策、审议、评定和咨询等职权
9	南京理工大学	落实教授治学、发扬学术民主、保障学术决策科学规范的学术组织，统筹行使学术事务的决策、审议、评定和咨询等职权

校学术委员会的基本职责主要包含如下内容。

（1）审定教学科研成果、人才培养计划和质量的评价标准。

（2）审定教师及其他专业技术职务评聘中的有关学术评定标准。

（3）审议有关规范学校学术道德与加强学风建设的重要事项。

（4）审议学科、教师队伍建设规划与学校发展战略规划，审议教学、科研以及有关的社会服务改革与发展的重大政策和措施。

（5）审议学科、专业设置方案，审议学术机构、院（系）设置与调整方案以及教学、科研成果奖励办法，审议学科资源的配置方案。

（6）审议学位授予标准及细则。

（7）评定教学、科研以及有关社会服务的重要成果。

（8）评定学校自主设立的重大科研项目。

（9）审定校学术委员会专门委员会组织规程、学科分委会和院（系、所、实验室、中心）学术委员会章程。

（10）对学校预算决算中教学、科研经费的分配和使用提出咨询意见，对教学、科研重大项目的申报及资金的分配使用提出咨询意见，对开展中外合作办学、赴境外办学和对外开展重大项目合作提出咨询意见。

（11）决定或审议学校授权认为应当提交决定或审议的事项，以及其他按国家或学校规章规定应当决定或审议的事项。

四、学位评定委员会

学位评定委员会是中国学位授予单位设立的负责学位授予工作的领导机构。学位评定委员会的主要职责：根据国务院批准的授予学位权限，审查通过学士学位获得者名单；审查通过申请硕士学位和博士学位者名单；确定硕士学位课程的考试科目、门数和博士学位课程的考试范围；审批申请博士学位人员免除部分或全部课程考试的名单；审批主考人和论文答辩委员会成员；对学位论文答辩委员会报请授予硕士学位或博士学位的决议作出是否批准的决定；审定授予名誉博士学位的人员；作出撤销违反规定而授予学位的决定；研究处理有关授予学位的争议和其他事项。

《中华人民共和国学位条例暂行实施办法》对学位评定委员会的职责、组成人员、任期等作了具体规定。学位评定委员会负责审查通过学士学位获得者的名单；负责对学位论文答辩委员会报请授予硕士学位或博士学位的决议，作出是否批准的决定。学位评定委员会可以按学位的学科门类，设置若干分委员会，分委员会协助学位评定委员会的工作。学位评定委员会的日常工作一般由学位评定委员会办公室或研究生院（部、处）负责。

本章主要列举了包括北京大学在内的我国九所学校学位评定委员会的职能定位，详见表 5-4。

表 5-4　各学校学位评定委员会的职能定位

序号	学校	学位评定委员会的职能定位
1	北京大学	负责学位评定和审查工作，审核批准学位的授予和撤销；审核批准、撤销研究生指导教师资格
2	清华大学	决定本校学位和名誉学位的授予及撤销，学位授权学科的设置、变更和撤销，研究处理学位授予中的争议问题
3	北京航空航天大学	作为学校学位事务决策机构，享有与授予学位相关的权限
4	北京理工大学	学校设置学位评定委员会，负责学校的学位授予、学位授权点增列审核以及研究生导师审核等工作
5	哈尔滨工业大学	校学位评定委员会是学校学位与研究生教育相关工作的决策机构，其成员由学校依法聘任。校学位评定委员会在完成国家学位条例规定的学位评定委员会职能的同时，还负责学校研究生教育改革、导师队伍建设等宏观政策的审议与决策
6	哈尔滨工程大学	学位评定委员会是学校学位评定、授予工作的决策机构。负责作出是否批准授予学士、硕士、博士学位的决定，通过名誉博士的提名，作出撤销已授予学位的决定，审议学位、研究生指导教师评聘考核等相关工作
7	西北工业大学	学校学位评定工作的决策机构。根据国家相关法律法规的授权，履行与授予学位相关的职责和权限，统筹协调全校学位管理、学位授权及建设等的专门机构
8	南京航空航天大学	研究决定学位评定、学位授予的基本标准、规则和办法的机构
9	南京理工大学	学校学位及其相关事项的决策机构。统筹行使对学校各类学位申请的审定及其他与学位授予有关事项的咨询、审议和审批等职权

五、校务委员会

校务委员会是指现代学校的管理制度，体现学校管理的制度化、人本化、科学化，由政府代表或职能部门代表、街道社区代表、学校代表等社会多方位代表组成，讨论、决定关系学生及家长权益、学校的重大事情，可以说校务委员会是一所学校管理现代化与否、层次高低的标志，一般来说大学都有校务委员会。

全面推进依法治校，是提高学校治理法治化、科学化水平的客观需要，是建设现代学校制度的内在要求，是实现教育现代化的重要保障。我国高校实行依法治校，借助法人治理结构的思想，成立了由校内外人员共同组成的校务委员会。

校务委员会体现了学校管理“制度化、人本化、科学化”的现代化管理意识和理念，补充和完善了现代学校制度中的校长负责制，将决策的民主化、科学化切实落实到位。校务委员会由校长班子、行政干部、教师代表、家长代表、其他社会代表组成。校务委员会代表在教职工代表大会的基础上，充分考虑代表的学科结构和年龄层次，行政干部由各处室推荐一位行政干部，教师代表由各年级推荐 1～2 名教师，家长代表由家长委员会推荐若干名家长，社会代表由相关的社会人员组成。

校长负责制的前提下，校务委员会是本校内部管理体制的补充，其主要功能有以下几个。

（1）论证决策功能。对校长提交的有关本校发展、教育教学、学生管理等方面的重大问题进行论证和决策。

（2）咨询建议功能。向学校提供社会对教育的需求方面的信息；提出完善本校管理和对学生教育教学的建设性意见；反映学校服务对象的意见和建议。

（3）宣传协调功能。宣传学校的发展规划、教育教学业绩、教改创新成果和重大决策；协调社会各方面与本校的关系，促进社会各方面力量积极支持学校的改革与发展，增进社会各界人士对教育发展的了解与理解；为学校的发展、为学生的健康成长创造良好的外部环境。

（4）评议监督功能。对学校贯彻国家的教育方针、执行教育法律法规、全面实施素质教育的总体情况进行评议监督。校务委员会会议由理事长召集，每学年举行 1～2 次，必要时可临时召集。会议可特邀其他代表参加会议。

本章主要列举了包括北京大学在内的我国九所学校校务委员会的职能定位，详见表 5-5。

表 5-5 各学校校务委员会及其职能定位

序号	学校	校务委员会的职能定位
1	北京大学	学校的咨询议事和监督机构，负责审议通过校务委员会章程；审议学校面向社会筹措资金；监督和评价学校办学质量与效益
2	清华大学	作为咨询审议机构，依照有关规章产生和行使职权，通过民主协商，定期讨论关系本校全局的决策并提供咨询意见
3	北京航空航天大学	无
4	北京理工大学	无
5	哈尔滨工业大学	无
6	哈尔滨工程大学	无
7	西北工业大学	由学校行政领导、党支部书记及有关部门负责人组成，党支部书记、工会主席列席会议
8	南京航空航天大学	由学校知名专家学者、管理干部、学生组织负责人等组成
9	南京理工大学	无

六、监察委员会

北京大学设有监察委员会，独立对学校机构及人员行使监察职权，其由校纪委委员代表、民主党派代表、教职工代表、学生代表组成。监察委员会对学校机构及人员具有检查权、调查权、建议权、处分权，可独立行使监察职权，对学校机构及人员实施监察。监察委员会受理对学校机构及人员违反校纪校规行为的控告、检举；调查处理学校机构及人员违反校纪校规的行为；受理学校机构及人员对处分决定的异议或者申诉，依法依规维护其权益。监察委员会直接对校长负责，独立行使监察职权，监察室是其办事机构。本章主要列举了包括北京大学在内的我国九所学校监察委员会的职能定位，详见表 5-6。

表 5-6 各学校监察委员会的职能定位

序号	学校	监察委员会的职能定位
1	北京大学	党内监督专责机关，监察委员会独立对学校机构及人员具有检查权、调查权、建议权、处分权
2	清华大学	无
3	北京航空航天大学	无
4	北京理工大学	纪律检查委员会，在学校党委和上级纪委的领导下进行工作，按照《中国共产党普通高等学校基层组织工作条例》的规定产生并履行职责
5	哈尔滨工业大学	哈尔滨工业大学纪律检查委员会在学校党委和上级纪律检查机构的双重领导下开展工作。其主要任务是维护党的章程和其他党内法规，检查党的路线、方针、政策和决议的执行情况，协助学校党委加强党风建设和组织协调反腐败工作
6	哈尔滨工程大学	中国共产党哈尔滨工程大学纪律检查委员会是学校的党内监督机构，负责维护党的章程和其他党内法规，检查党的路线、方针、政策和决议的执行情况，协助党的委员会加强党风建设和组织协调反腐败工作
7	西北工业大学	学校的党内监督机构，在学校党委和上级纪检组织的领导下，维护党的章程和其他党内法规，检查党的路线、方针、政策、决议及学校重大决策的执行情况
8	南京航空航天大学	依据党的章程和党内法规履行职责，协助校党委做好党风廉政建设工作，推进预防和惩治腐败体系建设，保障学校事业健康发展
9	南京理工大学	无

七、教职工代表大会

教职工代表大会是教职工依法参与学校民主管理和监督的基本形式。学校应当建立和完善教职工代表大会制度。教职工代表大会在中国共产党学校基层组织的领导下开展工作。教职工代表大会的组织原则是民主集中制。

教职工代表大会的职权有如下几个。

（1）听取学校章程草案的制定和修订情况报告，提出修改意见和建议。

（2）听取学校发展规划、教职工队伍建设、教育教学改革、校园建设以及其他重大改革和重大问题解决方案的报告，提出意见和建议。

（3）听取学校年度工作、财务工作、工会工作报告以及其他专项工作报告，提出意见和建议。

（4）讨论通过学校提出的与教职工利益直接相关的福利、校内分配实施方案以及相应的教职工聘任、考核、奖惩办法。

（5）审议学校上一届（次）教职工代表大会提案的办理情况报告。

（6）按照有关工作规定和安排评议学校领导干部。

（7）通过多种方式对学校工作提出意见和建议，监督学校章程、规章制度和决策的落实，提出整改意见和建议。

（8）讨论法律法规规章规定的以及学校与学校工会商定的其他事项。

本章主要列举了包括北京大学在内的我国九所学校教职工代表大会的职能定位，详见表5-7。

表5-7　各学校教职工代表大会的职能定位

序号	学校	教职工代表大会的职能定位
1	北京大学	参与学校民主管理和民主监督的基本形式，主要负责听取学校章程草案的制定、学校发展规划和年度工作，并提出相应的意见和建议；讨论与教职工直接相关福利的方案；对学校工作提出建议并监督
2	清华大学	依法保障教职工参与民主管理和监督、维护教职工合法权益
3	北京航空航天大学	充分保障教职工参与民主管理和监督的权利，维护教职工的合法权益。学校工会作为教职工代表大会的工作机构，在教职工代表大会闭会期间，负责其日常工作
4	北京理工大学	学校教职工代表大会是教职工依法参与学校民主管理和监督的基本形式。教职工代表大会依据国家相关规定建立并行使职权
5	哈尔滨工业大学	教职工代表大会是教职工依法行使权利，参与学校民主管理和监督的重要组织形式。学校依据教育部发布的《学校教职工代表大会规定》，制定学校教职工代表大会规则，保障教职工参与学校民主管理和监督的权利。学校实行两级教职工代表大会制度。二级教职工代表大会在校教职工代表大会指导下，参照校教职工代表大会职权，参与基层单位民主管理和监督
6	哈尔滨工程大学	学校教职工代表大会是全体教职工依法参与民主管理和监督的基本形式。学校建立并完善校、院二级教职工代表大会制度。教职工代表大会在学校党委领导下按照其规定开展工作
7	西北工业大学	教职工依法行使民主权利参与学校民主管理和监督的基本形式，是促进学校决策科学化、民主化、法治化的重要途径
8	南京航空航天大学	依法保障教职工对校务管理的参与权、表达权和监督权，维护教职工合法权益的机构
9	南京理工大学	依法保障教职工对校务管理的参与权、表达权和监督权，维护教职工合法权益的机构

八、各类校级议事机构

校级议事机构是指学校为了加强某方面重要工作，或为处理一定时期内某项特定工作，依据一定程序设立的跨单位的机构（包括委员会、领导小组、工作小组等），主要承担相应工作事务的顶层设计、具体指导、组织协调和监督检查等工作职责，经党委常委会会议或校长办公会议授权的，可就特定事项作出决议，见表5-8。

表 5-8　各学校校级议事机构及其职能定位

序号	学校	教授委员会的职能定位	理事会（董事会）的职能定位	其他
1	北京大学	无	无	校友会，负责加强校友之间及校友和学校之间的联系，促进学校与社会的合作
2	清华大学	无	无	发展战略委员会作为战略决策的咨询机构和社会参与本校事务的主要途径 教育基金会，依照法律法规和自身章程来开展活动
3	北京航空航天大学	无	健全社会支持和监督学校发展的长效机制	教学指导委员会，负责学校教学决策咨询工作
4	北京理工大学	学院教授委员会依照相关规定参与学院的教育教学、科学研究、学科专业建设、师资队伍建设、民主管理及其他工作	教育基金会理事会由 5~25 名理事组成理事会，是基金会的决策机构。负责制定、修改章程；选举、罢免理事长、副理事长、秘书长；决定重大业务活动计划；年度收支预算及决算审定；制定内部管理制度；决定设立办事机构、分支机构、代表机构；决定副秘书长和各机构主要负责人的聘任；听取、审议秘书长的工作报告，检查秘书长的工作；决定基金会的分立、合并或终止	学校设置专业技术职务评审委员会，与校学术委员会、学位评定委员会一起指导学部开展与学术相关的工作
5	哈尔滨工业大学	学院设立教授会。教授会是学院学科建设、师资队伍建设等学术事务的咨询与决策组织，依据学校规定和教授会章程开展工作	哈尔滨工业大学基金会由 21 名理事组成理事会，理事会是基金会的决策机构。负责制定、修改章程；选举、罢免理事长、副理事长、秘书长；决定重大业务活动计划；审定年度收支预算及决算；制定内部管理制度；决定设立办事机构、分支机构、代表机构；决定副秘书长和各机构主要负责人的聘任；听取、审议秘书长的工作报告，检查秘书长的工作；决定基金会的分立、合并或终止	校教学委员会负责决定学校本科教学工作的重大事项，负责本科专业设置、人才培养标准、专业培养方案、课程体系、课程大纲、管理条例等 校科学技术委员会负责审议决定学校科研工作及其相关学术事务，负责科研发展规划、重大科研计划方案、科研机构设置及科研改革等 校人力资源委员会负责学校人力资源工作的决策与咨询 校学术道德委员会负责学校学术道德建设和监督工作 学生申诉处理委员会受理有关学生、学生组织对学校的惩处或其他决议事件的申诉，并进行复查

续表

序号	学校	教授委员会的职能定位	理事会（董事会）的职能定位	其他
6	哈尔滨工程大学	无	学校设立理事会，作为支持学校发展的咨询、协商、审议与监督机构，充分发挥其在密切社会联系、完善监督机制等方面的重要作用。理事会由主管部门、共建单位、关心支持学校发展建设单位的代表，社会知名人士，国内外知名专家，杰出校友代表及学校师生代表构成。理事会规程另行制定，依照其规程产生和行使职权	学校学生代表大会是学生参与民主管理和监督的重要形式，依照其章程行使职权、履行职责，其学生代表大会章程由学校党委常委会确定
7	西北工业大学	由学术造诣高、治学严谨、热爱教学工作、教学经验丰富、教学成果显著、办事公正的专家、教授和相关职能部门负责人组成	无	校友会是具有独立法人资格的非营利性社会组织，依照国家有关规定及其章程开展活动
8	南京航空航天大学	学术自治和民主管理的重要组织形式，是学院学术事务的咨询、评议、决策与监督机构	无	发展计划委员会是学校事业发展的辅助决策与咨询、协调机构
9	南京理工大学	无	由学校、政府、行业、企事业单位以及其他社会组织代表组成的理事会，为学校改革发展的重大问题提供咨询、建议、指导和监督，建立社会各界共同参与的办学机制	校友会是以多种方式联络和服务海内外校友，凝聚校友力量，鼓励校友参与和支持母校的建设与发展的团体。校友会支持校友成立具有地域、届别、行业等特点的校友组织

第三节 新时代行业特色高校以章程为核心的制度体系

以章程为核心的制度体系建设是高校内部治理体系的重要组成部分，是推动高等教育依法治校的必然选择。

一、高校章程建设工作是依法治校的必然要求

大学章程作为高校推进依法治校的校内基本依据，能够推动高校依法办学、

依法治教。大学章程的高质量、规范化建设，是推动大学依法治校、依法治教、依法办学的重要保障。自 2012 年《高等学校章程制定暂行办法》实施开始，我国的大学章程建设工作正式进入启动阶段。到 2015 年，教育部及中央部门所属的 114 所高等学校，分批全部完成章程制定和核准工作。在 2015 年 10 月国务院印发的《统筹推进世界一流大学和一流学科建设总体方案》中，明确提出建立健全高校章程落实机制，加快形成以章程为统领的完善、规范、统一的制度体系。2017 年 1 月，《统筹推进世界一流大学和一流学科建设实施办法（暂行）》发布，同年 9 月公布“双一流”建设高校及建设学科名单，各高校全面进入高质量、内涵式发展阶段，需要全面提升治理能力现代化建设，这对大学章程建设工作也提出了全新的要求。至此，大学章程建设进入完善提升阶段，截至 2021 年 12 月，已有 16 所教育部及中央部门所属高校经教育部同意，完成了章程修订工作，其中中国农业大学的章程分别于 2018 年和 2020 年进行了两次修改。另有部分高校也根据学校发展需要，启动了章程修订工作，但仍在推进中。这意味着，我国大学章程建设工作进入了高质量发展阶段。章程建设作为依法治校的重要组成部分，是推进高校综合改革，完善高校治理体系，加快推进现代大学制度建设的关键举措。因此，在章程制定工作已全面完成的基础上，各高校应根据党和国家对高校教育的新要求，适时地开展章程修订工作。

依法治校是推进依法治国的重要举措，是推进高等教育事业发展的重要保障。章程是建立现代大学制度的重要内容和实现依法治校的校级根本依据。章程通过明确学校的治理结构、规范管理方式、明晰师生员工的权利义务以及纠纷的解决和救济方式等，来规范与优化治理结构，提高管理效能，促进高质量内涵式发展，明确大学与政府、社会以及市场的关系，有效地发挥高等教育人才培养、科学研究、社会服务、文化传承创新、国际合作与交流的功能，推动高校从行政化治理转向法治化治理。因此，大学章程修订工作是依法治校的必然要求，具体表现在以下几个方面。

（一）依法治校要求高校树牢中国特色社会主义法治观念

全面推进依法治国是国家治理的基本方略，也是高校依法治校的目标价值和本质要求。依法治校之“法”，涉及两个层面。一是上位法层面，即国家法律法规体系；二是学校层面，即大学内部规章制度体系。高等学校要坚持党的教育方针和基本法律法规，主动肩负起为社会提供法治教育、树立法治观念的重要责任。通过法理研究、法学实践以及理论创新等，不断完善中国特色社会主义法治理念，并通过舆论引导提升师生员工以及社会公民的整体法治意识和法治素养。通过提出具有示范性和推广性的治理范式，健全社会法律服务体系，完善依法维权和矛盾化解机制，促进各领域依法治理，为全社会培育良好的法治文化。高校要树牢中国特色社会主义法治观念，并将其贯穿于高校章程建设与执行的全过程，确保高校依法深化教育改革，充分运用法治思维、法治观念、法治方式以及法律制度破解发展瓶颈，巩固改革成效，调动各方力量的积极性与创造性。

（二）依法治校要求高校完善治理结构

高校治理包含外部治理与内部治理两个方面，既要在符合新时代法治要求的前提下，规范大学与政府、社会的关系，优化外部治理结构，又要建设符合高等教育内涵式发展需求的学术体系、管理架构以及决策咨询机构，为实现立德树人根本任务提供保障，即完善内部治理结构。这就为高校提出了两方面的要求：一方面，高校要理顺与国家和地方的关系，结合上位法，明晰自身的法律界定，明确高校与政府、社会以及市场的关系，合理划分权力与责任义务界限；另一方面，在符合上位法规定的基础上，大学应以章程作为完善内部治理结构，构建内部治理体系的依据，科学合理确定校内资源配置和运行机制，形成以章程为统领、有机联系、相互支撑的现代大学制度体系。

（三）依法治校要求高校健全规章制度体系

依法治校要求根据成熟的法律框架制定学校的各项规章制度，由法律规定来对学校章程进行引导并施以影响和制约。推进依法治校，首先要有科学完备的规章制度体系，大学章程是高校内部规章制度体系的根本遵循，因此依法治校要求高校通过完善章程建设，确立学校规范化运行的基本规则、权利、义务以及工作流程，在章程的指导下，构建体系完善的规章制度架构，全面覆盖高校工作的职责职权范围以及各项职能领域，通过有效的监督执行手段确保规章制度体系的高效运转，从而推动学校工作的法治化。

二、大学章程修订的现状

自 2017 年开始至 2021 年 12 月，共有 16 所高校完成了章程修订工作并通过教育部核准公布，其中 2017 年共有 2 所高校完成章程修订，修改的条款均为 1~2 条，2018 年有 7 所学校完成章程修订，2019 年和 2020 年分别有 4 所高校完成章程修订工作（表 5-9）。可见，随着 2017 年“双一流”建设的推进，党和国家对高等教育逐步提出新要求，部分高校也与时俱进地开展了章程修订工作，但大部分高校仍未能按照党和国家对依法治校、高校治理的最新要求完成章程修订工作。

表 5-9　高校章程修订统计表

序号	学校	制定时间	修订时间	修改数量
1	北京大学	2014 年	2017 年	1 条
2	中国药科大学	2015 年	2017 年	2 条
3	中国农业大学	2014 年	2018 年	1 条
		2018 年	2020 年	10 条
4	兰州大学	2014 年	2018 年	4 条
5	中南大学	2014 年	2018 年	8 条
6	重庆大学	2014 年	2018 年	35 条
7	合肥工业大学	2015 年	2018 年	16 条
8	北京科技大学	2015 年	2018 年	18 条
9	同济大学	2014 年	2018 年	15 条
10	中国人民大学	2013 年	2019 年	31 条
11	复旦大学	2014 年	2019 年	42 条
12	南京大学	2014 年	2019 年	31 条
13	陕西师范大学	2015 年	2019 年	17 条
14	西北农林科技大学	2014 年	2020 年	51 条
15	厦门大学	2014 年	2020 年	50 条
16	中国传媒大学	2015 年	2020 年	29 条

这 16 所完成章程修订工作的高校，在章程修订程序、修订内容等方面，具备以下特点。

（一）修订程序

各高校章程修订的牵头单位一般是学校办公室或发展规划处。章程修订的一般程序包括：学习调研、成立专项工作组、形成方案、分组修订、集中研讨与形成修订初稿、公开征求意见、审定、核准和发布九个阶段。

（二）修订依据

高校章程修订的依据主要是《高等学校章程制定暂行办法》《中华人民共和国教育法》《中华人民共和国高等教育法》。在遵守上位法要求的基础上，以其他高校章程建设为参照，充分调动广大教职员工和学生的积极性，并结合高校自身的特色与优势，开展章程建设工作。

（三）修订内容

综合 16 所完成章程修订工作的高校章程修正案，通过文本分析，归纳出各高校章程修订条款主要包含以下内容。

（1）序言：修订章程的高校均在“双一流”建设大学之列，因此在章程修订时，均在发展历程和办学目标表述中增加关于“双一流”建设的相关内容，如中国农业大学、兰州大学、中南大学、重庆大学等。

（2）培养目标：共有 9 所高校根据党和国家对高等学校人才培养的最新要求，结合学校特色与人才培养工作的实际开展情况，对人才培养目标作出了修改（表 5-10）。修改后的人才培养目标，更多地体现了培养“社会主义建设者和接班人”，强调承担社会责任，更多地提及了“领军人才”“拔尖创新”等，部分高校将学校特色更好地融入人才培养目标，如西北农林科技大学提出“培养新时代服务现代农业的学术拔尖创新、创新创业技术领军人才和社会发展管理人才”。

表 5-10　高校人才培养目标修订表

学校	修改前的培养目标	修改后的培养目标
中国传媒大学	培养具有强烈社会责任感和国际视野、基础扎实、实践能力和创新能力强的传媒领域拔尖创新人才	培养“弘道崇德、经世致用”、具有强烈社会责任感和国际视野、基础扎实、实践能力和创新能力强的传媒领域拔尖创新人才
中国农业大学	培养具有爱国情怀和社会责任感、熟练掌握专业知识与技能、综合能力强的拔尖创新人才	培养具有爱国情怀和社会责任感、熟练掌握专业知识与技能、综合能力强的拔尖创新和行业领军人才
厦门大学	致力于培养德智体美全面发展的拔尖创新人才	致力于培养德智体美劳全面发展的社会主义建设者和接班人
西北农林科技大学	以培养农林学科学术拔尖创新、创新创业技术领军人才和社会发展管理人才为重点	培养新时代服务现代农业的学术拔尖创新、创新创业技术领军人才和社会发展管理人才，造就堪当国家现代化建设和民族复兴大任、德智体美劳全面发展的社会主义建设者和接班人
陕西师范大学	着力培养引领教育发展的卓越教师和教育家，具有突出创新精神的各类专门人才，推动国家、民族与人类社会文明进步的优秀公民	培养引领教育发展的卓越教师和教育家，培养具有社会责任感、创新精神和实践能力的优秀人才，培养德智体美劳全面发展的社会主义建设者和接班人
南京大学	致力于培养适应时代特征，具有创新精神、实践能力和国际视野的各行各业未来领军人才和拔尖创新人才	致力于培养肩负时代使命、具备全球视野、推动科技创新、引领社会发展的未来各行各业拔尖领军人才和优秀创新创业人才
复旦大学	培养具有人文情怀、科学精神、国际视野、专业素养的人才	培养具有国家意识、人文情怀、科学精神、国际视野、专业素养的人才，培养担当民族复兴大任的时代新人
同济大学	培养引领可持续发展的专业拔尖创新与社会栋梁	培养德智体美劳全面发展的社会主义建设者和接班人，使之成为引领未来的社会栋梁与专业拔尖创新
合肥工业大学	努力培养“工程基础厚、工作作风实、创业能力强”的工程应用型、创新型高级专门人才	努力培养德才兼备，能力卓越，自觉服务国家的骨干与领军人才

（3）大学职能：由于高等学校的职能增加了一项“国际交流合作”，因此各高校在大学职能的表述中普遍增加了“国际交流合作”的内容，如中南大学、合

肥工业大学。

（4）校（院）院领导机构、工作机制：部分高校修改校或院领导机构、工作机制。例如，北京大学将“院（系、所、中心）务会议”修改为“党政联席会议”；兰州大学将学校行政议事决策机构名称由“校务会议”修改为“校长办公会”；中南大学、重庆大学、合肥工业大学对学院党政联席会议的表述也做了修改。

（5）学校党委的定位与职责：党的十九大报告旗帜鲜明地提出了坚持和加强党的全面领导[①]。《中国共产党普通高等学校基层组织工作条例》第三条指出高校党的委员会全面领导学校工作，对学校党委的地位和职责作出了明确的规定。因此有五所高校在修订章程的过程中，对学校党委的定位作出了调整，由原来的“统一领导学校工作”修改为“全面领导学校工作”（表 5-11），并对具体职责进行更新与细化。

表 5-11　学校党委定位修订表

学校	修改前的党委定位	修改后的党委定位
中国农业大学	中国共产党中国农业大学委员会是学校的领导核心，履行党章等规定的各项职责，支持校长依法行使职权	中国共产党中国农业大学委员会是学校的领导核心，对学校工作实行全面领导，履行管党治党、办学治校的主体责任，发挥把方向、管大局、做决策、抓班子、带队伍、保落实的领导作用，履行《中国共产党章程》等规定的各项职责，支持校长依法独立负责地行使职权
厦门大学	学校党委是学校的领导核心，统一领导学校工作，支持校长依法独立行使职权	学校党委是学校的领导核心，全面领导学校工作，履行管党治党、办学治校的主体责任，发挥把方向、管大局、做决策、抓班子、带队伍、保落实的领导作用，支持校长依法独立负责地行使职权，保证以人才培养为中心的各项任务完成
陕西师范大学	学校党委是学校的领导核心，统一领导学校工作，支持校长依法独立行使职权并开展工作。学校党委实行“集体领导、民主集中、个别酝酿、会议决定”的议事和决策基本制度	学校党委是学校的领导核心，全面领导学校工作，履行管党治党、办学治校的主体责任，支持校长依法独立行使职权并开展工作。学校党委坚持民主集中制原则，实行“集体领导、民主集中、个别酝酿、会议决定”的议事和决策基本制度
复旦大学	学校实行中国共产党复旦大学委员会领导下的校长负责制，中国共产党复旦大学委员会是学校的领导核心，统一领导学校工作，支持校长独立负责地行使职权	中国共产党复旦大学委员会是全校的领导核心，全面领导学校工作，把握学校发展方向，决定学校重大问题，监督重大决议执行，支持校长依法负责地行使职权，保证以人才培养为中心的各项任务完成
北京科技大学	中国共产党北京科技大学委员会是学校的领导核心，统一领导学校工作，支持校长依法独立负责地行使职权	中国共产党北京科技大学委员会是学校的领导核心，全面领导学校工作，支持校长依法独立负责地行使职权

① 习近平. 习近平：决胜全面建成小康社会 夺取新时代中国特色社会主义伟大胜利——在中国共产党第十九次全国代表大会上的报告[EB/OL]. [2022-09-19] http://www.gov.cn/zhuanti/2017-10/27/content_5234876.htm.

（6）校长：高校实行党委领导下的校长负责制，学校党委的定位与职责发生了变化，因此各高校在章程修订的过程中，也同步地调整了校长的定位与职责，强调了校长要在党委领导下开展工作。例如，复旦大学将“校长是学校的法定代表人。校长全面负责组织学术活动和行政管理工作”修改为“校长是学校的法定代表人，在学校党委领导下，贯彻党的教育方针，组织实施学校党委有关决议，行使高等教育法等规定的各项职权，全面负责教学、科研和行政管理工作”，并对其具体职责进行更新与细化。

（7）学术委员会：部分高校对学术委员会决策机制作出了修改。例如，合肥工业大学将学术委员会进行重要事项决策时“赞成人数超过到会委员的半数以上方能生效”修改为“与会委员的 2/3 以上同意，方可通过”。

（8）学位评定委员会：部分高校修改学位评定委员会的构成与任期要求。例如，复旦大学将委员原则上根据学校学科设置情况在“研究生导师中遴选产生”，修改为“在指导博士研究生的教授及具有正高级专业技术职务的在职人员中遴选”，增加了“连任一般不超过两届”。

（9）纪律检查委员会：在持续深化纪检体制改革的背景下，各高校对纪律检查委员会的定位也有所调整。例如，南京大学将“协助学校党委加强党风党纪建设和组织协调反腐倡廉工作”修改为“协助学校党委推进全面从严治党，加强党风建设和组织协调反腐倡廉工作”。

（10）学院党委：由于学校党委的定位发生了变化，学院党委（党总支）的地位、职责也要相应地作出调整。例如，中南大学将学院党委发挥“保证监督作用”修改为“政治核心作用”。

（11）校区：随着各高校自身的发展，有的高校建立了新的校区，因此在章程中进行了修改。例如，南京大学增加了“苏州校区”及其地址，并增加了学校的网址；西北农林科技大学增加了英文网址；中国人民大学将“老校区”修改为“张自忠校区”。

（12）其他：对于教职工代表大会、学生及教职工权利义务、校务委员会等其他内容，各高校也根据学校实际情况及发展需要，进行了部分条款的修改，对完善内部治理结构，提升治理效能，起到了推动作用。

三、依法治校视域下我国高校章程建设工作存在的不足

通过分析我国高校章程修订工作的现状，总结出在依法治校视域下，我国高校章程修订工作仍存在以下不足。

（一）多数高校尚未开展章程修订工作

2017 年“双一流”建设开始实施以来，我国于 2018 年修正了《中华人民共和

国高等教育法》，2020 年 7 月教育部出台了《关于进一步加强高等学校法治工作的意见》，2020 年 11 月首次召开中央全面依法治国工作会议，将习近平法治思想明确为全面依法治国的指导思想，2021 年 4 月修正了《中华人民共和国教育法》，2021 年 2 月修订、4 月颁布了《中国共产党普通高等学校基层组织工作条例》，对高等教育的高校党组提出了新的要求，2021 年 11 月教育部发布《中华人民共和国教师法（修订草案）（征求意见稿）》，向社会公开征求意见。这些法律法规的修正与修改，都对高等学校依法治校提出了新要求，赋予了高等学校新使命，因此，高等学校应该与时俱进地开展章程修订工作，将习近平法治思想贯彻到全面依法治校全过程。

（二）已修订章程的高校需要进一步提升章程建设质量

已修订章程的高校，由于修订时间、当时的政策背景、办学环境等均有所不同，章程建设总体上存在一定的不平衡现象。具体表现在四个方面。

第一，在理念上，法治意识仍不够牢固。各高校在依章程治校、依章程办学方面的观念不强，仍存在“有章不依”的情况。同时，在上位法依次颁布修正案以后，多数高校仍然没有及时修订章程，也说明高校在一定程度上需要增强法治观念。

第二，在程序上，修订程序仍需进一步规范，部分高校的章程修订程序仍不完善。例如，在章程修订工作的启动方面，《高等学校章程制定暂行办法》规定：“高等学校发生分立、合并、终止，或者名称、类别层次、办学宗旨、发展目标、举办与管理体制变化等重大事项的，可以依据章程规定的程序，对章程进行修订。”但对启动机构未作明确规定，因此各高校的章程修订启动主体各有不同，部分高校存在未规定章程修订启动主体等相关事项。

第三，在结构上，治理体系构建仍有待完善。高校治理分为外部治理和内部治理，部分高校的章程修订以后，外部治理体系仍然只是简单的面向举办者、面向社会的外部关系描述，未实现多元治理主体的共治目标；在内部治理体系方面，各高校的治理主体也各不相同，有的章程专门强调“治理机构”并单独列为一章，有的高校则以“组织”作为一章，而且治理主体的种类与职能也有较大差别。其中，治理机构较为全面的有北京大学，北京大学分别在章程中界定了校党委、纪律检查委员会、校长、学术委员会、学位评定委员、校务委员会、监察委员会、教职工代表大会、学生代表大会、研究生代表大会等。

第四，在内容上，部分高校的章程条款存在照搬上位法条款的情况，直接套用法律法规的内容，并只做简单的文字修改，因此出现了章程内容相似，学校特色不够鲜明的问题。

（三）章程修订后仍然在监督与执行方面存在不足

各高校在章程修订以后，对章程的监督与执行方面的规定，普遍限于“学校的其他规章不得与本章程相抵触”，16 所完成章程修订的高校中，只有北京大学在章程中明确“成立章程委员会”，章程委员会对章程提出解释说明文本，组织制定章程实施细则、监督章程的执行情况并依据章程审查学校内部规章制度和规范性文件。其他高校在章程修订以后的监督和执行方面，明显存在不足，这导致后续构建以章程为核心的规章制度体系过程中，一定程度上出现未“依章办学”的情况。

四、我国高校以章程为核心的制度体系建设路径

习近平在 2020 年的中央全面依法治国工作会议上强调：“坚持在法治轨道上推进国家治理体系和治理能力现代化。”[①]大学治理作为国家治理体系的重要组成部分，更要坚持依法治校，高校章程是推进高校治理体系和治理能力现代化的“根本大法”，承担着为高校治理提供合法性保障与制度支持的重要作用，因此，在章程修订工作中，应该做到以下几个方面。

（一）树牢法治观念

随着高等教育内涵式发展进入新阶段，高校内部治理法治化、制度化、规范化的水平进一步提升，因此，为保证高校持续深化改革、落实办学自主权，就需要同步提高依法治校的水平，以保障广大师生对法治、公正日益增长的诉求得到满足。高校要把依法治理作为学校治理的基本理念和基本方式，党政主要负责人作为法治工作的第一责任人，将依法治校理念融入、贯穿于学校工作的全过程和各方面，推动章程修订工作、规章制度体系建设工作、法治工作协同开展。确保各类议程决策机构依法依规决策，确保决策依据科学、程序正当、过程公开、责任明确。领导干部应及时开展法治学习，树牢法治观念，承担法治责任，全面推进以宪法为核心的法治教育，使学法、懂法、守法、用法观念深入人心。

（二）规范修订程序

高校章程制定与修订的程序需要进一步规范，以确保章程修订工作的程序正当性，从而为章程功能的实现提供保障。首先，要规范章程修订工作的启动条件、启动主体以及启动规则，既要保障民主意见在章程修订工作启动环节的充分发挥，又要保障学校决策机构的章程修订启动权。其次，要规范章程修订工作专门起草组织的人员构成，既要保障党政负责人全面负责，又要深入调研，广泛吸

① 习近平. 习近平：坚定不移走中国特色社会主义法治道路 为全面建设社会主义现代化国家提供有力法治保障[EB/OL]. [2022-09-19] http://www.gov.cn/xinwen/2021-02/28/content_5589323.htm.

纳校内外各方面意见，以确保外部治理主体与内部治理主体间的良性互动，实现高质量的章程建设工作。最后，要规范章程修订的程序，由章程修订工作专门起草组织牵头，深入开展校内外调研，总结学校特色经验与发展定位，了解已修订高校的工作经验，广泛听取政府、社会、校内组织、师生员工的意见，经教职工代表大会讨论，校长办公会审议，学校党委会审定，由法定代表人签发，再报核准机关，核准后公布执行。

（三）推动主体多元化

章程是依法治校的校内根本遵循，是完善学校治理结构和提升治理能力的制度基础，因此在开展章程修订工作时，也要推动多元主体参与。高校治理主体可分为外部治理主体和内部治理主体，外部治理主体主要涉及举办者、政府、社会等，内部治理主体主要包含学校党委、校长、学术委员会、学位评定委员会、纪律检查委员会、校务委员会、教职工代表大会、学生代表大会、研究生代表大会、监察委员会、教授委员会等。在章程修订工作中，要汇聚不同治理主体的智慧与力量，确保各主体的知情权、发言权以及决策权，这既能保证章程修订工作的高质量完成，也有利于推动章程的执行。

（四）强化监督与执行

章程修订工作是为了更好地适应和引领高校的高质量、内涵式发展，因此只有在科学监督下付诸执行，才能真正地发挥其应有作用。各高校的章程修订工作专门起草组织，在修订工作结束后，要继续推动章程的执行，适时出台实施细则，并推动修订学校规章制度体系，为依法治校提供坚强的制度保障。同时要加强监督，对章程执行情况进行科学、及时的评估，对执行不力的情况作出适当的处理，保证章程的执行力与约束力。

第六章

行业特色高校典型治理模式的国际比较

第一节　国际治理理论的发展

一、治理理论的演化历程

治理（governance）原属于政治学的范畴，通常指国家治理，即政府如何运用国家权力来管理国家和人民。20 世纪 80 年代，在西方国家的社会矛盾日益暴露这一背景下，一些国家政府的公共行政管理相继出现严重危机，传统科层体制的公共行政管理模式已经无法适应瞬息万变的信息社会的发展，已经无法解决政府所面临的日益严重的社会问题。因此，传统的“统治”（government）走向“治理”是大势所趋，新公共管理理论得以应运而生，它强调政府与社会公民的合作与协商，强调引进企业管理的若干方法来改革政府管理机制，更关注公共服务的质量和最终结果。

自 1989 年世界银行首次使用“治理危机”（governance crisis）一词以来，“治理”被广泛运用于政府管理研究中，治理理论逐渐成为西方学术界的热点，治理也从政治学领域延伸到公共管理学范畴，许多政治学家、经济学家，甚至政治活动家从各自的立场出发对治理进行了不同的界定，治理理论在经济学、政治学、社会学及法学等社会科学领域也被广泛运用。随着新公共管理思潮的兴起，治理影响到经济领域，同时也逐渐发展成为描述各种公共部门改革的流行用语，治理一词也不断被赋予新的含义。[①]

治理理论的主要创始人罗西瑙（Rosenau）将其定义为一种由共同的目标所支持的一系列活动， 这个目标未必出自合法的以及正式规定的职责，而且它也不一定需要强力克服挑战而使别人服从。所以治理就是这样一种规则体系，它依赖主体间重要性的程度不亚于对正式颁布的宪法和宪章的依赖程度。此外，治理主体并非仅仅指向政府，也可能不需要靠政府的权威予以强制实施，即无政府的治

---

① 蒋洪池，马媛. 高等教育治理模式及其经验观测维度的比较分析框架[J]. 比较教育研究，2012, 34(5): 43-47.

理。[①]格里·斯托克（Gerry Stoker）对治理理论的发展也作出了重大贡献，他提出了著名的五分法，其主要内容有以下五点：①治理肯定了集体行为涉及的社会各公共机构之间存在的相互依赖；②治理虽出自政府，但又不局限于政府的公共部门及其管理者；③治理为社会和经济问题指出了界线和模糊点；④治理是行为者网络的自主性；⑤治理虽不完全依赖于政府权威，但政府也应该吸纳新的技术与工具来掌舵和引导。[②]此外，针对传统的政府治理模式，彼得斯（Peters）提出了政府在未来的四种主要治理模式：市场模式、参与模式、弹性模式和解制模式。[③]而登哈特J V和登哈特R B则试图在传统公共行政与新公共管理模型相对照的基础上，提出他们认为可供选择的替代模式，即新公共服务。[④]库伊曼（Kooiman）强调，"治理并非外部因素强加，它发挥作用要依靠多种互相发生影响的行为者的互动"[⑤]。全球治理委员会对治理的概念进行了较为权威和具有代表性的界定，它在《我们的全球伙伴关系》中指出，"治理"是各种公共的或私人的个人和机构管理其共同事务的诸多方式的总和。它是使相互冲突的或不同的利益得以调和并且采取联合行动的持续的过程，这既包括有权迫使人们服从的正式制度和规则，也包括各种人们同意或认为符合其利益的非正式的制度安排。它有四个基本特征：治理不是一整套规则，也不是一种活动，而是一个过程；治理的过程的基础不是控制，而是协调；治理既涉及公共部门，又包括私人部门；治理不是一种正式的制度，而是持续的互动。[⑥]

总体而言，众多治理理论相关文献得出的结论表明，治理这个词有着种种意思，同时也有着不同的用法。但它们都有一个基本的相同之处：治理是统治方式的一种新发展，其中的公私部门之间以及公私部门各自的内部的界线均趋于模糊。[⑦]与统治相比，治理的本质区别在于，虽然治理也必然需要一定权威，但它所偏重的统治机制并不仅仅是依靠政府的权威或制裁。治理更关注主体的多元性，治理的主体既可以是公共机构，也可以是私人机构，甚至是私人和公共机构的相互合作。传统的"统治"是一种自上而下的权力运行模式，强调政府对其他公共事务的单一管理，而治理则是一种上下互动的合作管理过程，更强调建立在主体间

---

①罗西瑙 J N. 没有政府的治理[M].张胜军, 刘小林, 译. 南昌: 江西人民出版社, 2001: 5.

② Stoker G.Public value management: a new narrative for networked governance[J]. The American Review of Public Administration, 2006, 36(1): 41-57.

③ 彼得斯 B G. 政府未来的治理模式[M].吴爱明, 夏宏图, 译. 北京: 中国人民大学出版社, 2001: 23.

④ 登哈特 J V, 登哈特 R B. 新公共服务: 服务, 而不是掌舵[M]. 丁煌, 译. 北京: 中国人民大学出版社, 2004: 23.

⑤ Kooiman J P. Modern Governance: New Government-Society Interactions[M]. London: SAGE Publications, 1993:35-48.

⑥王杰, 等. 全球治理中的国际非政府组织[M]. 北京大学出版社, 2006: 86.

⑦斯托克 G, 华夏风. 作为理论的治理: 五个论点[J]. 国际社会科学杂志(中文版), 1999, (1): 19-30.

共同的利益和认同之上的良性合作，其权力运行模式是多向而非单一的。

二、高等教育治理模式的类型

在对当代高等教育系统的研究中，美国著名教育家伯顿·R.克拉克（Burton R. Clark）教授的研究贡献良多，有着举足轻重的地位，是公认的关注当代高等教育系统的起点。在其著作《高等教育系统——学术组织的跨国研究》中，他创造性地概括出了高等教育系统权利分配的三种典型的权利分配模式：大陆型、英国型和美国型，该理论得到了高等教育界的广泛认可，并为之后的教育学家研究高等教育系统奠定了坚实的研究基础。此后，范·维格（van Vught）等学者把高等教育治理区分为“政府制”与“政府监督”模式。斯波恩（Sporn）描述了共享治理的概念，关注协商、外部利益相关者的角色、所有群体的参与和结合以及高等教育相关的目标。此外，美国著名教育家伯恩鲍姆（Birnbaum）强调，大学治理是实现以法律权威为基础的行政体系与以专业学术权威为基础的教师体系的微妙平衡为目的而去设计治理结构的过程。

高等教育治理需要深入研究的内容纷繁复杂，而治理模式又是其重中之重。在针对高等教育治理模式的颇多研究中，不同的学者有其不同的见解，但从宏观上看，不外乎有以下三种：学术权力主导模式、政府权力主导模式和市场导向模式。

学术权力主导模式是指高校的治理模式基于学术权威，学术权力具有第一性，这类模式以德国和法国等欧洲内陆国家为主。这一治理模式源于柏林洪堡大学的中心理念和原则，即学术自由。作为现代大学制度诞生的标志，柏林洪堡大学仍保持了学者治校的传统。学术权力主导模式在本质上是学者治校的代名词，其主要形式是大学教授通过校内的各种学术评议会和委员会来开展与实施学校运行过程中的各种重大决策。校务委员会是高校的最高决策机构，其成员主要由教授组、学生组、教研人员及其他行政人员组成，各组别都有一定席位来行使表决权。选举校长是校务委员会的最主要职责之一，其中学术事务，如教学、科研和教师的人事任命等这类事务则主要是由教授席位进行表决，在此类学术事务管理中，教授席位占据了绝对优势的地位。高校评议会则是校务委员会的下属机构，其主要职能是管理和协调高校评议会的决策，除了学术事务之外，评议会还负责确定校长候选人以及批准教授候选人的名单。在学术权力主导模式中，校长是高校的代表，负责学校的行政管理。[①]学术权力主导模式主要有以下三个特征：第一，学者以学科为基础，形成一个学术共同体；第二，学术共同体自行负责其事

① 刘义. 主体及模式: 高校治理现代化的多重选择[J]. 中国成人教育, 2015, (19): 36-38.

务；第三，内部自治、外部独立。[①]毫无疑问，在学术权力主导模式中，教授学者扮演着核心作用，学术委员会是高校治理过程中的最终决策者。与其他群体相比，学者更能把握住学术的脉搏、更熟知高校的学术目标以及更明确如何去实现这些目标。在欧洲英语世界，学术权力主导模式作为一种主导的治校模式大约盛行于 20 世纪初至 20 世纪 80 年代初，是高校内部治理模式的最初形态，符合当时高校的文化学术氛围，出现了一段时间的文化繁荣，但随着时代大环境的变化，学术权力主导模式也日渐式微。原因在于：第一，大学内部更习惯于已有的管理方法，缺乏创新力和判断的决断力，从而导致大学内部的决策效率偏慢；第二，就高校的最终决策机构学术委员会而言，其成员一般默认是颇有资历的年长教授，这在本质上体现了对学者专业权威的尊重，但实际上却剥夺了女性和学术资历尚浅的学者参与高校内部决策的机会，这造成了不同学术群体之间学术权力分配不均衡的诸多问题与矛盾；第三，学者和教授在学术方面的造诣毋庸置疑，但他们大多都在一定程度上缺乏实际的治理技能，如财政管理能力和行政管理能力。时代发展的步伐大步向前，对高校提出了许多新的要求和挑战，高校内部治理需要更高效和专业的管理人才，这给予传统以学术权力为主导的治校模式诸多挑战。

政府权力主导模式是指高校的治理模式基于政府权威，以政府权力为主导，政府对高等教育的影响力极其显著，苏联及日本高校是政府权力主导模式的典型代表之一。高等教育的权力主要集中在中央政府手里，高校发展的主要财政支持来自政府拨款，政府既是高校的举办者，又负责对高校进行管理和监督。高等教育的大部分事务都直接在政府的管理之下，如进入高校的入学条件、高校培养目标、课程的编排、高校行政人事的任命和对高校进行监督与评价等。政府不仅通过确定各高校的职能、规划各高校的发展方向和人才培养的最终目标等方面来对高校进行管理，还通过法令和行政法规对高校的内部事务来进行直接管理，其中人员编制、学科设置、经费使用方法等方面都有严格的规定。[②]高校受制于政府教育部门，在一定程度上是政府的下属部门，享有相对较少的自主权，缺乏学术自由的文化氛围。此外，高校的研究内容也在政府的严格监督之下，政府对高校的各项学术经费资助是以项目清单的形式来进行分配的，学术项目的研究方向、内容及各项开支一般以报告的形式详细记录下来，以便政府相关部门的审查。高度的官僚制度是政府权力主导模式的另一个重要特征，这体现在高校的管理决策人员一般是由政府指派，而不是通过选举产生。此外，高校的变革大多是基于政府

---

① 朱剑. 西方大学内部治理模式的嬗变: 从学院式走向创业型[J]. 华东师范大学学报(教育科学版), 2020, 38(1): 85-96.

② 刘义. 主体及模式: 高校治理现代化的多重选择[J]. 中国成人教育, 2015, (19): 36-38.

部门整体的改革推进，外部力量对高校变革的推动力非常弱小。政府权力主导模式在高校治理中的具体运行主要通过层级制治理模式得以实现。层级制指将公共组织的不同部门按等级从纵向上划分为不同上下层级的组织机构，管理范围和管理权限随着等级的降低而逐渐降低的组织类型。上下级之间是统一的直线关系，领导的指挥和命令按照垂直方向自上而下地贯彻执行。就决策过程来看，高校的绝大部分日常决策实施了层级制治理模式，层级制治理模式的具体运行机制通常如下：学校高层领导分配给中层领导某项任务，在接受其上级部门的授权后，中层领导首先对任务进行详细分解，再把任务分配给不同的下级部门来具体开展与实施。在完成任务之后，下级部门向中层领导反馈工作进展情况，之后中层领导再向学校高层管理者汇报工作。例如，学院主任在接到上级领导的任务或指示后，将任务下达给办公室的科长，而科长又再把任务细分给各科员，各科员在完成任务后向上级领导汇报工作进度。通过具体的运行机制，层级制治理模式中自上而下的授权体系与自下而上的反馈体系可以得到良好的结合，从而发挥出层级制治理模式的独特优势，由此可见，层级制治理模式之于大学运作具有不可或缺性。

市场导向模式是指当高校借鉴吸收现代化企业的运作模式并争夺地区或全球性市场时，能更好地发挥出大学应有的职能和功效，为了给学生提供更好的学术服务，大学的领导层扮演着生产者和企业家的角色。在市场导向模式中，学生是买方市场，而各个高校则是卖方市场，卖方即高校只有在招收更多学生的基础之上，才能获得更多的政府经费资助，扩大其社会影响力。外行治理理念是市场导向模式的最核心特征，该理念在美国与澳大利亚的高校中十分盛行，为了在生源与经费的激烈竞争中取得更优势地位，美国许多高校具体采取了外行领导内行的法人董事会制度来更高效地治理高校内部事务，从而促进学校的繁荣发展。法人董事会的具体运作机制通常如下：董事会是高校内部的最高权力机构，是法人治理模式的核心机构，董事会规划着学校未来发展的大政方针，对高校的发展承担最大的责任，高校的学术和日常事务由董事会推选出的法定代表人——校长来主持管理。如此一来，高校内部的决策权与行政权形成了相对独立的局面。市场导向模式的核心特征在于“外行领导内行”，即由校外非教育人士来管理高校，董事会的成员通常由外部人员如商业、公共管理及政治界的相关人士组成，外部人员通过参与和控制高校的最高权力机构来影响高校的规划与发展。此外，高等学校法人治理结构“以权力制约权力”模式是市场导向模式的另一主要特征，其核心特质体现为对政府的公权力、高校的决策权和行政权及社会教育权等权力的制衡，以及权力制衡中法治精神的遵守和弘扬。它具体表现为对政府的公权力、高校的决策权和行政权及社会教育权等权力进行基于自律与他律机制相结合的权力制衡。[①]市场导向模式的竞争优势在于，高校可以更快速地迎接新的时代机遇和挑战，在市场导向模式里，高深学问和知识并不是高校本身所追求的首要目的，高校本身在某种意义上也并不属于公共产品，高等教育被视作一种商品、投资以及战略资源。[②]传统的学术权力主导模式追求学问本身，大学是知识的象牙塔，大学的最高追求应是研究高深学问，学术至上是大学的学术文化，大学的氛围十分严谨，学生应试图努力达到进入象牙塔的基本门槛，而市场导向模式则致力于让大学走出象牙塔去迎合市场，即大学应把促进学生的全面发展作为自身的主要追求，应采取能更高效的为学生服务的治理模式，从而使高校能够适应时代发展的大环境。

第二节　国外行业特色高校治理模式镜鉴

一、牛津大学治理模式

牛津大学是世界上最早建立的高校之一，有着悠久的学者治校传统，自创建之日起，其所有权就不属于创立人和捐助人， 而是属于全体教职员，是学术行会的典型高校。[③]牛津大学长期以来是一个拥有独立自主自治法人地位的大学，是一个自治的法人实体，原因在于其拥有皇室授予的大学特许状，这为牛津大学保持其学术自由的传统提供了法律上的坚实保障。[④]此外，国王颁发的特许状具有法律效力，其目的是使牛津大学内部实现学术自由，这是牛津大学能够坚持独立自治的根本法律保障。在特许状的保护下，牛津大学能够合法去抵制外界对其内部治理的干预，因此，学术自由和自主自治成为牛津大学最核心的办学特色。牛津大学治理结构经过 900 多年的不断发展和修正，形成了以主政大会和理事会为主体的二元治理结构，以及以副校长为首的高级行政官团队。主政大会是牛津大学最高的立法和权力机构，理事会是大学主要的决策和执行机构，以副校长为首的高级行政官团队是大学行政权力的代表。[⑤]

主政大会即教职员大会是牛津大学的立法机关和最高权力机构，对牛津大学的各项立法事务拥有最终的决定权，由主政大会通过的任何决议或依大学法规和规章

① 祁占勇. 高等学校法人治理结构中的权力制衡模式及其内涵[J]. 高等教育研究, 2016, 37(3): 34-38.

② Marginson,S, Considine M. The Enterprise University: Governance and Reinvention in Australian Higher Education[M]. Cambridge: Cambridge University Press,2000:68.

③ 甘永涛. 英国大学治理结构的演变[J]. 高等教育研究, 2007, (9): 88-92.

④ 吴合文, 张强. 牛津大学治理改革构想述评[J].比较教育研究,2007, (3):55-59.

⑤ 何晓芳, 任小琴. 牛津大学学院治理结构探析[EB/OL].[2022-08-02] https://www.sinoss.net/c/2018-04-02/557363.shtml.

采取的任何行动或决定，对牛津大学所有机构和成员都具有约束力。[①]主政大会由大约 5500 名成员组成，其中包括学术人员、学院和学会理事机构的负责人及其他成员以及高级研究、信息计算、图书馆和行政人员。《牛津大学章程》规定，主政大会负责制定大学目标与发展政策，并任命经验丰富的高级管理人员监测目标的实现。其立法和权责范围包括：第一，审核和批准大学章程和规章的修订；第二，审议由主政大会或理事会提交的重大决策问题；第三，选举理事会和治理团体成员，并负责任命副校长；第四，决定理事会提交的修改、废除或增加法规或条例的提案；第五，授予学位，以及行使《大学章程》和《规章》赋予的其他任何权利。主政大会根据《大学章程》和《规章》制定的任何政策和决议对大学所有成员均有效。

理事会是牛津大学的最高行政机构，负责具体执行主政大会制定的决策。理事会由主政大会选举出的主政大会会员、当然理事以及其他外部人员组成，具体有对大学进行监管、对资金和资产进行管理等职责。理事会也对英格兰高等教育基金理事会负责，并确保资金的使用满足和大学所签订的备忘录中的诸多条件。理事会定期举行会议，其负责人是副校长。理事会的很多事务通过一系列委员会来运作，其中包括几个主要的可以直接向理事会报告重要事务的委员会：教学委员会、一般事务委员会、人事委员会、规划和资源配置委员会、研究委员会。可以直接向理事会汇报的金融和审计委员会又包括：审计和审查委员会、金融委员会和投资委员会。具体而言，教学委员会主要是通过考核学院制大学的教育性的政策和标准来进行有关教学评价的活动。一般事务委员会主要是向理事会提供关于议题或活动的策略，这些议题或活动通常是学校性的或是超出理事会其他主要委员会以及其他特殊委员会职权范围的，此外它的职责范畴还包括负责与风险管理有关的战略议题。人事委员会密切关注学校发展、就业政策、成员关系以及所有的人事事务。规划和资源配置委员会主要是负责提供关于规划、预算、资源配置、其他财政管理以及监控反对规划与预算行为等方面的建议。研究委员会可以向理事会提供关于研究方面特别是对于大学研究活动的战略规划以及针对规划的进程方面的建议，它还负责大学关于研究开销方面的政策和程序，包括全额花费研究、风险结合研究。审计和审查委员会的职责包括负责委任校外审计员与负责校内审计工作。审计和审查委员会还负责考核风险管理、校内控制和治理管理的高效性，它还负责监察年度财政结算和政策是否正常或者规范。金融委员会在理事会的授权下考核大学和出版社的年度财政结算、银行管理，以及考核和公开财政规则程序。投资委员会主要是在理事会授权下负责大学投资组合的管理。[②]

与英国独特的君主立宪制背景相适应，牛津大学校长也只是学校名誉上的首

① 孙丽昕. 英国大学内部治理的权力共享与制衡机制分析——以牛津大学和斯特灵大学为例[J]. 高教探索, 2014, (5): 89-94, 114.

② 曾真. 牛津大学治理结构研究[D]. 武汉: 华中师范大学, 2011.

脑，他除了主持校内各种重要庆典、处理校友的捐赠和对外代表牛津大学出席参与各种活动之外，并不负责具体管理学校事务。牛津大学校长这一职位对外公开向社会招聘，由主政大会选举产生，一旦上任即终身任职。

牛津大学中的副校长是牛津大学里地位最高、权力最大的高级官员，任职一般不超过 7 年，其相当于美国大学的校长，也相当于我国大学的校长，拉丁文原意是“代表校长的执行官”，在 16 世纪开始取代校长成为牛津大学行政权力最大的执行官。副校长是牛津大学最主要的学术和行政管理官员，同时也是英国高等教育拨款委员会指派的官员。副校长的职责是提供学校发展的战略方向，副校长是通过一个有名望的委员会提名并报告给理事会，然后理事会把提名提交给主政大会审批而产生的。

综上，牛津大学是至今仍坚持采取学术权力主导模式来治理学校的大学之一，保持着学者治校的悠久传统、学术自由和自主自治的特征。自主自治体现在，牛津大学始终不属于政府管辖，在特许状的保护下，享有高度的自治自由；学术自由体现在，教职工大会是牛津大学的最高权力机构，充分保护了学术的权威，巩固了学术的地位。但是，随着时代背景的变化发展，牛津大学也对学者治校这种传统的治理模式进行了适当改革，其中以扩大教职员工的类型最为典型，如此一来，牛津大学的高层行政管理人员更加多样，从而能够集思广益更好地去促进牛津大学的发展。

二、斯坦福大学治理模式

斯坦福大学位于美国加利福尼亚州旧金山境内，临近高科技园区硅谷（Silicon Valley），是世界上著名的私立研究型大学。斯坦福大学位于世界大学排行榜十强之列，有着世界级的学术影响力，是世界一流大学。因此，斯坦福大学的治理结构值得我们去深入分析。

美国公立大学治理结构包括内部治理结构和外部治理结构两方面。外部治理主体涉及广泛，包括美国联邦政府、州政府、基金会、专业认证协会、校友、企业等组织和个人，其可以通过对大学进行直接资助、监督或评价等方式参与大学的管理事务。内部治理主体包括董事会、校长、教师评议会、各院系领导、教师、学生等。最能体现美国内部治理特征的是共同治理制度，作为院校自治的产物和大学校园民主的体现，它已成为美国大学的基本共识之一，也被当作“美国高等教育推向全球以及商业领域最有价值的出口物之一”①。共同治理的正式提出，源于 1966 年美国大学教授协会(The American Association of University

① 桂敏. 美国公立大学治理结构公司化趋势及其特征分析——新管理主义视角[J]. 比较教育研究, 2015, 37(1): 66-71, 96.

Professors，AAUP)、美国教育委员会(American Council on Education，ACE)、美国大学和学院董事会协会（Association of Governing Board of Universities and Colleges）联合发布的《学院与大学治理声明》。几十年来，共同治理已经成为美国大学传统文化不可或缺的一部分，这确立了美国大学和学院共同治理的基本模式。《学院与大学治理声明》还规定了院校治理中董事会、校长、评议会、教师和学生各自的角色。①

总体而言，斯坦福是典型的采取市场导向模式治校的高校。董事会是斯坦福的最高权力机构，它是一个长期的信托监管机构，负责管理投资基金、任命大学校长和处理一些财务事项，如年度财政预算和超过 2500 万美元的开支等，董事会掌控整个斯坦福，并决定学校的运作政策。董事会是一个自我任命与更新的机构，所有的董事职位都由董事会成员自愿担任，该职位需要服务两个周期，每个周期为 5 年，大多数董事的任职期限只有 10 年。董事会最多设有 35 个席位，成员选择标准主要基于其自身专长和对大学的贡献程度。董事会不需要向任何人汇报工作，其职责主要在于确保斯坦福大学尽可能成为最好的大学。董事会在大学校长的筛选与任命上具有绝对权力。同时，教师作为大学校长选拔委员会的成员也会参与校长的遴选工作。校长人选确定之后，其有权任命教务长、副校长和学院院长。斯坦福大学的内部治理结构自上而下依次是大学校长、教务长、副校长、学院或研究中心负责人。副校长主要负责财政、校园建设、管理和其他事务，直接向校长汇报工作；他们不从事学术工作。

教务长同时也是斯坦福大学的首席财政官员。事实上，斯坦福大学设有专门的财务官，负责财政事务管理，如大学的支出、预算和租赁等事务，但只有教务长才有权最终决定预算。与此同时，教务长咨询团队里也有来自不同学院的教师，以应对不同部门的诉求。②

教师评议会是斯坦福大学的最高学术治理机构，主要负责学校的学术与研究政策以及学位的授予工作，评议会由四个常设委员会来具体运作，它们是指导委员会（Steering Committee）、计票委员会（Committee of Tellers）、规划与政策委员会（Planning and Policy Board）和指派委员会（Committee on Committees）。

学术委员会是一个较为庞大的机构，由 12 名当然成员和 55 名选举出来的成员组成。学生代表、注册员、学术事务副教务长、教师发展与多样化副教务长以及学术委员会名誉退休代表等也作为常邀嘉宾出席。学术委员会主席、副主席和指导委员会成员由内部选举产生。

---

① 刘爱生, 顾建民. 美国大学共同治理的思想内涵[J]. 比较教育研究, 2012, 34(1): 8-12.

② 朱剑, 眭依凡, 俞婷婕, 等. 斯坦福大学的内部治理: 经验与挑战——斯坦福大学前校长约翰·亨尼西访谈录[J]. 高等教育研究, 2018, 39(11): 104-109.

综上，在美国大学内形成了以校长为首的行政权力系统和以教师评议会为代表的学术权力系统，董事会是大学的最高权力机关，主要负责制定大学的宏观发展政策和大政方针。大学内的学术事务和行政事务往往交织在一起，很难截然分开，有些学术事务决策后还要通过行政系统去实行，校长成为协调、沟通学术系统和行政系统的关键角色。因此，校长一般是教师评议会的职能成员，主持和召开教师评议会会议。一般而言，教师评议会负责管理学术事务，但是，教师评议会也任命教师参与一些重要的行政管理委员会，从而保证教师能参与某些重大行政事务的决策。由此可见，在美国大学中虽然形成了学术权力系统和行政权力系统的划分，但是它们之间相互渗透，形成了“管理共享”的良好机制。

三、东京大学治理模式

东京大学评议会于 2003 年通过了《东京大学宪章》，宪章开宗明义地指出，在全球化时代背景下，东京大学应朝着实现更加自由的、能够充分发挥大学自主性的新的社会地位及职能而奋斗。《东京大学宪章》以多元、分权、民主的原则构建内部组织管理体系，对大学内部组织管理框架作了明确的制度设计。[①]根据《国立大学法人法》，东京大学在学校管理层主要设置三个管理机构：董事会、经营协议会以及教育研究评议会。校长和董事组成董事会，董事会负责审议学校重大事项；学校日常管理工作由经营协议会负责；教育研究评议会只负责审议教育研究的相关事项。国立大学法人化改革的目标是提升董事会的权威，强化校长的管理权。[②]校长作为东京大学的最高领导代表，同由副校长或教授担任的董事组成东京大学治理体系中的领导机构。校长只对董事会负责，是学校的最高负责人、东京大学的法人代表，同时也是法人团队的最高领导，有权任命董事以及全校所有教职工。

除了校长作为东京大学内部治理权力之一，该校主要的内部治理机构还有董事会。董事会是东京大学治理体系中的最高决策机构，由校长和董事构成，董事则由校长任命。董事会的工作职能在于，协助校长处理大学法人相关业务。校长在决策与中期目标和中期计划有关事项，制定、修改或者废除有关大学或者部门的重要法规或其他重要事项时，须经由议员会的审议。除此之外，校长也要根据需要召开议员会会议。议员会相关的议事章程等重要事项由议员会决定。[③]

经营协议会与教育研究评议会为东京大学内部治理体系中的审议机构，分别针对学校经营和教育研究相关事项进行审议。经营协议会的职责主要有以下几

① 王瑛滔, 李家铭. 大学法人化与大学治理结构变革——东京大学的经验和启示[J]. 全球教育展望, 2012, 41(11): 53-56, 62.

② 李成刚, 许为民, 张国昌. 大学治理结构中学术力量和行政力量的配置与定位研究——基于四所国外高校的分析[J]. 中国高教研究, 2014, (8): 11-16.

③ 孟园园, 朱剑. 日本东京大学内部治理体系探析[J]. 世界教育信息, 2018, 31(22): 41-49.

项：第一，负责与中期计划和年度财政计划相关的财政事项，预算制作、执行以及决算相关事项；第二，制定、修改或废除与经营管理有关的重要规则；第三，负责人员报酬、员工工资和退休津贴标准；第四，关于入学费等事项；第五，关于大学法人组织以及运营情况的自我检查和自我评价相关事项。教育研究评议会则主要是负责有关教育的各项事项。其职责主要是审议中期计划和年度财政计划中教育研究的有关事项；制定、修改或废除本科及研究生院规章和其他有关教育研究的重要规定；负责有关教员人事方针、纪律处分的事项；授予荣誉教授头衔标准和审核拟授予荣誉教授人员；编制教育课程相关方针；负责有关学生学习的建议、指导和其他帮助的事宜；处理学生注册、毕业或完成课程以及其他有关学生身份和处罚的重要事项；参与学位规则的颁布、修改、废除以及学位授予办法；拟定授予名誉博士标准以及审核拟授予名誉博士人员；负责关于教育和研究状况的自我检查与自我评价；处理其他与东京大学教育研究相关的重要事项。①

经营协议会与教育研究评议会都可以向东京大学校长选考委员会提出免任校长的申请，校长选考委员会的成员主要由经营协议会与教育研究评议会两大机构选出相同的人数所构成，共计 16 人。校长选考委员会的职能包括校长的选任及解任。议事时，若出席会议委员人数未超过一半，此时不能举行会议。

综上，东京大学的几大治理机构之间，分工明确且权力互相制衡。校长作为最高权力代表，可以通过对董事会、经营协议会、教育研究评议会成员的任免而对这三者形成制约；董事会具有行政审议权及优先讨论权对校长的权力形成约束，且校长作出决定时必须经过董事会的审议，从程序上对校长的决策权力形成制约；经营协议会和教育研究评议会选举校长选考委员会的成员，检查和评估大学法人经营方面的事务，审议咨询大学重要事项，通过以上权力对校长的权力形成一定的制约；校长选考委员会有权提议选任或解聘校长，同样对校长的权力形成制约。通过这样的权力分配和行使模式，有效避免了一家独大造成的行政权力或者学术权力垄断局面，实现了东京大学权力的相互制衡，保证了大学的内部治理有序进行。

第三节　中外行业特色高校治理模式比较分析

一、内部领导体系

我国高等教育实行党委领导下的校长负责制，从法律层面规定了我国高校中

① 孟园园. 日本一流大学内部治理结构研究——以东京大学和庆应义塾大学为例[D]. 金华：浙江师范大学, 2020.

党委和校长的合法领导地位。但二者在分工上却有所不同，党委主要负责包括人事、学校改革发展和基本制度等重大事项，而校长主要负责的是教学、科研和其他行政管理工作。大学校长作为法人代表，对大学的管理与发展承担民事责任。但是，大学重大事项的决策权最终归属于党委，这导致党委和校长的权责不对等。还有，校长和党委两者之间权责界定模糊，易导致在实际工作中出现争权、推诿责任等问题。

与我国政府行政权力为主导的领导体系不同，西方大多则是以学术权力为主导或是追求效率的外行领导内行的治校模式为主，学术权力主导的治校模式实际是学者治校的代名词，大学的目的在于研究高深学问，学术权力要高于行政权力；以美国为代表的外行领导内行治校模式则更多地追求高效管理，以便可以更好地迎合市场（学生），从而促进高校的发展。

二、政府角色

从政府与大学关系看，我国政府在高校治理中起到了积极的主导作用，政府对高校的控制力很强，政府既是高校的主办者，又是高校的管理者和监督者，这种模式下，政府既是运动员又是裁判员，在一定程度上损害了高校的学术自主权。但却不难发现西方国家在大学治理过程中都存在着共同的发展规律，即都试图建立一种政府与大学协调发展、外控与自主结合的模式，以此从根本上保障高校自主、健康发展。自改革开放以来，我国也逐渐采取立法、拨款、监督等管理方式对大学实行宏观控制，并取得了一定的成效，但大学与政府之间的平等、合作关系仍未稳固。这就要求我们借鉴西方国家大学治理的成功经验，从中准确地把握大学自治与政府控制的合理向度。一方面要下放现代大学自身的办学自主权，另一方面要合理地把控好政府的宏观管理，在分权与集权之间、在自治与控制之间建立一种相对平衡、合理的高校管理机制。[①] 总之，西方国家的政府只是参与学校管理，行政权力对学校的控制力相对于我国来说并不强。

三、市场机制

从市场机制对高校的影响来看，我国高校大多是公立大学，国家的财政拨款是大学经费的主要来源和支柱，市场机制对大学的影响微乎其微。尽管西方尤其英美的大学大部分是非营利性大学，但其社会化程度高，市场机制在运行中发挥着重要作用，大学的经费除了来自国家，很大一部分来自学费、捐赠和与社会组织合作，大学的发展战略一般由大学根据高等教育市场来决定，对大学的评价也

① 孙洲. 法治视域下中外大学治理模式现代化体系的比较研究[J]. 中国成人教育, 2018, (8): 41-45.

不是完成国家目标，而是符合经济社会对效率的要求，大学的治理在很大程度上要考虑市场需求和社会问责。[①]在英美等国家，通过委员会和认证机构对高校及高校的专业进行评估，可以充分发挥市场和社会对大学的监管作用；另外，政府也将认证机构作为其参与管理大学的缓冲器。因此，相较于我国来说，市场在西方高校更能发挥作用，其影响力也更显著。

总体而言，中西方政府对大学的控制力以及市场对高校的影响力的差异性都只是相对的。我国政府对高校的控制力虽然很强，但近些年改革也一直在强调应发挥市场对高校的影响作用，只是相对于西方而言，市场的介入程度仍偏低；西方政府在高校的治理中也发挥其作用，只不过与我国相比较，其控制力和影响力会偏低。

① 胡娟. 西方大学两大治理模式及其法治理念和思想传统[J]. 清华大学教育研究, 2018, 39(3): 34-42.

第七章

多元协同下行业特色高校治理模式的辩证分析：以国防军工行业特色高校为例

国防军工行业特色高校是我国高等教育体系的重要组成部分。在“双一流”建设背景下，国防军工行业特色高校既面临着战略性机遇，也面临着严峻挑战。国防军工行业特色高校转型发展必须立足现有基础，认真审视自身定位，辩证处理好人才培养、科学研究、学科建设中的若干重点关系。

教育是国之大计、党之大计。党的十九大报告提出“加快一流大学和一流学科建设，实现高等教育内涵式发展”[①]，这是新时代我国高等教育的必然要求，也是建设教育强国的必然选择。国防军工行业特色高校是我国高等教育体系的重要组成部分，自创办以来，始终与国防科技事业发展紧紧地联系在一起，深度参与了一系列国防领域重大工程项目，为国防企事业单位培养输送了一大批拔尖创新人才，是建设高等教育强国的重要力量。

受历史条件的影响，国防军工行业特色高校带有明显的军工特色，突出体现在办学的目标和定位上，即主要面向军工行业培养人才和开展研发。因此，其体系也相对封闭。随着改革的不断深入，国防军工行业特色高校经历了多次主管部门的转变，在管理体制、高校学科结构、学校发展方式上发生了改变，一批高校走上了转型之路。进入新时代，以建设中国特色世界一流大学作为发展目标，国防军工行业特色高校必须回归大学本质，围绕“坚持特色、建设一流”这个主题，增强大学发展的内生动力和建设活力。本章以西北工业大学为案例，具体阐释在新时代“双一流”建设背景下，国防军工行业特色高校转型发展过程中应如何辩证处理好人才培养、科学研究、学科建设中的若干重点关系，协调好当下和长远、局部和整体的关系。

---

① 习近平. 习近平：决胜全面建成小康社会 夺取新时代中国特色社会主义伟大胜利——在中国共产党第十九次全国代表大会上的报告[EB/OL]. [2022-10-25] http://www.gov.cn/zhuanti/2017-10/27/content_5234876.htm.

第一节 辩证处理好满足行业现实需求和引领未来社会的关系

人才培养是高校的核心使命，人才培养质量决定着高校办学水平、声望和地位。高校人才培养的目标任务与经济社会发展需求紧密相连。20 世纪 50 年代，处于百废待兴之际的社会主义新中国急需大批建设人才，高校的首要任务就是培养走出校门就能“上手工作”发挥作用的人才。与此同时，国防军工行业特色高校以国防科技事业发展需要作为人才培养的目标与定位，人才培养的行业性和目的性很强，专业对口教育的理念体现并贯穿于高校教学的全过程中。在这一办学定位下，国防军工行业特色高校为国家培养了一大批“红色工程师”，为社会主义建设作出了贡献，由此产生的效果不容置疑。

习近平在 2018 年召开的全国教育大会上的重要讲话，从党和国家全局的高度深刻阐释了“培养什么人、怎样培养人、为谁培养人”[①]这一教育的根本问题，为系统回答和解决新时代高校使命、任务和实践问题进一步指明了方向、提供了根本遵循。在新时代，高校人才培养定位应适时作出调整，认真反思培养目标、培养内容、培养方式和培养条件，深化改革人才培养目标和规格、专业设置和建设、课程体系和教学内容、教学方法和教学手段、教学评价和质量监控，所培养出的拔尖创新人才，应是能够担当民族复兴大任的时代新人。随着军民融合发展战略的深度推进，国防军工相关领域逐步开放，很多综合性高校也进入了国防军工领域。近年来，许多非传统国防军工行业特色高校的毕业生就业于国防主机院所并发挥了重要作用，而国防军工行业特色高校受传统惯性的影响，多年来一直培养的“专业对口”本科毕业生越来越难以满足行业对高素质、复合型人才的需求，凸显了国防军工行业特色高校人才培养定位调整的滞后。要建成为世界一流大学，高校就必须培养出能够引领未来发展的高级人才，更好地对世界科学技术和社会经济发展产生积极影响；国防军工单位也需要更多的能在十年、二十年后担任领军任务的跨行业、跨领域总师，而不再是仅仅满足于行业现实需求。在这种情景下，国防军工行业特色高校要重新审视人才培养定位，辩证处理点与线、当下与长远的关系，努力提高人才培养质量和水平。为此，西北工业大学牢固树立人才培养核心地位，坚持“以学生为根、以育人为本、以学者为要、以学术为魂、以责任为重”的办学理念，积极探索与世界一流大学相匹配的人才培养模式，进行全员、全过程和全方位育人，不断提升人才培养质量。一方面，广泛开

---

① 新华社．习近平出席全国教育大会并发表重要讲话[EB/OL]．[2022-08-17] http://www.gov.cn/xinwen/2018-09/10/content_5320835.htm?tdsourcetag=s_pctim_aiomsg.

展调研，认真总结行业需求和对人才培养的新要求，将其及时纳入人才培养体系中，加强学生职业生涯规划教育和就业创业指导服务体系建设，帮助学生增强核心竞争力。学校在人才培养的沃土中精耕细作，瞄准未来行业“总师”级人才，组建实验班，探索新形势下行业领军人才培养模式，深化产教融合和联合培养，不断巩固学校行业特色。另一方面，学校回归本分、回归初心、回归大学之道，遵循学生成长成才的规律，从学生终身发展、全面成才的角度出发，持续推进人才培养工作改革创新，完善价值塑造、能力培养和知识传授“三位一体”的人才培养体系，培养具有家国情怀、追求卓越、引领未来的领军人才。此外，学校还为学生提供更多自主选择的空间和机会，搭建各类综合素质教育平台，形成了通识教育与专业教育互为补充的教育体系，不断强化对学生知识、能力、人格、素养、社会责任感的培养，为培养引领未来的高素质人才打下坚实基础。

第二节　辩证处理好承担国防工程项目和从事前沿基础研究的关系

党的十九大报告指出，“加强应用基础研究，拓展实施国家重大科技项目，突出关键共性技术、前沿引领技术、现代工程技术、颠覆性技术创新，为建设科技强国、质量强国、航天强国、网络强国、交通强国、数字中国、智慧社会提供有力支撑”[①]。随着“双一流”建设的逐步推进，基础研究水平在高校科研评价体系中的权重不断增加，基础研究的导向性日趋明显。随着国防军工领域的壁垒被逐步打破，非传统国防军工行业特色高校积极参与国防军工科研，国防军工企业成为市场的主体，也是技术创新的主体，在资金、平台、保障机制等方面，具有天然的优势，一些国防军工企业的工程能力不断增强，工程任务逐步让位于国防军工企业的趋势已初显，这些均给国防军工行业特色高校的传统科研模式带来了挑战。长期以来，国防军工行业特色高校拥有的科研体系，基本是以从事国防工程项目和型号任务为目标追求，特色优势也正是在追求目标过程中逐步形成的。不可否认，在特定的历史条件下，国防军工行业特色高校为国防科技事业的长足发展作出了重要贡献，但对前沿基础研究重视不够，这也成为其高水平、可持续发展的短板。做工程项目不完全等同于做学术研究，科研经费也不完全等同于科研水平。这亟须国防军工行业特色高校调整科研价值取向，处理好承担国防工程项目和从事前沿基础研究的关系。需要明确的是，承担国防军工项目与从事前沿基

---

① 习近平. 习近平：决胜全面建成小康社会 夺取新时代中国特色社会主义伟大胜利——在中国共产党第十九次全国代表大会上的报告[EB/OL]. [2022-09-19] http://www.gov.cn/zhuanti/2017-10/27/content_5234876.htm.

础研究是辩证统一的，二者相辅相成。例如，美国加州理工学院非常重视基础研究，其在航空航天等领域取得的成就享誉世界，正是基础研究和工程研究的相互支撑与配合，成就了其辉煌。如果没有坚实的理论支撑和前沿的学术水平，其承担的国防工程项目就不可能达到最前沿、最先进的水平。反之，如果国防军工行业特色高校瞄准国防工程领域的重点难点问题做得早、研究得深，持续挖掘工程项目背后的深层次理论和原理，就可能会成为前沿、特色优势，对学术界产生深远的影响。为此，在新的历史机遇下，西北工业大学一方面深化科研体制机制改革，完善科技创新评价体系，健全科技成果转化机制，鼓励科研人员在不同领域、不同岗位追求卓越，创出特色，积极营造鼓励探索、宽容失败的科技创新环境，支持一批教师在宽松的科研环境中持续研究和长期积累，推出系列原创性高水平研究成果。另一方面，西北工业大学坚持“顶天、立地、育人”的科研价值取向，开展有组织的科研活动，抓好技术推动与需求牵引的协同，既鼓励教师潜心开展基础前沿技术研究，也支持其瞄准装备研制需求，形成充足的技术储备，服务国民经济主战场和国家重大需求。同时，西北工业大学加强前瞻布局，瞄准国际科技前沿和国家重大需求超前培育，鼓励开展基础性、支撑性、战略性研究，不断提高原始创新能力。此外，学校还按照“三个面向”要求，加紧谋划西北工业大学太仓长三角研究院等异地创新机构的平台建设和内涵建设，汇聚前沿学术资源，全面开展一流的科学研究，努力产出原创成果和关键技术。

第三节　辩证处理好学科单一和学科综合的关系

学科是培育大学核心竞争力的核心载体，学科建设是大学核心竞争力培育的核心举措。从国内外高校发展的历史和实践来看，一流学科建设与世界一流大学建设是共生共荣、相互促进的。《统筹推进世界一流大学和一流学科建设实施办法（暂行）》明确要求，优化学科建设结构和布局，以一流学科建设引领健全学科生态体系，带动学校整体发展。高校要不断加强“高峰”学科和“高原”学科建设，以“高峰”学科带动“高原”学科，打造一流学科。为了抓住新一轮科技革命和产业变革的机遇，我国高等教育正在发展新工科、新文科、新医科、新农科，学科交叉和特色学科成为趋势，学科布局将不断调整和优化。与此同时，我国高等教育通过实施“优势学科创新平台”和“特色重点学科项目”等重点建设项目，已有一批重点学科建设取得重大进展，接近世界一流水平。高校现有的学科体系和布局是在长期办学过程中积淀形成的。国防军工行业特色高校虽整体实力较为雄厚，但因长期立足单一行业，行业痕迹明显、优势学科较为单一、学科面狭窄、学科交叉融合不够、学科布局失衡，加之“办大学就是办学科”的学科逻辑不断强化，既不利于科技创新取得大的突破，也不利于人才综合素质的培养，且影响丰富多彩的校园文化的形成。随着科学技术的进步和发展，国防军工领域任何一个系统都涉及若干个学科方向，单一学科已无法满足现代国防军工发展的需求。在竞争日益激烈的今天，高校都在认真总结提炼、大力发展自身学科特色，重点突围，努力优化学科的生态，在特色或优势学科的带动下实现多学科协调发展，以特色带整体、整体促特色，多学科交叉融合，在做强传统优势学科"高峰"的同时，形成若干学科"高原"，以构建具有国际领先地位的特色学科群来提升核心竞争力。国防军工行业特色高校也不例外，在学科规划上，国防军工行业特色高校不能把坚持学科特色简单地理解为单一或狭窄的学科布局，更不能把学科综合发展理解为放弃学科特色。从世界著名高校的发展轨迹来看，没有一所学科面窄的大学成为世界一流大学，事实上很多一流大学都是在一流学科引领的基础上逐渐发展壮大并形成自己独特优势的。例如，美国卡内基梅隆大学、麻省理工学院等一流大学的发展历程都有力地证明了学科综合性与发展特色优势学科并不矛盾，而是相互促进、相互推动的。建设世界一流大学，必须构建一个一流的学科体系和学科布局。国防军工行业特色高校在处理学科关系的时候，应坚持整体性、系统性、协调性和一致性的原则，从学校长远发展和学科整体优化的视角来统筹学科建设，营造良好的多学科发展生态，正确处理好传统优势学科与非传统优势学科之间的共生发展关系，使传统优势学科与新建学科真正实现协调发展，形成既有特色学科又有交叉学科、既有重点学科又有支撑学科的发展态势。

第三篇

新时代行业特色高校的战略管理

第八章

行业特色高校发展战略的内涵

第一节　行业特色高校战略管理的定义

一、战略

希腊语中的动词“stratego”是战略（strategy）一词的起源，是指通过对资源的合理利用以达到打败敌人的目的。我国古代的战略思想与西方大体一致，都有“在敌对状态下指挥军队克敌制胜的方法和艺术”的意思。对于战略的诠释，可以首先从战略的基本特征出发进行理解。如亨利・明茨伯格（Henry Mintzberg）关于战略的“5P”定义，即战略是“一种计划（plan）、一种策略（ploy）、一种模式（pattern）、一种定位（position）、一种视角（perpective）”。从战略组织的角度理解战略，彼得・德鲁克（Peter Drucker）提出了“战略是用以指导组织应该干什么和这样去实现”的。从目标的角度来解释战略的定义，即战略就是一个组织的总目标，关系到一个时期内带动全局发展的政策、方针与任务。综上，战略是一个联系组织与环境的未来行动的总体设想，它为组织未来行动指明了目标、方向以及主要行动步骤。战略的基本特点是全局性、未来性、层次性、稳定性、外向性。

二、战略管理

战略管理思想最早出现要追溯到 20 世纪初，法约尔（Fayol）通过整合企业内部的管理活动，创造性地提出了管理的五项职能。嗣后，各学者一系列的著作中隐含了战略管理观点，但并没有形成正式、系统的战略管理理论。20 世纪 60 年代初，美国著名管理学家钱德勒（Chandler）出版《战略与结构：工业企业史的考证》一书，开启了企业战略问题研究之先河。1972 年，“战略管理之父”安索夫（Ansoff）在《企业经营政策》上发表文章《战略管理思想》，正式提出战略管理的概念，为战略管理理论的发展奠定了基础。安索夫等认为，当时学术界的“战略计划”仅仅将组织与环境之间的关系简单地看作直线性关系，使得实际操作中存在极大的不足。因此，他们提出用“战略管理”一词来代替“战略计划”，并强调战略管理是一个为实现战略目标而促使组织与社会环境不断适应的复杂的社会动力过程。

不同的学者对“战略管理”的概念有不同的解释和界定。哈佛商学院权威教材从全面管理的角度对战略管理的定义进行界定，广义的战略管理是指运用战略对企业进行全面管理，狭义的战略管理是指对企业战略的制定、实施、控制进行的管理。从侧重计划过程的角度对战略管理的定义进行界定，小阿瑟·汤普森（Arthura Thompson Jr.）认为，在战略管理这一过程中，高层管理者确定组织的长期方向，设定特别绩效目标，根据与组织相关的内外环境，制定出能达成这些目标的战略，并且卓有成效地实施这些被选定的决策方案。从侧重组织定位的角度对战略管理的定义进行界定，纳特（Nutt ）和巴可夫（Backoff）在《公共和第三部门组织的战略管理：领导手册》一书中指出，“战略管理是指处理一个关键问题，即为面临着日益增加的不确定性未来的组织定位”，“战略管理通过产生用以指导战略行动的计划、计谋、模式、立场和观点而为一个组织创造焦点、一致性和目的”。从侧重组织适应环境过程的角度对战略管理的定义进行界定，伊萨克·亨利（Isaac Henry）在《公共服务中的战略管理》一文中认为，战略管理涉及规划、实施和监控组织战略的整个过程，其目的在于通过使组织与环境协调、驾驭组织变化，取得更大的绩效。战略管理包含着战略分析、战略选择和战略实施三个核心领域，并始终围绕三者来进行。从侧重组织变革过程的角度对战略管理的定义进行界定，波齐曼（Bozeman）和施特劳斯曼（Straussmann）在《公共管理战略》一书中则认为，战略包含着处理组织的外部环境、使命和目标，战略管理途径有三个主要的特征，即界定目标和目的、提出一个能协调组织与环境的行动计划、设计有效的执行方法。

三、高校战略管理

高校战略管理的实质是指对高等学校的改革和发展的研究与管理， 以及对高校教育活动实行的总体性管理，是高校制定与实施战略的管理决策及行动。对于高校战略管理理论的构建与实践，国内外学者进行了多方面的研究与探讨。20 世纪 80 年代，一些学者将战略管理的概念引入高校管理研究中，最具代表性的著作要数美国高等教育学家乔治·凯勒（George Keller）于 1983 年发表的《学术战略：美国高等教育的管理革命》一书，该书是在广泛调研的基础上完成的战略管理巨著，对美国高校实施战略管理变革的环境进行了深入的分析，以及对高校战略与规划的要素、学术战略的制定等问题进行了专题研究，成为高校战略管理理论迅速在高等教育学领域中流行开来的启蒙著作。我国对高校战略管理的研究主要集中于在国家制定发展规划时对高校进行宏观管理的层面。20 世纪 90 年代中后期，随着高校竞争环境日益复杂，人们开始意识到战略管理不仅仅是政府主管和部门宏观管理者的职责，更是高等学校自身的责任。各高校管理者开始关注高校的长远发展与谋划，战略管理逐渐成为高校管理的重要内容。许多高校研究人员都对该领域进行了有益的探索和研究，研究的重点主要集中在高校战略管理的基本特点、基本内容和基本方法。刘根东和郭必裕[①]认为，高校战略管理是对高校的前瞻性、全局性、外部性、应变性和系统性管理，他们从高校的组织特性出发，研究了高校战略管理的基本特征。刘献君[②]指出，高校战略管理包括战略规划、战略实施以及战略评估三个基本组成部分，战略管理的主体是战略实施，并论述了从战略规划到战略管理的演变、战略管理的基本特征和战略管理中的关键问题，同时提出要高度重视战略管理的实施。姚启和[③]在《高等教育管理学》专著中，对高校战略规划与管理进行了专门的论述，认为战略规划管理是保证高校与不断变化的外界环境相适应，使之始终具有较强竞争能力的动态过程。高校的战略规划的主要内容包括环境分析、高校现状分析、战略指导思想的选择、战略目标的确定、战略实施对策等。贾少华[④]在《民办大学的战略》一书中论述了民办高校的战略管理，民办高校的战略管理是指民办高校的高层管理者为了学校的长期生存与发展，在充分分析学校外部环境和内部条件的基础上，确定和选择达到目标的战略，将战略付诸实施并对战略实施的过程进行控制和评价的动态管理过程。储祖旺和徐丽丽[⑤]对高校战略管理团队之间的横向、纵向冲突进行了分析，并从加强管理团队建设、明晰办学理念与目标、完善高校决策机制、鼓励认知性冲突和及时处理冲突等五个方面提出我国高校战略管理团队冲突管理的策略。

四、行业特色高校战略管理

行业特色高校是指我国高等教育管理体制改革以前隶属于中央政府部门，以行业为依托，围绕行业发展需求，具有显著行业办学特色与突出学科群优势，为特定行业培养高素质专门人才的高等学校，是中国特色高等教育的有机组成部分。行业特色高校战略管理与其他高校战略管理具有共性，都是强调对高校的全局性、整体性、系统性、前瞻性的管理。同时，行业特色高校的战略管理又有其独特之处，它更多地强调战略管理需要适应特定行业发展需求，为相关特定行业服务。所以，行业特色高校在制定高校战略管理时，不仅要考虑社会发展，还应该考虑相关行业的发展。

---

①刘根东, 郭必裕. 高校战略管理的基本特征及实施策略[J]. 中国高教研究, 2009, (5): 15-17, 74.

②刘献君. 论高校战略管理[J]. 高等教育研究, 2006, (2): 1-7.

③姚启和. 高等教育管理学[M]. 武汉: 华中理工大学出版社, 2000: 40.

④贾少华. 民办大学的战略[M]. 杭州: 浙江大学出版社, 2005: 62.

⑤储祖旺, 徐丽丽. 我国高校战略管理团队的冲突表现及其管理策略[J]. 高等工程教育研究, 2011, (3): 78-82.

第二节 行业特色高校战略管理的基本范畴

行业特色高校战略管理的基本范畴即行业特色高校战略管理基本运行问题。行业特色高校战略管理的基本内容包括战略制定、战略实施、战略评估和战略调整。

一、战略制定

战略制定是高校战略管理的核心环节，居于高校战略管理的首要地位。当前，有学者认为战略制定只是学校高层管理者和高级专家的事情，而与其他基层人员无关。例如，安索夫在研究多元化经营企业的基础上，提出了“战略四要素”说，在战略的制定与管理方面，他认为，战略是高级管理层和专家的“专利”。这一问题，在我国也十分突出，许多高校利益相关者并没有参与高校战略管理的制定，甚至不知道有战略管理这回事。如果高校的发展愿景和具体战略举措都充分考虑了核心利益相关者和重要利益相关者的利益诉求，并得到了核心利益相关者和重要利益相关者的一致支持，那么在战略实施过程中，核心利益相关者和重要利益相关者将成为高校战略实施的助推者，否则战略将很难顺利实施下去。行业特色高校本身与特定行业联系密切，担负着促进行业发展的使命。在战略制定过程中，行业对人才的需求会影响高校人才培养的规格和学科专业的设置情况；行业的利益诉求可以作为高校提高社会服务能力，履行社会职能的一部分；行业为高校可持续发展提供强有力的物质保障。因此，在制定高校发展战略时，不仅要重视核心利益相关者和重要利益相关者的利益诉求，同时要关注特定行业的利益诉求。在高校获得了一定的办学自主权的情况下，各高校领导面临这样一些现实问题：建设一所什么样的学校？怎样建设学校？因此，制定科学合理的学校战略，对学校的办学定位、发展目标以及发展道路进行战略规划，已成为引领学校高质量健康发展的顶层设计。

二、战略实施

战略实施主要是制定出具体措施来实现战略，是将战略规划所确定的高校发展目标、任务和措施转化为实际发展效果的过程，是战略管理的中心环节，这一环节的成效直接关系到战略管理的成败。实际上，战略实施过程包括很多环节或功能活动。对于环节或功能活动的看法，学者持有不同的意见。例如，布莱森（Blethen）指出战略实施过程有三个环节：第一，计划和方案，即制订行动计划，包括明确目标，明确产出结果，估计预期投入，确定变化的衡量标准和识别目标顾客等；第二，制定预算；第三，实施过程的指导方针，即建立实施结构系统，以便于管理和协调实施活动。纳特和巴可夫认为，在战略管理过程中，首先要精心考虑哪些因素可以促使战略实施成功，以及采取何种措施才能确保战略实施获得必需的支持，其次在战略实施中应特别重视对资源和利益相关者的管理。陈振明①认为，战略实施过程主要包括战略发动、制订行动计划、组织准备、资源准备、战略实验、全面实施以及战略控制等环节。高校战略的生命力在于实施，战略管理不只是制定高校战略，更重要的是要将规划付诸实施，使战略规划真正地转化为学校发展的成果。否则，一个高校的战略制定得再好，如果仅仅将其束之高阁，那也是毫无用处的。大学是高度异质化组织，大学管理在组织权力结构上表现出行政权力与学术权力并存，行政权力是高校上级对下级活动的协调与控制，而学术权力的基础则是个人的知识与能力和自主性。大学中这两种权力的运行都必须适应大学自身发展和外界需要，遵循学术和知识发展的内在规律，同时两者又必须互补与协调。此外，除核心的教学和科研系统外，高校还有一个庞大的辅助支撑——后勤保障系统。当前，大学组织里这些系统之间相互依存，但是在大学组织内不同系统的地位和角色有很大不同，它们的工作模式和价值观也有很多不一样的地方。因此，高校战略实施呈现出相互依存性和系统性，教学、科研等目标的实现不仅涉及教学和科研，也需要其他职能部门的全力配合，只有在战略价值广泛认同的基础上，才能顺利推进战略实施。

三、战略评估

战略评估是指依据一定的标准和程序，对战略实施的效率、效益、价值及效果进行科学判断的一种行为，其目的在于获得有关战略实施的信息，作为决定战略改进、战略变革和制定新战略的依据。战略评估分为战略分析评估、战略实施评估和战略绩效评估等。战略分析评估是为了发现并判断发展的最佳机遇，对所处政治经济的现状和环境等进行的事前评估，是科学制订规划的基础。战略实施评估是在战略执行过程中，及时获取和处理战略执行情况与战略目标之间的差异，科学进行战略实施的动态评估，有利于确保战略规划的科学性。战略绩效评估是指在战略期末对战略目标完成情况的分析、评价，可为战略目标的实现提供动力和保障。三种评估之间相互衔接、相互支撑，既保证了战略管理的前瞻性、可控性和应变性，又形成了完整的战略评估系统。行业特色高校战略目标的实现、办学质量的提高是高校办学主体协同作用的结果。所以，战略评估应该是对

① 陈振明. 公共部门战略管理途径的特征、过程和作用[J]. 厦门大学学报(哲学社会科学版), 2004, (3): 5-14.

教育主管部门、高校领导班子、教职员工、学生以及相关行业的评估，以确保战略评估的系统性和完整性。高校战略评估围绕战略目标的实现，构建了由战略分析评估、战略实施评估、战略绩效评估组成的全程性、全方位的评估体系，战略评估的结果与个人、部门以及相关行业的业绩有效挂钩，对高校战略目标的实现起着极大的激励和导向作用。

四、战略调整

战略调整是指高校实施战略时，面对不断变化的状况，能依据现实的高校情况、外部的环境作出改变、迸发创新的机会和思维，遇到问题时能及时调整最初制定的战略，进而使战略对高校管理有效地进行指导。对于一个高校的发展战略来说，并非一次就可以做得十分完美，而是一个不断调整的动态的过程，因为它可能面临高校实际情况的变化、高校外部环境的变化等问题，这就需要灵活应对，体现战略管理的灵活性。当然，高校战略制定是对一个高校发展的前瞻性、全局性、系统性的规划，一旦制定出来，一般不应随意改变，否则会影响高校发展的整体性布局。当高校外部环境发生变化时，学校应认真分析机遇和风险信息，既要从学校既定战略规划的角度分析抓住机遇和化解风险的必要性，又要从信息的可靠程度以及抓住机遇和化解风险的难度等方面分析其有利于高校发展的可能性；在尊重客观规律的基础上，组织相关专题研究，对利用机遇和化解风险促进学校发展的效益或效果以及所产生的负面影响进行审慎地论证，之后决定是否调整战略或作出相应的改革举措。

行业特色高校战略制定、战略实施、战略评估和战略调整是高校战略管理的有机统一整体。行业特色高校战略管理并不是追求个别部门或环节的有效发展，而是为了实现整个高校自身的资源合理配置和最优状态。因此，高校战略制定、战略实施、战略评估和战略调整贯穿于行业特色高校战略管理的全过程，对高校战略管理起着极其重要的作用。

第三节 新时代行业特色高校战略管理的基本特征

高校战略管理的实质是指对高等学校的改革和发展的研究与管理，以及对高校教育活动实行的总体性管理，是高校制定与实施战略的管理决策及行动。

高校战略管理中管理思想、方法、技术源于企业和商业管理，与企业和商业管理相比，高校战略管理具有全局性、外向性、灵活性、复杂性、差异性等基本特征。行业特色高校战略管理具有以下几个基本特征。第一，战略目标的行业性。与其他高校战略目标相比，行业特色高校战略目标具有显著的行业性色彩。

第二，战略实施的依存性。行业特色高校与相关行业相互依存，使得行业特色高校战略实施呈现出系统性和相互依存性。第三，战略评估的关联性。战略评估主要是对战略实施进行监控，并对战略实施的绩效开展系统性评估的全过程，包括检查战略基础、衡量战略绩效、修正和调整战略等。第四，战略管理的外部性。战略规划"更强调对问题本质的理解，然后作出适当的回应，是由外至内的思维模式"。

一、战略目标的行业性

与其他高校战略目标相比，行业特色高校战略目标具有显著的行业性色彩。首先，行业特色高校的产生源于服务工业行业的发展，并隶属相应行业部门，由国家行业部门管理和指导，其发展与行业发展紧密联系，高校的学生招生、培养、就业全过程"口对口"地满足行业实际需要，专业调整与人才培养模式基本适合行业生产发展的需要，科研和技术应用也与行业实际需要紧密相关。其次，行业特色高校在培养模式、课程体系、专业设置以及实验条件等方面都与行业企业密切相关，培养的人才也与对口相关行业对接。特别是在人才培养上注重与行业的实际需求相协调。科学研究方面，行业特色高校主要服务相关行业，借助与行业主管部门、相关企业紧密联系的优势，通过多种形式，直接服务于相关行业的技术开发与企业管理等。最后，行业特色高校的学科一般分布比较集中，其主干学科也是其传统优势学科，学科专业主要是依据行业需求围绕行业产业链设置。从行业特色高校管理体制、人才培养、科学研究、学科专业等特征来看，行业特色高校面向行业发展需求培养人才，使学校与行业发展"血脉相连"，其发展的战略目标具有行业性。

二、战略实施的依存性

行业特色高校与行业景气度的依存关系主要表现为周期性震荡和波动，在行业蓬勃发展时期，行业对高校的支持力度进一步增大，有力地支撑着行业特色高校的科研创新、人才培养以及高校毕业生就业，而在行业发展低迷时期，由于自身状况，行业对相关院校的需求与投入出现较大幅度的波动现象，行业特色高校的生存与发展就会进入"艰难期"。例如，钢铁行业的低迷对科技类大学的影响，石油价格的不景气对石油类大学的影响。又如，近几年来煤炭市场的需求量极大减少以及进口煤炭的强烈竞争，导致国内煤炭价格持续下滑，继而引发了国内煤炭行业企业的效益低落，从而使煤炭行业在行业技术和人力资源上的需求下降，影响了煤炭行业特色高校科研技术成果的转化、毕业生就业和办学效益的提升。同时，行业社会声望也是一个影响行业高校发展的重要因素，某行业社会声望高，那么生源与师资吸引优秀人才率高，学校就发展更好。以地矿、农林、通信、电力几个行业来进行比较，农林、地矿行业高校培养的人才很可能没有通信、电力行业高校培养的人才的就业环境好，选择地矿、农林院校的学生就相对少，如此，就会因行业社会声望的不同而形成发展水平的不同。行业特色高校与相关行业相互依存，使得行业特色高校战略实施呈现出系统性和相互依存性。

三、战略评估的关联性

战略评估主要是对战略实施进行监控，并对战略实施的绩效开展系统性评估的全过程，包括检查战略基础、衡量战略绩效、修正和调整战略等。行业特色高校是依托相关行业建立起来的，学校的快速发展离不开高校与行业的共同努力。行业特色高校与行业具有关联性。首先，行业特色高校从建立之初就围绕着行业需求，其学科专业设置聚焦于相关行业，为行业服务，如煤炭高等院校主要设置采矿工程、矿物加工工程、安全技术及工程、矿山机电工程、资源勘查工程等专业，林业类高校主要设置林业技术、园林技术、森林资源保护、自然保护区建设与管理、经济林培育与利用等专业，水利类高等院校主要设置水利水电工程、水文与水资源工程、港口海岸及治河工程、水资源与海洋工程、水文与水资源利用、水利水电建筑工程等专业；其次，从管理体制上看，行业特色高校隶属于相关行业主管部门，如水利类高校隶属于水利部，农业类高校隶属于农业农村部等；最后，从人才培养的角度来看，行业特色高校是为特定行业培养高素质专门人才的大学或学院，毕业生就业领域多集中于相关行业，行业特色高校与行业相互依存，如煤炭高等院校主要培养地质、安全、采矿、矿物加工、矿山机电、矿建、煤化工、测绘等专业与煤炭行业对口的学生。高校创办者与管理者也具有关联性，公办行业特色高校的创办者是行业主管部门，管理者是高校校长及全体教职工，办学质量的提升离不开创办者政策与资金的支持，离不开高校全体教职员工的努力，高校办学质量的提高是创办者与管理者协同作用的结果。所以，战略评估是对行业主管部门、高校领导班子、教职员工以及学生的评估，可见，评估主体与客体也存在相关性。

四、战略管理的外部性

战略规划“更强调对问题本质的理解，然后作出适当的回应，是由外至内的思维模式”。战略管理的基本宗旨就是利用外部机会来化解或者回避外部威胁，它注重的是外部环境的变化对组织整体发展的影响。行业特色高校战略管理就是跳出自我的“圈子”，从行业或外在环境出发来看待学校问题，而不是从高校内部审视外在问题，要是把学校发展纳入变化的外部环境，并把机会和威胁等人们控制之外的因素融入学校整体发展管理。行业特色高校经过长期的发展，对主管部门的归属感强烈，与所在行业的关联度和依存度都很高，与行业的协会、企业、行业科研院所和学会感情深厚、联系密切，自身发展也与相关行业紧密相连，相关行业发展的变化会直接影响到高校的发展战略。河南理工大学前身是 1909 年由英国福公司兴办的焦作路矿学堂，历经福中矿务大学、私立焦作工学院、国立西北工学院、国立焦作工学院、焦作矿业学院和焦作工学院等历史时期。河南省是我国的重要产煤省份，为适应煤炭行业发展的需要，建立了这所高校，设采煤、矿山机械、矿山机电三个专业，这是一所由行业部门管理的典型的煤炭行业特色鲜明的高校。后来，由于煤炭行业面临困难，学校生存发展外部环境发生极大变化，为了应对行业和外部环境出现的挑战，学校审时度势重新制定发展战略，通过了比较符合自身发展和适应行业现状的发展战略，使学校能够紧跟时代前进的步伐不断跨上新的台阶。2004 年，经教育部批准，焦作工学院更名为河南理工大学。所以，行业特色高校战略管理呈现出外部性。

第九章

行业特色高校发展战略的演变与内在逻辑

行业特色高校，一般指代“以行业为依托，围绕行业需求，针对行业特点，为特定行业培养高素质专门人才的大学或学院”，具有毕业生就业领域相对集中于某一行业、学科专业设置相对聚焦、主要服务于相关特定行业、曾经或依然归属行业主管部门等区别于其他高校的明显特质，是我国高等教育体系中重要且特殊的组成部分。在长期办学过程中，行业特色高校与国防军工、“农林水”和“地矿油”等行业产业同向同行，“产教协同”和“校企融合”凸显学科的行业特色与优势。

作为一种制度性安排，行业特色高校因国家需要而建立、应行业需求而发展，在处理与政府、市场、社会等外部关系的过程中，经历了合并、划转等一系列被动调整和转型过程，在一定程度上缓解了办学资源匮乏、学科专业结构单一、服务地方乏力等发展压力。但与此同时，“多学科化、大规模化、地方化、市场化”的高等教育发展趋势也衍生出战略定位不明晰、行业特色式微、运行经费短缺、“同质化”倾向明显等新的矛盾与问题。习近平在 2021 年的全国政协医药卫生界教育界联组会上，专门指出了一些高校“专业优势不明显”的问题，强调“高等教育改革还要继续深入”[①]。进入新时代，我国发展的历史方位和社会主要矛盾发生重大变化，高等教育资源配置方式和供求关系的改变及双一流建设等战略的实施，为行业特色高校的发展带来了新的机遇与挑战。因此，凝练和分析行业特色高校发展战略的演进特征及内在逻辑，对今后适应产业变革新趋势，更好地服务国家战略和区域经济社会发展，实现行业特色高校自身发展与核心竞争力的提升或有裨益。

近些年，学界针对行业特色高校发展相关问题的关注度逐年攀升，虽不乏真知灼见，但总体上还停留在对行业特色高校的办学定位、特色化策略等问题的宏观感性论述与经验总结上，或从研究者自身的办学经验出发对某个行业特色高校发展进行微观层面的探讨。一方面，缺少对行业特色高校的发展战略问题的系统

---

① 新华网. 特写：“办好人民满意的教育”——习近平总书记在全国政协医药卫生界教育界联组会上回应教育领域热点问题 [EB/OL]. [2022-10-25] http://www.cppcc.gov.cn/zxww/2021/03/07/ARTI1615082276226258.shtml.

性分析；另一方面，研究视角多集中在发展理念、战略态势、经验借鉴等层面，尚未深究行业特色高校发展战略演进的内在逻辑。高校发展战略是高校调整与外部环境的关系及内部组织的关系来适应环境变化的规划与决策，是高校与社会环境中各种因素相互博弈的结果。作为一个极具中国特色的高校类别，行业特色高校在伴随高等教育领域综合改革等一系列变迁的过程中，其战略定位、服务面向、学科专业结构等方面呈现出明显的制度化特征与阶段性差异。鉴于此，本章从多重制度逻辑理论出发建构分析框架，以历史纵向发展的逻辑适度抽离与凝练中华人民共和国成立以来行业特色高校发展战略的演进历程及其阶段性特征，分析影响行业特色高校发展与多重制度逻辑结构的互动关系和逻辑理路，为探究新时代行业特色高校高质量发展路径提供理论依据。

第一节　行业特色高校发展战略的演变历程

新制度主义理论认为，组织变革与发展的内在动因源于制度变迁。笔者认为中华人民共和国成立以来的行业特色高校发展战略的演进，可以以高等教育管理体制改革、隶属关系调整等制度变迁为标志，划分为三个主要阶段：以“行业办学”为主题的依附型战略阶段、以高等教育管理体制转型与“大众化”为主题的扩张型战略阶段、以供给侧结构性改革与“双一流”建设为主题的特色型战略阶段。在不同的历史阶段，行业特色高校的自身属性和发展战略表现出鲜明的差异。

一、以“行业办学”为主题的依附型战略阶段：1949~1978 年

中华人民共和国成立初期，为满足“优先发展重工业战略”的需要，加快摆脱工程技术人员严重缺乏的历史顽疾，我国参照“苏联模式”，从 1952 年开始按照文理、工程、农林、医药、艺术、财经、政法等专业大类相继举办、重组了一批服务于特定行业的高等学校，行业特色高校由此兴起。到 1976 年，全国普通高校数量为 392 所，行业特色高校占据相当大的比重。通过两次大规模的“院系调整”，我国高校结束了院系庞杂、设置分布不合理的状态，高等教育“行业办学”体制逐步确立。此举同当时的经济体制和行政体制相协调，符合当时国家经济建设特别是工业发展的需要，对于调动各部门、各地区发展高等教育，培养经济建设急需的专业人才发挥了重要作用，奠定了我国高等教育的基本格局。

这一时期，在高等教育“行业办学”体制与条块分割的办学格局下，我国逐步建立起高度集权的高等教育管理体制：一方面，将高等教育的管辖权收归国有；另一方面，计划经济体制决定了“行业办学”的高等教育管理体制，包括对

办学经费、学科专业设置、招生考试、毕业生统一分配等高校内部事务的支持与指导，确定了高校的发展方向。通过一系列政策的制定，中央政府具有了对高等教育发展和改革的绝对控制权，高校实则成为政府的附属，成为一类“接受性”而非市场性的“同形”组织，被动地遵循国家制度化了的规范、价值和技术知识。“院系调整”塑造了高校与行业产业的密切关系，保证了行业人才资源的供给和优先发展重工业战略的顺利实施。行业特色高校深深依附于所服务行业的发展过程，形成了行业特色鲜明的依附型发展战略，呈现出 “专业化技术人才”的培养模式和“高度集中、结构严密”的权利形态。

二、以高等教育管理体制转型与“大众化”为主题的扩张型战略阶段：1978~2010 年

改革开放后，因为社会主义市场经济体制对人才的迫切需求，行业特色高校在其主管部门的支持下办学规模迅速扩大，服务面进一步拓展。但同时，计划经济体制下“行业办学”体制的条块分割、专业过窄、重复设置、重复建设、包得过多、管得过死等弊端日渐显现，巨大的财政补贴和沉重的财政压力使高等教育管理体制的改革迫在眉睫。1993 年，我国相继发布《关于加快改革和积极发展普通高等教育的意见》和《中国教育改革和发展纲要》，对国家集中计划、政府直接管理的办学体制进行改革，逐步实行中央与省级两级管理、两级负责为主的高等教育管理体制和改革方向。1998 年发布的《关于调整撤并部门所属学校管理体制的实施意见》把地质矿产部、机械工业部等 10 个部门所属的 93 所高校调整划归至教育部或属地管理，基本消解了“行业办学”体制（表 9-1）。到 2004 年，在“共建、调整、合作、合并”方针指导下，中央部委管理的 571 所行业特色高校中的 509 所进行了不同程度的划转与调整，基本形成了中央教育行政主管部门和省级人民政府两级管理、以省级政府统筹管理为主的新体制，并初步构建了以综合性高校、多科性特色型高校和职业院校为主体的高等教育结构。

表 9-1 行业特色高校划转情况（1998~2004 年）

行业特色高校	数量/所				比重			
	1998 年	2000 年	2004 年	2010 年	1998 年	2000 年	2004 年	2010 年
央属高校	263	116	111	111	25.73%	11.14%	6.41%	4.71%
教育部所属	45	72	73	73	4.40%	6.92%	4.22%	3.10%
其他部委所属	218	44	38	38	21.33%	4.23%	2.20%	1.61%
地方高校	759	925	1620	2247	74.27%	88.86%	93.59%	95.29%
总计	1022	1041	1731	2358	100%	100%	100%	100%

注：表中数据进行过修约，比重存在分项合计与总项不相符的情况

这一时期，社会转型是引发高等教育管理体制变革的根本因素。从制度演进的视角来看，市场经济体制的确立标志着我国高等教育制度开始由国家本位向市场本位演进。一方面，高等教育的管理权限从中央向地方纵向转移，由体现行业、部门经济发展转变为体现区域经济发展，一定程度上转变了行业特色高校人才培养的面向；另一方面，政府部门机构设置的变化以及职能的调整使高校的管理权限从教育行政部门向高校横向转移，扩大教育规模，改革就业制度，推动社会化办学，成为这个时期的政策热点。此外，高等教育大众化成为这一时期重要的制度安排。凭借相对较长的办学历史、完整的学科专业结构和良好的教学基础，在多方的利益博弈下，规模扩张成为行业特色高校在高等教育管理体制改革期实现发展的战略特征和重要机遇。通过学科专业结构调整、扩招和多校区建设等措施，绝大多数行业特色高校完成了由单一学科体系、服务单一行业向多科化、综合化、地方化的战略蜕变，同时也产生了行业特色逐渐式微、同质化趋势明显等新的矛盾和问题。

三、以供给侧结构性改革与“双一流”建设为主题的特色型战略阶段：2010 年至今

面对我国高等教育大众化转型过程中的制度变迁，行业特色高校经历了调整和适应的“阵痛”，其隶属关系、投资渠道、科研来源、服务面向与范围、招生和就业市场等都发生了较大变化。行业特色高校需要不断寻求突破行业壁垒、扩大办学规模、调整学科专业数量和布局，以化解发展环境中的不确定因素和同质化问题所带来的影响。为此，2010 年《国家中长期教育改革和发展规划纲要（2010—2020 年）》将促进高校办出特色作为重要内容，提出要适应国家和区域经济社会发展需要，建立动态调整机制，不断优化高等教育结构。建立高校分类体系，实行分类管理。2013 年《中共中央关于全面深化改革若干重大问题的决定》明确了深化教育领域综合改革的总要求，标志着上一轮管理体制改革后的调整适应期彻底结束，以高等教育领域供给侧结构性改革为特征的新一轮改革正式启动。

这一时期，我国迈入经济中高速增长的新常态，行业产业发展进入“提质增效”“结构优化”的新时期。把发展重点从注重规模和数量转向在稳定规模的基础上追求质量和内涵，主动引领行业技术创新和服务区域经济社会发展，提升优质高等教育资源的供给能力和水平，成为诱发高等教育领域供给侧结构性改革的根本动因。“双一流”建设、“新工科”建设等发展战略的提出，为行业特色高校的改革与发展提供了新的历史机遇，鼓励行业特色高校在各自层次水平、行业领

域、学科方向办出特色、争创一流。与此同时，由于制度供给与制度环境的差异，不同隶属性质、学科水平、行业特征的行业特色高校的内部结构与功能差异更加明显，加速推动了行业特色高校特色型发展战略的形成。行业特色高校不得不重新审视其与内外部各组织间的关系，思考组织在这一时期及未来发展中涉及的多重利益与多元价值的融合和创新。

第二节　行业特色高校发展战略演变的内在逻辑

一、分析框架：基于“四元关系”的多重制度逻辑

在新制度主义的理论框架中，制度被认为是“推动组织发展的本质力量”，而这种力量本身会根据组织所在的环境形成一种较为稳定的制度体系和行为机制，进而使组织中的个体呈现出不同的应对方式和行为战略，即制度逻辑。因此，制度逻辑很大程度上解释了行动者在不同制度逻辑下采取的各种不同行动的基本机理，以及如何塑造社会环境中较为稳定的制度及规则。制度逻辑通常由内生性制度逻辑与外生性制度逻辑构成。前者通常由内部条件或内部力量产生，后者通常因外界条件或外部力量激发。在高等教育领域，制度逻辑同样诱发和塑造着高校组织中相应的主体行为方式，高校的发展通过制度上的架构得以实现，在高校转型发展的过程中可以很清晰地识别出这些制度。正如雅思贝尔斯（Jaspers）所说，“大学只有作为一个制度化的实体才能存在，在这样一种制度里看，大学的理念变得具体而实在，大学在多大程度上将理念转化成了具体实在的制度，这决定了它的品质”。

多重制度逻辑的分析框架是在对大规模制度变迁的研究过程中提出来的。基本的理论前提是，“大规模制度变迁涉及多重过程和机制，而只有在这些过程机制的相互作用中才能恰如其分地认识它们各自的作用和影响，由此对制度变迁提出令人满意的解释”。发展战略是一个组织的总体目标，关注组织与环境之间的关系，涉及组织在一个时期内行动的目标、方向及主要行动步骤。对行业特色高校而言，发展战略是高校对与其相关的多种环境变化的逻辑反应，涉及多重制度要素之间的安排组合，具有多维量和权变性的特征，需要不断调整与外部环境及内部组织的关系来适应环境变化并作出规划和决策。因此，行业特色高校发展战略的演进符合多重制度逻辑理论前提，有较强的理论适切性。

根据多重制度逻辑分析框架，对行业特色高校发展战略的演进进行分析需要明确以下四方面基本内容。首先，判定发展战略演进中涉及的行动主体及其代表的制度逻辑要素。以伯顿・R.克拉克的经典“三角协调模式”为镜鉴，结合我国

行业特色高校的发展历程，笔者认为行业特色高校的发展战略演进主要涉及“政府—市场—高校—社会”“四元关系”结构，行动主体各自的行为与角色反映了行业特色高校发展战略演进的四类制度逻辑：政府逻辑、市场逻辑、高校逻辑和社会逻辑。其次，发展战略的演进是这些制度逻辑主体相互博弈的结果。它们之间相互作用与制约的状况反映出各自领域的利益诉求，对行业特色高校发展战略的演进方向和路径产生重要影响。再次，制度逻辑为观察行动主体的微观行为提供了分析角度，可以帮助我们把握和预测特定场域中行动主体的行为方式。在行业特色高校发展战略演进的过程中，制度逻辑的分析可以为我们解读政府、市场、社会和高校等行为主体的行为动因及彼此间的互动机制，从而清晰认识并推断出行业特色高校发展战略的演进轨迹。最后，制度逻辑之间互动和时间变化的差异会造成制度变迁的内生性过程，从而产生不同的发展战略演进轨迹，把握多重机制相互作用下的动态过程是理解制度变迁的一个重要着眼点。虽然行业特色高校的发展过程整体上经历了相似的宏观政策和社会环境，但演进过程中的诸多制度要素反映了不同区域或行业的高校所表现出的不同战略演进轨迹。

二、行业特色高校发展战略演进的四重制度逻辑解释

根据多重制度逻辑理论，在行业特色高校发展战略的演进历程中，政府、市场、高校和社会作为核心利益相关者，其行为受制于各自所在领域的制度，形成了独特的逻辑主体，这种多重制度逻辑冲突交互影响着我国行业特色高校发展战略的制度化进程。

（一）政府逻辑

政府逻辑是政府在政策决策过程的稳定制度安排，其核心的利益倾向和行动逻辑是国家战略。行业特色高校直接服务于国家各行业领域，任何改革发展与战略制定都必须紧扣国家战略开展。纵观我国行业特色高校发展战略的演进历程不难发现，政府始终发挥着主导性作用，政策的作用方式、作用环境、作用路径以及作用效果都会对行业特色高校的发展战略产生导向性甚至决定性影响。

我国政府依照行政层级一般分为中央和地方两级。在计划经济体制下，中央政府对高等教育实施集权管理，统一调配教育资源，高校的办学自主权较小，政府逻辑占据绝对主导地位。行业特色高校根据国家优先发展重工业战略的需要执行中央政府的各项政策与指令，由此形成了对高校的职能定位、专业结构和内部管理等的全方位塑造甚至同构。“行业办学”导致这一时期制度逻辑的主要矛盾仅仅反映在政府逻辑内部，即不同政府部门间目标和利益的冲突，直接体现在行业特色高校的学科结构、专业调整及招生人数等方面。在这种单一行动主体的制度

逻辑下，行业特色高校形同政府垂直管理的附属机构，自身还未形成独立的行动主体，与其他逻辑主体并不存在直接利益上的矛盾。改革开放以后，“行业办学”弊端逐渐显现，政府参与行业特色高校发展战略的制度逻辑开始转变，从直接管控演变为通过制度措施逐渐有意识、阶段性地为行业特色高校的办学自主权“松绑”；1985 年的《中共中央关于教育体制改革的决定》重新规定了我国高等教育的中央、省（自治区、直辖市）、中心城市三级纵向办学体制；1993 年的《中国教育改革和发展纲要》使高校真正成为面向社会自主办学的法人实体，办学自主权进一步扩大，高校发展战略成为协调政府与大学关系的重要一环；2010 年的《国家中长期教育改革和发展规划纲要（2010—2020 年）》规定高校“自主制定学校规划并组织实施”，行业特色高校的发展战略开始转向基于个体利益的、有意识的选择。由此可见，政府参与行业特色高校发展战略的制度逻辑表现为高度集权体制下内生出的分权共治，政府管理重心的下移内生出了中央与地方教育行政部门之间相互制衡、相互博弈的关系。在多重制度逻辑的相互作用下，政府的行为作用在不断弱化，而市场、社会与高校等逻辑主体的作用逐渐增强。

（二）市场逻辑

市场逻辑被定义为维系市场经济的存在与发展而自发形成的制度安排和行动机制，它形塑了高等教育体系中组织与个人行为从理念、制度到模式的深刻变革。在行业特色高校发展战略的演进中，政府逻辑长期占据主导地位，致使高校的战略视野较为狭窄。高等教育管理体制改革从根本上改变了高校的隶属关系、服务面向等制度环境，经济社会的加速转型迫使行业特色高校逐渐打破“行业壁垒”，开始越发重视知识的交换价值，知识生产的市场化、功利化越加明显。在以竞争与效率为基础的市场行为作用下，平衡发展战略中政府主导定位与市场协调定位之间的关系成为行业特色高校所面临的最大挑战。为此，市场行为便成为协调二者关系的一种合理选择，同时也使行业特色高校的发展战略从单一的政府逻辑中剥离，逐渐形成多重制度逻辑结构。

诚然，市场对行业特色高校的发展而言是一把“双刃剑”。市场为高等教育管理体制改革带来了制度创新，为行业特色高校适应经济社会需求、充分发挥优势特色带来了新的机遇和活力，如办学自主权的扩大、办学经费来源渠道的拓展、产学研合作的深化、毕业生就业机会的扩充等。然而，由于“行业办学”的制度性依赖，置身于市场竞争性制度场域的行业特色高校需要比其他类型高校更长的时间去适应政策的变化，这致使大部分行业特色高校的战略目标在综合化与特色化、区域性与行业性之间举棋不定。为了获取更多的资源优势，与国家战略和政府逻辑相契合，行业特色高校需要对各种教育政策作出积极回应，集中精力去完成市场制定的各项指标，出现了盲目地开设毫无学科基础的热门专业的现象，引发了行业特色逐渐式微、同质化趋势明显等问题。此外，市场逻辑加剧了高校科研评价指标的市场化导向，一方面，科研转向经济效益高、实用性强、资助力度较大的应用研究，科研经费资助呈现以市场需求为导向的特征；另一方面，各种提升高校科研水平的激励政策相对弱化了高校人才培养的基本任务。

（三）高校逻辑

行业特色高校区别于其他类型高校的本质特征是行业性学科结构，这也是行业特色高校的基础运行单元，“办大学就是办学科”是行业特色高校发展的缩影。由此可见，行业特色高校的制度逻辑就是依据高等教育发展的普遍规律，在学科逻辑的基础上形成的制度建构和行为机制。在外部环境制度变迁及行业产业变革的不断冲击下，大部分行业特色高校先后经历了所谓的“去行业化”和“再行业化”的转型，呈现出“强特色”办学理念和“去特色”办学实践持续共存的制度逻辑演进形态。

在计划经济体制下，制度结构、经济水平和社会需求等多种因素决定了行业特色高校的政治性更加突出，政策来源、资源配置、学科专业及服务面向主要由行业部门进行统筹安排，人才培养普遍向工科倾斜，人文类学科受到不同程度的缩减。虽然这使得高校形成了特有的学科优势和办学特色，极大地推动了国家工业化进程，但片面强调学科的“应用逻辑”从物理环境上阻断了学科间的联系，忽视了学科发展的基本规律，造成了专业面过窄、专业名称混乱的现象。长期高度集中的计划经济体制抑制了行业特色高校发展的自主性，从而导致出现学科结构性失衡的发展态势。改革开放为我国行业特色高校的发展提供了诸多有利的制度环境，高等教育管理体制改革作为大规模制度场域变迁，在一定程度上重构了行业特色高校与多重制度逻辑主体的关系。在“两级管理、地方为主”的管理体制下，行业特色高校与原行业主管部门的供需链条逐渐被打破，行业计划性供给逐渐转为更大市场范围的竞争性供给。行业特色高校的发展战略由单一学科体系向多科化、综合化、地方化转变，呈现出向所属区域、制度场域、发展梯队沉积的趋势，表现出既要巩固与强化传统的优势特色学科，又要在此基础上有序拓展学科结构的行为逻辑。

（四）社会逻辑

社会逻辑是行业特色高校为服务国家战略需求及区域经济发展而不断提升知识成果应用价值，并为获取政府和社会资助与战略资源支持所作出的制度安排和行为机制。这种制度逻辑的产生源于布鲁贝克（Brubaker）所提出的“大学的政治论哲学”，强调高校的知识生产除了具有知识本身的价值以外，还是一种服务社会、服务国家的手段，高校应重视与政府、企业的合作，体现自身的社会责任。社会逻辑推动了高校从“象牙塔”转变为“社会轴心”的进程，在协调学术与社会关系的同时，构成了行业特色高校转型与发展的外在动力，正如迈克尔·吉本斯（Michael Gibbons）所说，“大学作出适应性变革的秘诀，就在于参与到大学以外的那个不断变化的商品和服务市场中去”。

社会作为制度逻辑主体，对行业特色高校发展战略行为的影响会受到不同制度场域的制约。在“行业办学”体制下，由于服务面向特定的行业部门，行业特色高校在人才培养、科学研究等方面均在特定的行业系统内循环，形成“学科—行业”型构的制度场域。行业部门作为场域的主导者，既是供给方也是需求方，行业应用属性使高校与社会之间的关系更多地呈现为行业之间服务与被服务的关系。但是，随着高校隶属关系的转变、资源分配方式的调整，行业特色高校的服务面向逐渐由行业向区域扩张，开始为区域经济与社会发展培养人才、服务区域产业布局与需求、带动区域文化传承与创新，成为衡量行业特色高校社会服务职能的重要维度。随着知识经济发展，区域经济发展方式逐渐向行业产业集群布局转变，应用语境下的学科边界更加模糊，高校的知识生产方式更加具有跨学科性质。行业特色高校的社会制度场域由基于行业内循环的“学科—行业”场域向基于区域社会需求导向的“跨学科—产业集群”型构的制度场域演进。因此，面对服务重心和服务方式的转变，行业特色高校在与社会互动过程中的制度逻辑行为趋势表现为实现行业与区域双重服务面向的兼容，提升行业特色高校的行业与区域双重竞争力。

本章通过构建基于“政府—市场—高校—社会”“四元关系”结构的多重制度逻辑分析框架，梳理了我国行业特色高校发展战略的演进历程，阐释了政府逻辑、市场逻辑、高校逻辑和社会逻辑的内涵及其对行业特色高校发展战略的影响。研究发现，我国行业特色高校的发展战略总体呈现出“依附型战略—扩张型战略—特色型战略”的渐进式演进形态，这是政府、市场、高校和社会的行为逻辑在制度环境的约束下共同引致的制度变迁结果，各行为逻辑间的相互作用可以解释战略形态的内生性过程。首先，在这一过程中，演进逻辑由政府逻辑主导逐渐演变为政府逻辑、市场逻辑、高校逻辑和社会逻辑并存的多维逻辑体系，由传统的一元制度逻辑转变为多重制度逻辑，其主体行为被各自所处领域的制度逻辑所影响或支配，多重制度逻辑的相互博弈是各行为主体制度逻辑的外化，最终目标是共同利益及发展战略最优化的实现。其次，从行业特色高校发展战略的演进历程看，各阶段发展战略的形成并非出于高校自身满足制度内生性的需要，而是外部力量的强行外置所致。政府逻辑是长期影响行业特色高校发展战略的主导力量，其控制作用要明显强于其他制度逻辑主体。在这种强制性制度变迁的主导下，行业特色高校成为一种“接受性”而非市场性的组织，被动地遵从了制度逻辑环境的强制性变迁，如“院系调整”、高校隶属关系的转变、资源分配方式的变化等。同样，市场逻辑对高校的不断渗透，社会逻辑引致的制度场域变迁，都迫使行业特色高校的发展处于服务面向的摇摆状态和同质化发展的困境。最后，行业特色高校发展战略的演进表现出明显的路径依赖特征。任何政策变迁都受制于三个基本因素：环境、行动者认知和制度，政策变迁实质上就是行动者在一定环境制约下改变旧制度、创造新制度的过程。依据多重制度逻辑理论，制度既是多元主体重复博弈的内生产物，也是各主体自身的行动选择，无法避免因行为主体自身的认知局限而陷入制度失调。对于行业特色高校而言，在国家不断深化改革的连环制度效应下，外部制度环境的不确定性造成大多数行业特色高校对政府、市场、社会及其他高校等博弈主体的认知信息不对称，从而造成行业特色高校在发展方式上的摇摆和迷茫，以致其只能依赖过去的行为规则进行战略决策。

综合以上结论，笔者认为，基于“四元关系”的多重制度逻辑分析框架为阐释行业特色高校的发展战略演进提供了很好的视角，为新时期我国行业特色高校的发展提供了新的思路与启示：一方面，行业特色高校要关注制度场域的变迁与多重制度逻辑冲突对发展战略产生的影响，发挥好高校逻辑自身的主导性作用。行业特色高校是以服务单一行业产业链而形成的学科特色，受制于“行业办学”惯性与行业发展周期，行业特色高校的“学科—行业”型构的制度场域比其他类型的高校更强。随着管理体制改革的不断深化，行业特色高校对行业的供给由计划转向市场，行业的壁垒作用逐渐消退，在人才供给、科技转化、社会服务等与市场交互作用的过程中形成了基于区域社会需求导向的“跨学科—产业集群”型构的制度场域，被置于更大范围的竞争性环境中，由此造成部分行业特色高校在办学压力下陷入竞争性模仿。行业特色高校要在新的制度场域和多重制度逻辑的冲突中实现特色发展，就必须保持自身的独立个性和发展延续性，遵循高等教育发展基本规律，充分发挥高校逻辑的主导性作用，不能因为制度逻辑冲突而权宜性地改变战略方向。另一方面，政府要建立分类评价体系，引导和推动行业特色高校高质量、特色化发展。多重制度逻辑的影响使行业特色高校在综合化和特色化、区域性与行业性等战略目标的选择上摇摆不定，为了获得制度环境的认同，行业特色高校只能依据现有制度评估标准进行改革，导致发展的同质化趋势明显，行业特色与优势逐渐淡化、稀释。因此，要打破单一的学术评价体系，构建适用于行业特色高校发展的分类评价机制，为行业特色高校更多地发挥传统和优势、体现学科特色创造良好的空间。

第十章

多元协同治理下行业特色高校战略管理的实施路径

大学要发展，要在竞争中立于不败之地，就要主动适应社会经济建设和科学文化建设发展的要求，在高等教育发展总目标的指导下，科学地制定自己的发展战略。进入新时代，行业特色高校必须把握良好发展机遇，审视发展中的各种影响因素，正视发展中存在的问题，坚持“以服务为宗旨，在贡献中求发展”，以提高办学质量和内涵发展为根本战略取向，瞄准建设高水平行业特色高校的战略目标，从提升学校自身发展实力、促进内外战略互动、营造学校发展的良好环境等若干方面构建学校的发展战略与措施，从而实现可持续发展。

第一节　科学确定行业特色高校的发展战略定位

高校战略定位是指高校根据自身条件、职能、国家和社会需要以及学生需求，按照扬长避短的原则，参照高等学校类型和层次的划分标准，经过纵横向比较和分析，在清醒认识自己的优势和不足的基础上，明确自身在整个高等教育系统及同行中的位置，准确把握自身角色，并确定服务面向、发展目标及任务而进行的一个系统的前瞻性战略思考和规划活动。高校定位主要由社会系统中的定位、高等教育学术系统中的定位和学校内部要素在发展中的定位三部分组成，具体包括办学层次与发展水平定位、办学类型定位、服务面向定位、人才培养定位以及学科布局定位等多个方面的内容。行业特色高校科学定位需要注意以下几点。第一，要密切联系当前的经济社会发展。认真分析在目前情况下一个国家、区域在该行业、领域的现实需求，行业、产业发展的人才需求方向，深入调查研究与国内外同类高校的现实差距和发展趋势。第二，要传承创新。确定“行业特色”的路径，必须处理好历史传承与发展创新两者之间的关系，只有不断统筹兼顾、不断发扬光大、不断融合创新，才能在历史的洗礼中实现与时俱进。第三，系统制定发展规划和目标。以“比较优势”和“突出重点”为规划原则，切实把握自身的历史传统、办学资源和特色优势环境，结合所涉及的行业领域、区域社会经济发展环境与需求，确定行业特色高校的建设战略目标和任务。第四，加快战略目标的执行和落实。明确了办学定位和发展目标，就要实施强有力的战略管理，制定清晰的落实措施，集中自身的优势资源，全面推进优势学科和特色专业的发展，发挥行业优势，办出学校特色。划转之后，行业门槛被打破，所有大学都可以服务某个行业，参与竞争，所以行业特色高校更应该“未雨绸缪”，积极思考和探索新的发展空间。由于科学研究和科技创新日新月异，发展迅猛，现在面向的行业并不能够保证以后不被淘汰，也许若干年之后，尤其是一些面向“夕阳产业”的行业院校会变换自身的行业面向。因此，行业特色高校的人才培养、学科建设、服务面向等，可以强调自身的行业背景和特色，但是不可“唯”行业背景和特色。行业特色高校作为一个行业性的学校群体，虽然每个特色高校的历史成因和行业背景不同，但是决定学校发展目标的影响因素，必然有着共同的价值取向。

一、高校定位原则

行业特色高校的定位不仅需要很强的使命感，还应当以现实为基础。一是要明确行业特色高校的责任和使命。行业特色高校是中国特色社会主义高等教育事业的重要组成部分，扎根中国大地办好行业特色高校最根本的是坚持党的领导，要始终围绕解决好“培养什么人、怎样培养人、为谁培养人”这一教育的根本问题，落实立德树人根本任务，办出中国特色、世界一流，探索中国特色、行业特点的一流大学建设之路，为国家经济社会高质量贡献力量。一个高校的发展必须与国家重大战略和需求同呼吸共命运，始终站在行业领域科技创新和人才培养的前沿，瞄准国家的战略需要，以促进经济社会的发展为己任，以持续创造高精尖创新成果和培养高素质创新人才为目标，为所属行业领域的发展奠定扎实的基础。二是以现实为基础。特色是在历史的传承和不断创新中逐步形成和发扬光大的，而现实才是对传统的延续、历史的传承和进步的起点。行业特色型高校转型发展是必然的，办学定位、服务面向等发生变化是绝对的，但是遵循高等教育规律是不能够变的，行业高校的“底色”是不可以变的，要防止在转型中走向另一面，即简单地甚至全盘地否定过去，轻视甚至放弃传统。行业特色高校的发展不仅应当源于历史，尊重传统，还应当以现实基础，善于创新，与时俱进，在持续发展中逐步形成自身特色的核心竞争力和优势。

二、人才培养定位

打造自身具有特色和竞争优势的人才培养品牌，是行业特色高校立足的根本。要通过协同创新平台建设，以科学研究和实践创新为主导，通过学科交叉与融合、产学研紧密合作等途径，推动人才培养机制改革，以高水平科学研究支撑高质量人才培养。从这个层面来说，行业特色高校人才培养要先确定培养的方向和目标。由于行业所具有的专业独特性，专业技术人才往往需要具有所属行业特色和优势的大学专门培养，这就要求行业特色高校立足优势学科专业为专门行业培养输送拔尖创新人才，同时，又要适应社会需要，注重人才培养的社会适应性。就目前来讲，行业领域所需的人才大致有三个类型：一是保证企业现代化、专门化生产的大量实践性、操作性人才，如工程师；二是引领行业创新、承担行业技术研发、项目改造任务的技术研究人才；三是既懂专业又懂管理的各级经营管理人才。基于上述人才的需求，高校拔尖创新教育必须重点关注两个方面：一方面，注重专业类型培养，重点培养输送行业所需的人才，通过培养高素质专门人才，特别是要依托优势学科专业培养不同类型的高精尖人才，来打造行业特色高校的人才培养品牌和核心竞争力。另一方面，注重素质培养。通过综合素质教育，高校拔尖创新人才具备较强的专业知识、综合素养和适应行业特殊要求的思想素质，具备较强的创新能力和工程实践能力。在学校与行业企业的深度合作中，要努力推进创新型人才科研实践与导师研究性教学相结合，在一些重大合作项目中明确其人才培养基地的职能，结合产业发展实际，把创新型人才的培养工作推向专业领域的前沿。要做好行业特色高校的人才培养定位，必须依据行业特色高校的现实环境，着眼于培养适应特定行业需求的应用型人才，重点把学生培养成具有坚实的理论基础知识，宽广的专业知识面，较强的科技运用、推广、转换能力的应用型创新人才。行业特色高校要正确处理拔尖创新教育和大众教育的关系，处理好通才和专才的关系，其人才培养目标定位于“培养具有强烈社会责任感和艰苦精神，基础扎实、实践能力和创新能力强的行业拔尖创新人才，努力培养行业技术领军人才或领导人才”，其人才培养层次定位于“突出本科教育，稳步发展研究生教育”。

三、学科专业定位

学科专业是高等学校在当代科学技术体系中发展所侧重选定的学科领域。行业特色高校的学科专业定位要始终坚持学科专业的行业特色，围绕其主干学科设置相关专业。在我国高校中，行业特色高校通常都有明确的产业服务对象，学科设置具有鲜明的特色。例如，农学院、医学院、化工大学、矿业大学等，有着明确的产业服务对象，定位就要以本学科为主干，其他学科协调发展。以煤炭行业高校为例，学科结构定位于“以矿业工程（采矿、地质、安全、矿业加工等）为重点，工科为主、矿业为特色，理、工、文、管、法、经、教育等多学科协调发展”。深入剖析当前一些具有重要影响的行业特色高校，发现其最基本的一个特征就是具有综合性大学不可替代的优势学科和特色专业。因此，大力发展优势学科和特色专业是行业特色高校建设的核心任务，要突破高校内外部固有的资源分配体制机制壁垒，促进创新组织从个体封闭方式向流动开放的方向转变，促进创新要素与资源从孤立分散的状态向汇集融合的方向转变，促进知识创新、技术创新分割状态向科技工作者上游、中游、下游联合贯通的方式转变，真正激励科技工作者发挥作用。行业特色高校不仅要有鲜明的学科特色，更要不遗余力地持续加强在这些传统特色学科上的优势，持续强化完善这些学科，形成自身在行业领域的独特优势，这样才能保持其在发展中的核心竞争力。这也是行业特色高校的立身之本和发展之基。

四、服务面向定位

服务面向定位，是高校根据自身的条件、能力和特色、社会需要对自己服务社会、创造价值范围的选择与确定。服务面向就是高校的社会服务范围，主要是高校在执行和落实人才培养、科研创新、社会经济服务职能时所包括的区域范围、行业领域，是高校生存与发展的空间和依托。行业特色高校的优势学科专业与行业核心业务紧密匹配，具有所属行业的成熟经验，在时代的发展中，逐步形成了与所属行业紧密衔接、有效对接的办学体系和教学流程，而所属行业也通过行业领域的不断发展进步，长期保持与行业特色高校优势学科的需求对接，因此说，行业特色高校最基本的服务面向就是以对应行业为主要服务对象，利用自身的科研优势，通过科研合作、技术转让与指导等多种形式为行业服务，按照所属行业对专业人才、生产理论与技术创新等方面的需求，做好行业专门人才培养和科研创新。从大学自身发展的要求来分析，行业院校服务面向不仅要突出行业，更要突出地方经济社会发展的服务面向，这是拓宽办学思路，直接参与经济社会建设的前提条件，只有将服务面向行业和地方经济二者紧密结合，才能充分体现行业院校的经济社会价值。因此，行业特色高校的服务面向应定位于行业的生产、建设、管理等提供直接或间接的服务，应植根区域、面向全国、紧贴行业、服务社会，坚持特色化与多科化的协调发展、“纵向顶天”与“横向立地”的办学定位。

第二节　促进与行业和区域经济的互动

高等教育管理体制改革改变了行业特色高校与行业的行政归属关系，但行业是客观存在的，行业产业和行业院校在人力资源、科技创新中的相互需求也是客观存在的。建设高水平行业特色高校离不开行业企业的支持，促进经济发展方式的升级、行业产业发展和建设创新型国家同样离不开行业特色高校的支撑，相互需求的存在推动行业和行业院校在发展过程中必须建立良好互动关系。行业特色高校要在与行业和区域经济互动中协同发展。

一、把握行业发展态势，发挥主导作用

首先，突出行业特色高校在行业发展中发挥不可替代的支撑和引领作用。在建设创新型国家和高等教育强国的新形势下，必须从过去的行业局限中解放出来，在服务面向和服务重点上，应在立足行业的同时兼顾国家的战略发展需求。行业特色高校要在充分发挥自身的特色与优势，在为行业服务中实现自身的价值，不能只满足于在行业当前的技术创新中发挥支撑作用，更要从行业长远和可持续发展着眼，为行业解决战略性、前瞻性的关键技术问题。只有积极参与当前行业的技术创新，才能了解并从中提炼出共性的关键问题。发挥行业特色高校在所属行业领域的支撑、引领作用，不仅要以前瞻性视野分析行业未来的发展趋势，研究相关行业学科的发展动态，加强技术和知识的超前储备，把学校的创新研究推进到行业技术发展的前沿领域，还要统筹兼顾学科建设中的现实项目与长远项目，用超前的眼光、国际的视野来研究行业，把握好行业发展的脉搏，使学校从支撑行业当前的技术创新逐步提升到引领行业的技术发展和进步。要找准行业和大学发展的结合点，努力把行业的发展需求，尤其是潜在的发展需求，转化为学校的发展定位、战略目标和实际竞争力。其次，把握好学校发展与相关行业景气度的关系。行业企业的发展作为经济社会发展的重要组成部分，必然会受到社会需求和国家政策导向的影响，难免会产生周期性波动。与行业产业紧密相关的行业特色高校，尤其是工科资源类行业院校会受到行业景气度的影响，其人才培养、科研创新和服务行业都会随着行业的景气周期而出现波动。因此，行业特色高校需要在人才培养和学科建设中把握好与行业景气度的关系，建立宽口径的人才培养和学科专业动态调整体制，以行业产业需求为基础，以“宽口径、厚基础、强能力、高素质”为原则，培养既具有突出应用能力又具有开拓性、创新性、通专结合的复合型人才，以克服行业周期对学校发展的影响。最后，形成与行业长期稳定的合作机制，促进学校与行业产业的互动。随着行政归属关系的转变和经济社会的快速发展，行业特色高校要主动加强与行业的联系，在更高层次上寻找新的合作模式和互动关系，在涉及行业核心技术、行业发展趋势等重大问题上加大研究力度，增强话语权；要创新合作模式，扩大与行业的合作规模，鼓

励行业企业参与和支持行业特色高校的改革、建设与发展。行业特色高校要实现可持续发展，就必须与行业企业在人才培养、师资队伍、科研创新、文化建设及特色优势中保持互动。当然，这种新的互动关系绝不是回到行业部门办学的老路上，而是要建立相互支持的关系。进一步加强行业特色高校与行业部门的联系与合作是提高学校自身科研水平和办学效益、直接服务于经济和社会发展的捷径。

二、把握区域经济形势，形成竞争优势

在体制划转之前，行业特色高校秉持“小而精”的原则，以面向行业办学为主。体制划转之后，许多高校采取多种措施推动“去行业化”，由原先的面向行业转变为面向地方经济发展，造成在为行业服务的意识上不同程度地出现了“弱化”现象，服务的主动性也有所降低。最近十余年来，行业特色高校的建设和发展，满足了国民经济若干主要行业的产业发展需要，对经济发展和社会进步有较高的影响力，在高层次人才培养和科技创新方面发挥了主导作用。反过来讲，高等教育的发展方向也必须适应社会经济的发展，服务于地方经济建设。当前，我国正处在工业化中后期阶段，随着经济社会的日益进步，高等教育在逐渐向全方位、多层次和多元化的方向迈进，适应社会经济发展对技能型人才具有强烈需求。行业特色高校必须在我国工业化发展需求人才、科学技术创新方面有所作为，培养大量高素质、综合性、创新型、应用型人才。行业特色高校以“科学定位、找准目标、发挥优势、办出特色”为发展思路，在为区域经济发展培养人才和提供科技成果方面具有很大的优势和潜力。行业特色高校的发展对促进区域经济的发展具有不可替代的作用，其是区域创新系统构建的重要支撑，也是传播科学精神和文化建设的主要阵地。许多行业特色高校通过与地方进行产学研合作、与地方共建、与地方经济社会和文化发展相结合等方式和渠道，在人才与科技创新中促进了区域经济发展和社会进步，已经逐步成为科技创新、技术转移和成果转化的重要载体。

要处理好行业特色高校与区域经济社会发展的关系，促进行业特色高校与行业产业及区域发展的互动。行业特色高校只有立足地方，主动融入区域经济建设，更好地为区域创新体系建设提供服务，才可能得到更多的支持。行业特色高校应主要从以下三方面促进与区域和行业的互动：一是转变观念，调整战略定位；二是建立符合地方经济发展需求的人才培养机制；三是搭建以区域为依托的产学研合作平台。体制划转以后，行业特色高校的发展定位应以行业特色为前提，以主要服务行业为切入点，扩大服务面向，在相关学科领域进一步延伸和拓展，构建多元化、多层次的社会服务体系。特别要将区域经济社会发展作为自身

服务面向的重心，在地方经济建设中发挥不可替代的主导作用，形成科学有效、协同发展的互动机制。同时，地方政府部门要根据地方经济和社会发展环境，构建有利于推进产学研结合的政策导向机制，对区域内的各行业产业与行业特色高校结成产学研合作或联盟进行鼓励和引导，带动更多的企业与高校参与，通过以产促研、以研助产、产研兴学，将高校创造的科技成果在最短时间内转化为产业优势，推动区域经济的增长。

行业特色高校要瞄准国家重大需求和区域经济社会发展需要，发挥行业优势，强化社会服务职能，注重科技成果转化，主动引领行业技术创新和服务区域经济社会发展，不断深化同相关行业企业和地方的科技交流与合作，引领行业技术创新，推进区域经济社会发展。

第三节　促进共建，形成稳定的共建机制

共建是指教育主管部门、行业部门和地方政府针对某一所大学进行共同出资、共同建设和管理、共享建设成果，以推进大学的发展，同时为地方经济建设作出贡献。共建适应了我国特定历史阶段合理配置高等教育资源的需要，改变了学校单一的隶属关系，在保持行业特色高校服务相应行业的同时，也增强了其服务地方经济和社会发展的能力。共建高等学校作为一种新的高校建设发展模式，有三个前提：一是高校现有的隶属关系不改变；二是共建各利益关联方共同出资、建设和管理；三是共建各方互利共赢。行业部门、教育主管单位、地方政府及高校多方之间围绕人才培养、科技创新、成果转化等达成一致目的，共同为促进行业或区域经济社会的发展提供人才培养、科研成果等资源。因此，共建是行业特色高校服务经济社会发展、融入地方与行业的重要途径，对于国家、地方、行业及行业特色高校自身都具有十分重要的意义。高等教育管理体制改革后，少数行业特色高校继续由原行业部门管理，其他大多数划转教育部或属地政府管理，在这个前提下，探索共建管理模式就显得非常必要。目前，行业特色高校主要有三种共建模式，而且这三种共建模式带来了不同的改革转型效果：一是教育部与行业部门共建，即“部部共建”，改革转型以后趋向于国家级科研基地和高精尖人才培养；二是中央与地方共建，即“部地共建”，包括地方政府与行业部门共建、教育部与地方政府共建，这种共建模式较为普遍，主要是面向行业、区域两个方向培养输送人才和科研成果的转化；三是教育部、行业部门与地方政府三方共建，这种共建模式能够获得三方的支持，将进一步拓展发展空间，自主性更强，是行业特色高校发展的理想选择。从发展的实践中可以发现，上述三种共建模式都有利于促进行业特色高校的发展，有利于创造良好的发展环境。因此，要

从共建途径和共建机制上加以完善，促进共建各方的共赢。

一、共建途径

从共建的途径来看，当前应积极推进以下几个方面的共建。

（1）加强学科共建，促进特色彰显。学科是行业特色高校发展的龙头，充分发挥特色学科的优势，促进学科与科学研究的互动，不断形成新的优势学科，是实现行业特色高校可持续发展的关键。行业特色高校要紧紧依托行业，主动融入和服务行业，在服务行业中保持学科特色和优势，着力培育国家重点学科，重点扶持、打造国际一流学科品牌，共同促进学科交叉融合发展。

（2）加强联合培养，促进人才培育。一是确定联合培养方向。行业特色高校应当在行业部门、教育主管部门和地方有关部门的指导配合下，开展行业人才需求预测调查，并定期调查、反馈毕业生使用情况，对人才培养的具体要求、方向进行审慎摸底，适时调整培养规模。二是共同提高人才培养质量。行业特色高校应当与行业部门、区域产业企业及时沟通，针对毕业生分配后在行业、区域经济社会发展中的实际质效进行统计，依据行业要求及时调整修改人才培养方案，审定各专业教学计划，打造精品课程和优质教材，确保优质人才的培养。三是优化人才培养的多元化结构。学校应建立与行业、企业、地方政府的多渠道沟通、对接机制，确立行业、企业真正需要的多层次、多规格的人才培养模式，满足多层次人才的需求。

（3）加强联合科研，促进科技创新。在共建过程中，行业特色高校应结合区域性经济社会发展的需要，联合一批发展前景好的优质企业，充分利用自身人才、学科和科研条件，以大力开展项目技术改造和产业转型升级为背景，确立一大批重点科研合作项目，与行业企业共同攻关重大项目，提升自身的科技创新能力，支撑和引领行业企业的技术创新。

（4）加强人才交流和平台共建，促进资源共享。共建的目的是整合有效利用资源，因此，促进各方平台建设、人才交流，以共享资源，是共建的重要途径。一方面行业特色高校要针对优质人才加强与行业企业的交流，如选派优秀教师到行业系统挂职锻炼，聘请行业专家作为学校的兼职教授、指导老师，经常让学生到行业企业观摩、实践；另一方面要加强共建双方的平台建设，如共建实验室、共享信息资料等。

二、完善共建机制的建议

共建高校的目的在于整合各共建方的资源，是互惠中央、地方和行业院校三方的战略选择，有利于提高行业特色高校为国家、行业和地方经济建设及社会发展服务的能力。但是，任何组织活动都需要完善的制度作保障，共建也不例外，也需要从各方面、多角度完善有效的共建机制，解决共建过程中存在的不利因素和问题。

（1）政府要加大与行业特色高校共建的力度。一是成立由教育部组织的行业特色高校共建协调组织机构，进一步沟通协调各有关行业部门与教育部门间的关系，通过联合发文、联席会议、联合办公等方式，达成共识，有效解决共建过程中遇到的问题、出现的矛盾。二是加快行业特色高校共建制度建设。通过建立强有力的保障落实制度和相应的共建监督机制，进一步明确共建各方的责、权、利，真正让各方参与到行业特色高校的共建当中。三是增强对行业特色高校的扶持力度，切实加大政府在共建项目中的政策支持和财政扶持，优化各类人、财、物等资源配置，对行业特色高校予以适当的倾斜。

（2）重建行业特色高校与行业部门的对接机制。具体来讲，就是要在行业部门与行业高校之间建立“一个共建模式”“一个合作平台”“一个绿色通道”。一是建立联合办学的“共建模式”，实行董事会、理事会模式，让行业部门参与学校的共同建设、改革和决策，通过共建“行业发展研究院”“行业转型研究中心”等，充分发挥行业特色高校在行业应用与技术研究方面的优势，在行业发展规划、企业发展模式转型、产业升级等方面开展合作研究，形成共建长效模式，持续发展。二是搭建科研创新的“合作平台”。行业部门应该把合作共建行业特色高校纳入行业发展的统一规划中，与行业的战略目标紧密结合，出台相关扶持政策，在行业企业的发展与所属高校的建设之间，搭建良性互动、互为促进、互为补充的合作平台，依托企业转型升级、技术改造和结构调整的任务，将高校科研项目融入其中。通过资助项目，实现项目共建；通过定向人才培养，实现人才共建；通过高校、企业、部委之间互派人员挂职，实现人际共建。三是建立专项基金的“绿色通道”。充分借鉴其他国家的先进经验，在财政政策允许范围内，设立共建专项基金，开辟行业管理部门向行业特色高校提供资金的“绿色通道”。

（3）加强地方政府对行业特色高校的政策支持。行业特色院校对于区域经济社会的发展起着不可替代的作用。因此，地方政府应当高度重视对辖内行业特色高校的政策扶持。一是要转换职能，充分运用必要的行政手段、制定相关政策，对于划转地方管理的行业特色高校，在批地、贷款以及基建等方面给予特殊支持，尤其对行业特色优势学科加大支持力度，为行业特色高校的发展营造良好的环境。二是要积极引导。制定相关法规与制度，建立经费、教育资源分配等方面的共建保障机制，鼓励行业特色高校结合当地的经济、人文、社会、地理环境，找准高校的定位，扬长避短，办出自己的特色，使这些高校真正能从地方政府获取教育资源。三是要多渠道沟通。地方政府要建立长期有效的信息沟通机制，针对共建行业特色高校所需要的政策倾斜、人才引进、学科建设等自身难以解决的问题，经常相互进行沟通交流，不断寻找双方合作的空间，共同促进行业特色高校的快速发展。

第四节　大力推进产学研合作与协同创新

建设创新型国家战略对技术和人才提出的创新要求、高等教育改革带来的日趋激烈的竞争压力以及新时期行业特色高校自身转型发展面临的挑战等多方面因素表明，大力推进产学研合作与协同创新是行业特色高校提升竞争力的必然选择。协同创新指各组织行为主体或资源主体基于共同目标，通过构建充分发挥各自优势、资源和能力的共享平台和分享机制，进行深层互动、互补、互助、互融，创造新生事物的过程和活动。协同创新有利于提升高等教育质量，有利于人才、学科、科研三位一体创新能力的提升，有利于推动创新型国家建设。高校以创新为目的，以协同为手段，通过高校与高校、科研院所、行业企业、地方政府以及国际社会之间的深度融合，通过产、学、研、用等环节的互动合作，全面促进人才培养、科研创新、社会服务和文化传承等各项职能的实现，形成行业、地方与学校三者之间发展互动的良性循环。作为行业人才培养和科技支撑的主要阵地，行业特色高校在新时代如何制定科学的发展战略，建立和完善产学研创新协同机制，是必须认真研究和解决的现实问题。

协同创新应当遵循四个原则：一是以社会需求为导向。以创新为目标，以协同为手段，围绕经济社会发展和科技进步的重大需求，重点研究和解决国家建设急需的战略性问题、涉及国计民生的重大公益性问题、科学技术尖端领域的前瞻性问题。二是以创新引领为目标。协同的目的是创新，行业特色高校通过协同促进创新能力的全面提升，加快高水平大学和世界一流大学建设步伐，推动自身的科学发展，促进社会科技进步、自主创新和文化繁荣。三是以深度融合为平台。在协同创新过程中，行业特色高校要利用现有的资源和条件，吸纳社会多方面的支持和投入，充分共享优质资源，促进创新要素的深度融合，推动经济、科技、文化与教育互动，提升科学研究能力和人才培养质量。四是以全面开放为形式。广泛吸纳科研院所、地方政府、行业企业以及国际创新力量等，面向各层次、各类型的高等学校开放，形成开放、动态、多元的组织运行模式，增强创新资源和成果的开放和共享，提高使用效益。

一、促进同类大学的融合

行业特色高校经过半个多世纪的发展，在特色优势学科上积累了丰富的研究经验、研究队伍和研究成果，但融合不够、合作不力，使得行业特色高校之间难以共享成果、经验，这成为创新突破的阻碍。行业特色高校之间应当形成交流协作机制，通过建立起正常的交流和合作机制，在人才培养、科研和社会服务之间加强相互沟通和交流。因此，协同创新就是要打破行业特色高校之间的界限，实现同类大学之间的融合，促进跨学科和科研相结合的创新能力的提升。一方面，注重协同创新中人员、信息资源的互动和共享，全方位实现行业特色高校协同创新。根据新兴产业发展需求，打破内部院系行政壁垒，组织精兵强将，整合各种资源，在学校层面建设跨学科科研平台、大型功能平台，实现科研平台共享，为推动学科集群与产业集群对接提供基础。另一方面，加快推进优势科研平台特别是国家级重点平台的信息、资源共享，构建多学科交叉研究平台，通过制度保证与案例示范吸引，“校校”之间实现在科研项目中可上可下、在人员队伍利用上可进可出，形成跨领域解决行业技术问题的平台创新优势，真正实现同类学科、同类高校之间的深度合作与融合，自觉地服务于区域经济发展和社会发展。

二、促进与科研院所的融合

在技术创新体系中，大学和科研院所都承担开发研究的任务，二者协同融合和有机结合将更有利于创新能力的提升。行业特色高校与科研究院所的协同融合应做到以下两点：一是坚持定位清晰，各产学研主体在明确责任的基础上，形成优势互补、分工明确、成果共享、风险共担的开放式的协作机制；二是坚持科技创新为首要任务，行业特色高校和科研院所要把促进科技创新作为经济建设和社会发展的最重要、最前沿的战略任务，加快技术创新和成果转化应用，促进产学研用的有效整合。

三、促进行业特色高校与行业、区域的融合

行业特色学科是行业部门高层次人才培养和科学研究的基地，高校应加强与行业部门、协会、学会和原行业科研院所在承担科研任务、培养研究生、资源共享等方面的合作，探索共建行业特色优势学科的新途径。行业、区域发展的驱动力在于加速科技创新成果与社会经济发展相结合。促进行业特色高校与行业、区域的融合需要做到以下几点：一是建立产学研用合作联盟，使行业特色高校带动行业与区域经济的结构调整和转型升级，形成大学与行业、区域的利益共享、优势互补、风险共担和共同发展的局面。二是进一步开放资源共享和优化配置。行业特色高校要把科研创新队伍引入产业第一线，把创新平台延伸到区域经济和行业产业中，使行业、区域经济实现内外部资源有机结合、产学研用互为链条，形

成现实的生产力和实践竞争力。三是构建经济社会发展急需的研发与应用平台。积极引导行业特色高校主动参与国家科技创新体系，构建多学科融合、多团队协同、多技术集成的重大研发与应用平台，形成产学研用融合发展的技术转移模式，为产业结构调整、行业技术进步提供持续的支撑和引领，成为国家技术创新的重要阵地。

四、实现国际科技合作的融合

高等教育国际化要求教育资源在国际进行配置，教育要素在国际加速流动，教育国际交流的形式是合作与竞争共存。当前，经济全球化、教育国际化使世界各国教育相互影响，教育资源的国际交流与合作日益频繁。行业特色高校应顺应趋势，坚持开放联合的办学战略，坚持走国际化道路。行业特色高校在提升内涵实力的同时，还应加强内外互动，促进必要的国际科技合作与交流，加强国际学术交流，采取“走出去、请进来”的方法，推动教师之间、学生之间的国际交流，大力引进国外留学生，积极发展国际合作办学，建立跨境院校在人才培养、重大科技创新的战略联盟，促进共同发展。当前，在高等教育管理体制改革的新形势下，行业特色高校必须抓住“高等学校创新能力提升计划”发展的机遇，坚持走特色化办学的道路，坚持协同创新，努力提高对行业产业和区域经济建设的贡献率，积极创建培育面向重大战略需求的协同创新中心，这也是行业特色高校实现可持续发展的重要战略选择。

第四篇

新时代行业特色高校与政府、市场和社会的关系

第十一章

新时代行业特色高校与政府的关系研究

教育部在“985 工程”二期增补部分农、林高校后，又在三期增补了部分地、矿、油高校。2007 年 8 月 6 日，教育部、国家发展和改革委员会、财政部、人事部、科学技术部和国务院国有资产监督管理委员会联合出台了《关于进一步加强国家重点领域紧缺人才培养工作的意见》(教高〔2007〕6 号)，提出要优先支持农业、林业、水利、气象、地质、矿业、石油天然气、核工业、软件、微电子、动漫、现代服务业等重点公益、基础研究和前沿技术领域以及新兴产业的紧缺人才培养，充分体现了国家对行业特色高校的高度重视。行业特色高校应抓住新的发展机遇，认真思考学校定位，制定发展战略，进一步提高创新与服务的能力，走出一条具有自身特色的发展新路，积极参与高教强国建设。[①]自高等教育管理体制改革以来，行业特色高校出于自身发展的考虑，努力适应国家和地方经济建设与科技进步发展的需求，积极拓展科学研究与科技创新的覆盖领域和服务方向，原有的学科布局发生了较大变化。但是，这些高校依旧保持着行业办学的鲜明特色，继续承担着行业技术创新和产业技术升级改造的主要任务，其科研课题、技术研发的重点依然主要围绕和服务于行业发展需要，在推动国民经济整体发展中作出了自己特殊的贡献。

第一节　政府职能对行业特色高校发展的促进机制

政府对行业应加大参与和支持力度，为行业高校建设发展营造良好的政策环境。在调研中 64.55%的受访者认为政府对高校政策扶持力度对行业特色高校内部治理的影响程度非常重要；66.36%的受访者认为政府对高校财政投入力度对行业特色高校内部治理的影响程度非常重要；有 55.45%的受访者认为主管部门和地方政府对高校的合作共建力度对行业特色高校内部治理的影响程度非常重要，如图 11-1 所示。超过一半的受访者认为政府部门通过适当的政策制定和合理的资源配置，可以引导各大主体协同创新，但不起主导作用。

---

① 张明旭. 高等教育强国战略下行业高校的特色发展之路[J]. 煤炭高等教育, 2010, 28(2): 42-44.

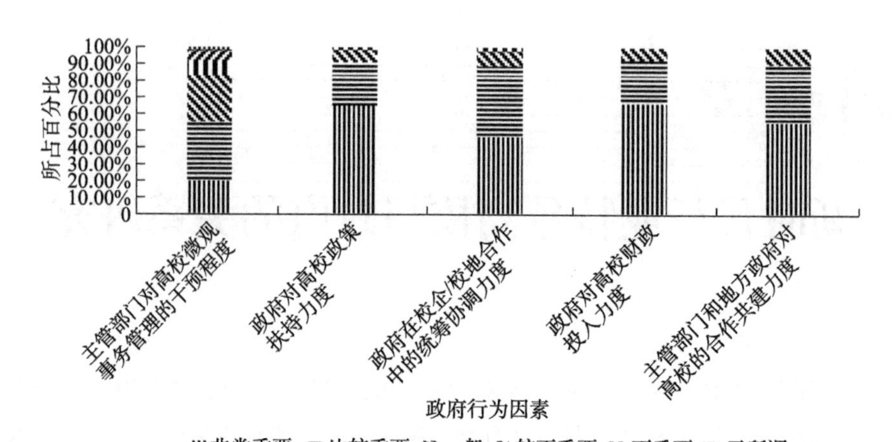

图 11-1 政府行为对行业特色高校内部治理的影响程度图

还有 46.36%的受访者认为政府在校企/校地合作中的统筹协调力度对行业特色高校内部治理的影响程度非常重要。对于校企合作，所有受访者所在学校都与相关企业开展了校企合作，有 99.09%的受访者所在学校通过开展合作研究的方式进行校企合作，50%以上的受访者认为高校自身影响力、高校内部动力、企业创新能力是影响所在学校开展校企合作的主要因素，有 58.18%的受访者认为校企双方的合作效果一般。有 62.73%的受访者表示所在学校与企业较早开展产教融合协同育人，已开展多方面合作，但有 72.73%的受访者认为校企合作保障机制不健全，责任、权利和义务界定不清等问题会制约或影响学校产教融合协同育人开展及效果。

政府是宏观治理主体，通过简政放权，赋予高校相应的权责，同时政府又是高校的管理者和监督者。政府对行业特色高校内部治理的影响程度总体而言是非常重要的，可通过政策扶持、财政投入、统筹校企合作、合作共建等多种方式或途径对行业特色高校内部治理产生影响。尽管所有受访者所在学校都开展了校企合作，但整体而言效果一般。

国家政治环境、科技因素、社会文化因素是学校在制定发展战略时主要考虑的三个因素，分别占到 93.64%、83.64%、83.64%，如图 11-2 所示。有 70%的受访者认为国家政治环境对自己所在学校制定发展战略的影响程度非常大，68.18%的受访者认为科技因素对自己所在学校制定发展战略的影响程度非常大。

衡量学校发展战略规划的实施效果，根据受访者所认为的重要程度进行排序，依次为：重大社会贡献、实现既定的建设目标、国内/国际影响力提升、师生的能力提高获得幸福感、学校加速发展、学校排名上升和人才培养成效。

由此可见，政治环境对行业特色高校的内部治理及发展战略有着十分重大的影响，对行业高校的高质量发展起到了关键作用，政府应积极发挥其职能，从以下四个方面构建促进行业特色高校发展的政治环境。

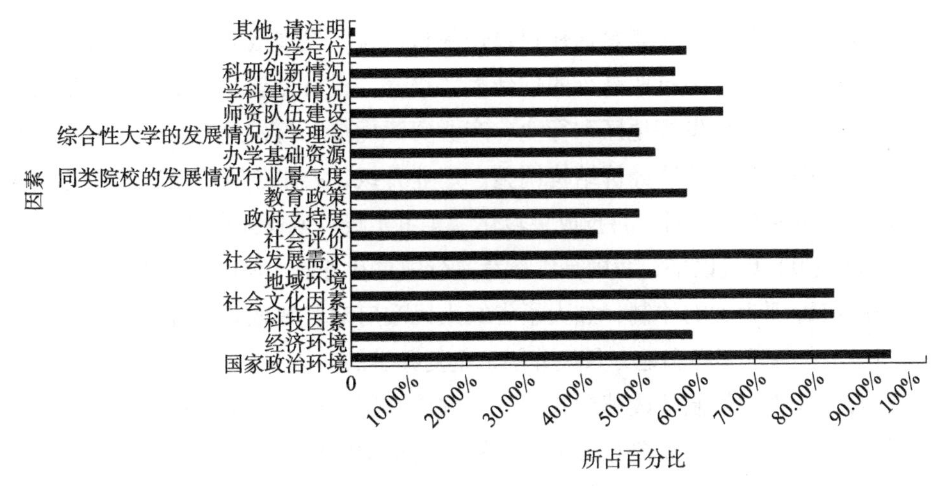

图 11-2　高校发展战略制度影响因素图

一、优化高等教育结构布局，引导行业高校科学合理定位、办出特色

高等教育层次和类型多样化是经济社会发展的需要，也是我国高等教育结构优化和总体水平提高的需要。经济社会多元化的发展，要求高校的发展模式必须是多样性的，要在全国范围内形成布局合理、各具特色和优势的重点学科体系，使高等教育更加满足国民经济和社会发展对人才培养和科学研究等各方面的需求，使高校在提升国家科技创新能力方面的引领作用和基础作用得到最大限度的发挥。

行业高校是我国高等教育体系的重要组成部分，行业和教育主管部门应当予以高度重视，进一步加强引导，加大政策支持力度，积极营造有利于行业高校发展的良好环境。建议教育主管部门积极探索分类管理体制，对行业高校采取有别于综合型大学的学科标准、评估体系和管理办法，加大优惠政策的倾斜；要在“优势学科创新平台建设”“高等教育质量工程”“研究生教育创新计划”等方面实施特殊政策投入专项经费支持。

二、实施知识创新、科技创新计划，帮助行业高校提升自主创新能力

要建设高等教育强国，政府必须支持高校加强知识创新和科技创新，提高自主创新能力。建议政府大力支持行业高校参与国家创新体系建设，在行业高校建设更多的国家实验室、国家重点实验室或国家工程中心和哲学社会科学等综合性、交叉性和集成性的创新平台，并给予持续稳定的经费支持；要以国家重大战略需求为牵引，鼓励并创造条件使行业高校参与国家重大工程项目，不断提高高校科技创新能力和服务国家的水平。

建议地方政府和行业紧紧抓住建设创新型国家的发展战略，提出经济体系自主创新目标、任务，为行业高校的创新人才培养、科研创新及成果转化提供政策支持和服务保障；要发挥地区和行业、产业资源优势，打破地方、行业壁垒，积极支持行业高校参与地区经济结构调整、产业升级、技术创新的研究和服务，为行业高校的师生教学科研、科技成果转化、实习实践、就业提供机会。[①]

20世纪90年代以来，我国高等教育实行中央和省级人民政府两级管理、以省级人民政府管理为主的体制，加大了省级人民政府对高等教育的统筹力度，改变了计划经济条件下部门和地方条块分割、重复办学的局面。

随着高教管理体制的改革和我国高等院校圈层结构的形成，以及政策趋向一流现象、评估排行中的简单相加理念、社会舆论中的综合性崇拜趋向等的出现，行业特色高校在新时期国家高等教育格局中所处的地位较过去发生了很大变化，位置排名有了明显下滑，导致这些高校社会影响力日益降低，优势色彩日渐消退。这对行业特色高校的自主定位和特色之路形成了一波又一波的实质性冲击，自主发展与政策环境制约的矛盾日益突出。

行业特色高校经历了依托行业办学、服务行业需求的发展道路，形成了自身的办学传统和特色。其中，最突出的就是直接面向行业培养大批的专门人才，提供急需的科技成果，解决重要的技术问题。这些高校都始终保持着行业学科的优势与特色，始终与行业坚守在一起，为解决我国的行业问题不遗余力地作出了自己的贡献。

考虑到行业特色高校的历史贡献、现实地位及发展困境，国家应将大力扶持行业特色高校的发展纳入高等教育发展的基本战略，出台特殊支持政策和设立专项建设资金；建立针对行业特色高校的科学的评价体系，营造适合行业特色高校发展的公平合理的竞争环境。

三、构建政府与行业主管部门支持行业特色高校建设的新模式

加强政府对行业特色高校发展的制度支撑。在市场经济条件下，制定制度、政策是政府宏观调控的有效手段。政府可以制定行业企业优惠政策，提升企业参与人才联合培养的积极性；将企业投入基地建设和人才培养的各类成本，按一定比例抵扣税收或以其他形式给予返还；参考法国及相关国家的做法，以立法的形式向企业征收教育税，增强企业对教育的支持。

行业主管部门以全新的角色参与行业特色高校共建。高校管理体制改革后，

---

① 刘国瑜. 关于行业特色高校建设与发展的战略思考[J]. 中国高教研究, 2008, (4): 22-24.

行业主管部门不再管理高校，但是很多行业主管部门仍以各种共建方式支持行业高等教育的发展。国外经验也表明，行业主管部门不直接管理行业特色高校，同样可以支持行业特色高校的发展，而且这种与行业主管部门共建的趋势已越来越明显。我国行业主管部门在完成从“直接管理”向“平台纽带”的职能转化后，再次向行业特色高校举起了欢迎牌。高校要紧抓时机，摆正位置，积极主动地争取行业主管部门的共建、支持。

第二节　高水平行业特色高校与政府博弈的行为特征

为方便分析问题，假设政府是公共利益与公共财政的所有者，是追求公共利益最大化与公共财政收益最大化的“经济人”，高水平行业特色高校是追求自身利益的“经济人”。高水平行业特色高校与政府间的博弈行为具有以下特征。

一、高水平行业特色高校与政府作为博弈主体只是有限理性

由于博弈双方在科研成果与科研评价活动中的感知和认识能力的有限性，博弈双方不能事无巨细地在契约中规定，所签契约（相应的制度、合同）总是不完全的，但又是不可缺少的。

二、道德风险的存在

由于博弈双方的有限理性、信息的不对称、契约的不完备性，可能存在道德风险。大学可能将科研经费挪作他用，而政府对大学经费使用情况的评价可能出现偏差，从而影响合作。

三、双方合作是基于价值的最大化

合作目标不只是交易成本最小，而是综合考虑成本和自身收益价值最大化。政府期望大学加强科技创新与人才培养质量提高，推动行业技术发展，带动整个社会经济发展，落实政府的政策要求；高水平行业特色高校期望实现科研投入与科研质量的良性互动，增强自身核心竞争力。①

① 党传升. 高水平行业特色型大学核心竞争力评价与培育研究[D]. 北京: 北京邮电大学, 2012.

第十二章

新时代行业特色高校与市场的关系研究

第一节　市场经济体制的变革历程

一、对社会主义市场经济体制的初步探索

中国特色社会主义制度建立以后实行什么样的经济体制是建设中国特色社会主义的重大问题，也是我们党执政以后面临的一个重大问题。当时我国的生产力水平低，只有建立高度集中的计划经济体制，才能有效地集中经济力量进行经济建设，再加上我们当时看到了苏联的计划经济体制取得了巨大成就，因此，在当时的背景下我们选择了计划经济体制。不可否认，计划经济体制在 20 世纪 50 年代确实对我国社会主义经济建设发挥了重要作用，并取得了显著的成就，但与此同时，也暴露了不少弊端。一方面在计划经济体制上大一统，限制了地方和企业的主动性，限制了企业的活力；另一方面职工吃企业的“大锅饭”，企业吃国家的“大锅饭”，管理者和生产者的积极性都不能很好发挥。这两方面都是对生产力的束缚。要摆脱束缚，必须通过改革，从根本上改变束缚生产力发展的经济体制，建立起充满生机和活力的经济体制来解放和发展生产力。

1981 年，党的十一届六中全会通过的《关于建国以来党的若干历史问题的决议》中，提出了“必须在公有制基础上实行计划经济，同时发挥市场调节的辅助作用”，这一提法得到了党的十二大的肯定，虽然这一提法依旧坚持了计划经济总体框架，但是允许了市场调节作用的存在，为形成社会主义市场经济理论开辟了道路。

二、确立社会主义市场经济体制

1992 年 10 月，党的十四大召开，明确提出了我国经济体制改革的目标是建立和完善社会主义市场经济体制[①]，这标志着全党在经济体制改革目标上已形成共识。

1993 年 11 月，党的十四届三中全会通过了《中共中央关于建立社会主义市场

---

① 江泽民. 江泽民在中国共产党第十四次全国代表大会上的报告[EB/OL]. [2022-10-25] https://fuwu.12371.cn/2012/09/26/ ARTI1348641194361954.shtml.

经济体制若干问题的决定》，进一步明确了建立社会主义市场经济体制的基本框架，其基本内容是：转换国有企业经营机制，建立现代企业制度；培育和发展市场体系；转变政府职能，建立健全宏观经济调控体系；建立合理的个人收入分配和社会保障制度。

1997 年 9 月，党的十五大报告提出："公有制为主体、多种所有制经济共同发展，是我国社会主义初级阶段的一项基本经济制度""非公有制经济是我国社会主义市场经济的重要组成部分"[①]。我国社会主义初级阶段基本经济制度确立。这不仅体现了党在所有制理论上的与时俱进，也标志着我们党对社会主义初级阶段基本经济制度的认识提升到了一个新的高度。

三、社会主义市场经济体制的发展与完善

社会主义初级阶段基本经济制度确立以后，随着实践的不断发展，到 2002 年，党的十六大根据解放和发展生产力的要求，进一步提出了坚持和完善基本经济制度的原则：做到两个"毫不动摇"和一个"统一"。两个"毫不动摇"和一个"统一"就是：必须毫不动摇地巩固和发展公有制经济；必须毫不动摇地鼓励、支持和引导非公有制经济发展；坚持公有制为主体，促进非公有制经济发展，统一于社会主义现代化建设的进程中，不能把这两者对立起来。

2003 年 10 月，为贯彻落实党的十六大提出的建成完善的社会主义市场经济体制和更具活力、更加开放的经济体系[②]的战略部署，深化经济体制改革，促进经济社会全面发展，党的十六届三中全会通过了《中共中央关于完善社会主义市场经济体制若干问题的决定》，提出了"我国经济体制改革面临的形势和任务""进一步巩固和发展公有制经济，鼓励、支持和引导非公有制经济发展""完善国有资产管理体制，深化国有企业改革""深化农村改革，完善农村经济体制""完善市场体系，规范市场秩序""加强和改善党的领导，为完善社会主义市场经济体制而奋斗"等方面的内容，标志着中国经济体制改革将进入一个新的阶段。

2013 年 11 月，在党的十八届三中全会上，以习近平同志为核心的党中央在总结和坚持以往成功经验的基础上，提出了在新的历史条件下坚持和完善基本经济制度的新思想和新部署，鲜明地表达了我们党坚持和完善我国基本经济制度的坚定意志，对中国特色社会主义的发展产生了深远的积极影响。

2017 年 10 月，党的十九大在北京召开。习近平在十九大报告《决胜全面建成

---

① 江泽民. 江泽民在中国共产党第十五次全国代表大会上的报告[EB/OL]. [2022-10-25] http://www.gov.cn/test/2008-07/11/content_1042080_3.htm.

② 江泽民. 江泽民同志在党的十六大上所作报告全文[EB/OL]. [2022-10-25] https://fuwu.12371.cn/2012/09/27/ARTI134 8734708607117.shtml.

小康社会 夺取新时代中国特色社会主义伟大胜利》中指出，要“贯彻新发展理念，建设现代化经济体系”，强调“坚持社会主义市场经济改革方向”“加快完善社会主义市场经济体制”，并指出“经济体制改革必须以完善产权制度和要素市场化配置为重点，实现产权有效激励、要素自由流动、价格反应灵活、竞争公平有序、企业优胜劣汰”。这些重要论述，在党的十八届三中全会提出“使市场在资源配置中起决定性作用和更好发挥政府作用”[①]的基础上，进一步深化了对社会主义市场经济规律的认识，进一步坚定了社会主义市场经济改革方向，明确了加快完善社会主义市场经济体制的重点任务，是习近平新时代中国特色社会主义思想在经济体制改革领域的具体体现。

四、构建高水平社会主义市场经济体制

2020 年 10 月，党的十九届五中全会在北京召开，全会审议通过了《中共中央关于制定国民经济和社会发展第十四个五年规划和二〇三五年远景目标的建议》，明确提出要“全面深化改革，构建高水平社会主义市场经济体制”。这是以习近平同志为核心的党中央立足我国新发展阶段和国际形势复杂深刻变化作出的重大抉择，标志着社会主义市场经济体制建设进入新的历史阶段。这也是我们党对科学把握市场与政府的关系进行的深刻总结，明确了当前和今后一个时期深化社会主义市场经济体制改革的方向。将社会主义与市场经济的优势有机结合，是我国独特的制度优势，也是中国经济之所以取得增长奇迹的重要原因。全面深化改革，构建高水平社会主义市场经济体制，将会使 14 亿中国人民的活力充分激发，创造更多社会财富、追求更加美好生活、逐步迈向共同富裕。

“十四五”时期是我国全面建成小康社会、实现第一个百年奋斗目标之后，乘势而上开启全面建设社会主义现代化国家新征程、向第二个百年奋斗目标进军的第一个五年，对构建高水平社会主义市场经济体制提出了迫切要求。构建高水平社会主义市场经济体制是推动经济高质量发展的需要，是加快构建新发展格局的需要，也是顺利开启全面建设社会主义现代化国家新征程的需要。

总的来看，《中共中央关于制定国民经济和社会发展第十四个五年规划和二〇三五年远景目标的建议》坚持目标导向、问题导向，对“十四五”时期构建高水平社会主义市场经济体制提出了明确要求。一是激发各类市场主体活力；二是完善宏观经济治理；三是建立现代财税金融体制；四是建设高标准市场体系；五是加快转变政府职能。

---

① 新华社. 中共中央关于全面深化改革若干重大问题的决定[EB/OL]. [2022-09-19] http://www.gov.cn/jrzg/2013-11/15/ content_2528179.htm.

第二节　行业特色高校与市场关系的调研分析

本书涉及的行业特色高校与市场的关系研究，“市场”主要界定为用人单位，即高校毕业生就业的单位与机构。

本次共发放 120 份调查问卷，共计回收 96 份问卷，其中 84 份为有效问卷。所有受访者均为本科及以上学历，超过 65%的受访者是硕士及以上学历；59.52%的受访者年龄在 26~35 岁，19.05%的比例为女性受访者，80.95%的比例为男性受访者。

本次问卷受访者所在单位性质以科研单位和国有企业为主，超过 54%的受访者所在单位为世界 500 强企业，有 67.86%的受访者单位属于科研和技术服务行业，有 25%的受访者单位属于制造业。有 55.95%的受访者单位位于中西部地区。校园招聘是受访者单位招聘国防军工行业特色高校毕业生的最主要渠道之一。

超过 97%的受访者的单位属于国防科技企业，其中 86.9%的受访者所在部门是人力资源部。受访员工主要是普通基层员工、基层管理者和中层管理者，其工龄集中分布在 5~15 年，超过 70%的受访者的年收入在 15~35 万元。

一、人才评价

本次问卷对受访者单位的 2016~2021 年毕业生和新员工的相关特质进行测量，其中毕业生和新员工均毕业于国防军工行业特色高校。

（一）2016~2021 年毕业生

目前，在受访者单位所招国防军工行业特色高校毕业生的人才现状方面，所有毕业生的学历均在本科及以上，其学历层次为“橄榄型”结构，即 84.52%的硕士研究生是庞大的中间层，本科生和博士研究生则分布在很小的两端，如图 12-1 所示。

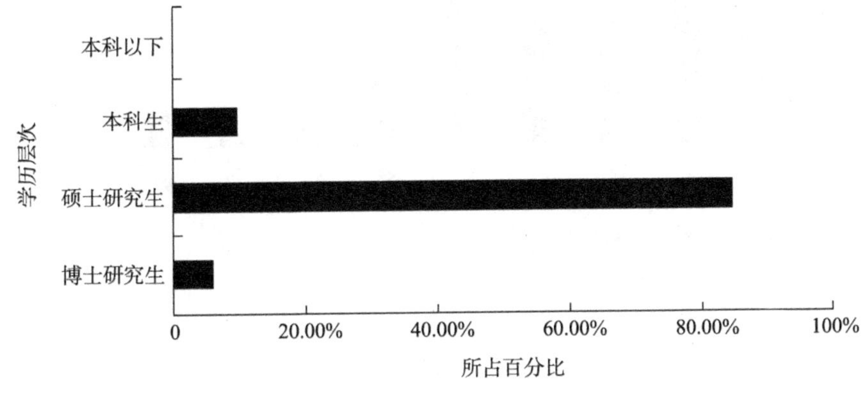

图 12-1　2016~2021 年毕业生学历层次

受访者单位 2016~2021 年招收行业特色高校毕业生专业集中分布在机械类、计算机科学与技术类、电子科学与技术类、信息与通信工程类、控制类与电气工程类（图 12-2）；受访者单位在招聘国防军工行业特色高校毕业生优先考虑的因素主要有专业对口程度、毕业院校名气和综合排名、学历、项目经历、学习成绩。

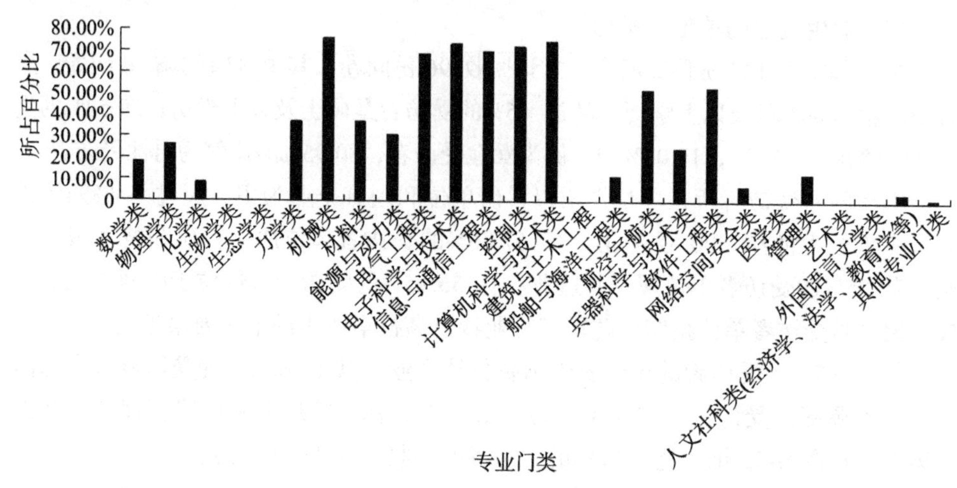

图 12-2　受访者单位 2016~2021 年招收行业特色高校毕业生专业分布

在受访者单位对国防军工行业特色高校毕业生的评价特点方面，专业基础知识、专业前沿知识、研究方法论知识、实务操作知识以及外语、计算机等工具类知识被认为是国防军工行业特色高校毕业生所掌握的重要知识（图 12-3）；自主学习能力、团队协作能力、沟通协调能力、自我管理能力、解决问题能力和创新创造等能力对国防军工行业特色高校毕业生个人发展最为重要；专业特长、事业平台、学习能力、适应能力和职业规划被认为是影响国防军工行业特色高校毕业生成才速度的主要因素。

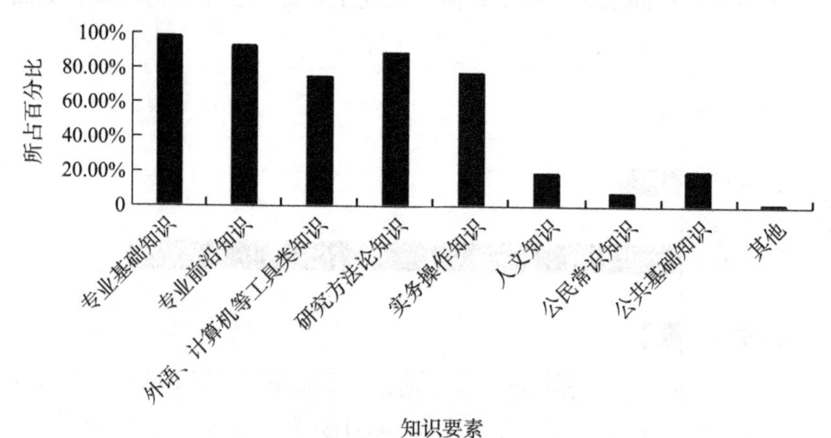

图 12-3　国防军工行业特色高校毕业生所需掌握的重要知识

总体而言，受访者单位对国防军工行业特色高校毕业生及人才培养的质量非常满意。在专业知识与技能、工作实践中知识更新及创新能力、团队意识与合作精神和人才培养整体水平这几个方面，超过 80%的受访者表示满意（图 12-4）。

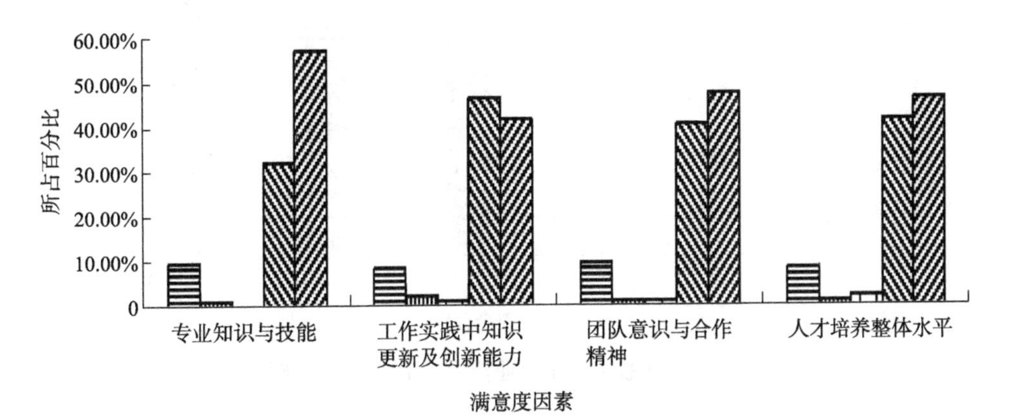

图 12-4　受访者单位对国防军工行业特色高校毕业生及人才培养的质量满意度

（二）新入职员工

新入职员工主要指入职一年以下，受访者单位对新员工的评价主要有价值塑造、知识传授和能力培养三个部分。

价值塑造方面，绝大部分受访者认为，国防军工行业特色高校在人才培养过程中十分注重有关国防领域的价值塑造，并取得了显著成果。具体表现为受访者单位的新入职员工十分热爱国防事业，他们了解我国国防科技发展的现状，并对国家的发展感到自豪，有着非常浓厚的家国情怀和国防精神；他们大多发自内心地坚信“国防连着你我他”，从内心认同“没有国防，国家就永无宁日”。其中，大于 71%的受访者认为，该单位新入职员工十分了解国防科技工业发展现状；有 70%的受访者十分认同其单位的新员工了解国家国防安全政策或法规的这一现状；超过 81%的受访者认为，新员工有着与“爱国奉献”这一军工价值观相一致的个人价值观，受访单位的绝大部分新员工将工作视为一项事业，而不仅仅是赚钱的工具。超过 70%的受访者认为，新入职员工把个人目标和国富民强目标紧密地联系在一起；超过 90%的受访者评价，其单位新入职员工对国家强盛、军工发展而感到自豪；有 84%的受访者认同，新入职员工十分热爱国防科技事业。甚至有超过 68%的受访者认为，单位新入职员工把投身军工事业作为毕生职业理想。把投身军工事业作为毕生职业理想感受，如图 12-5 所示。

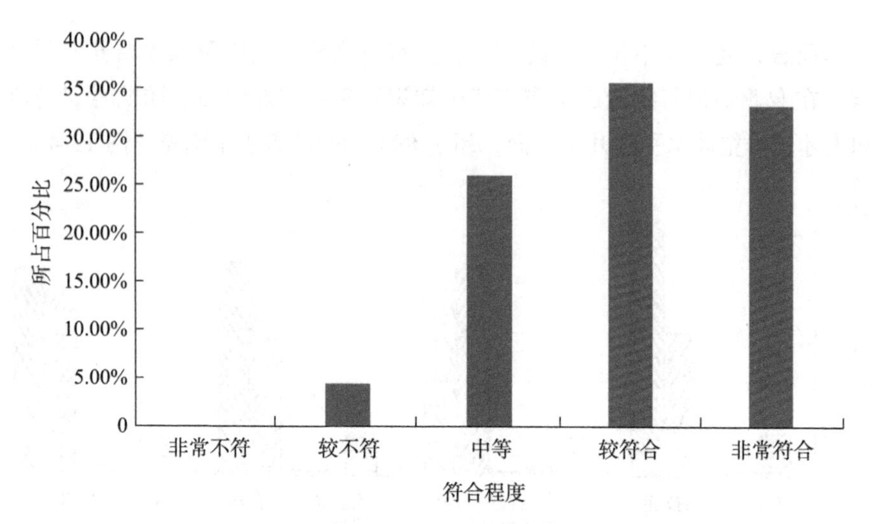

图 12-5　把投身军工事业作为毕生职业理想感受

知识传授方面，大部分受访单位对毕业于国防军工行业特色高校的新员工的知识水平非常满意。超过 79%的受访者认为，新入职员工拥有扎实的专业基础知识、熟练掌握操作工具软件的知识与技能、了解所在学科的前沿知识和广泛涉猎多学科知识。此外，新入职员工还善于通过新工具、新渠道去学习专业知识，他们经常主动探索学习新的知识和理论、主动总结实践经验、能够熟练运用专业工具解决学习问题。

能力培养方面，大部分受访者认为，新员工不仅有着扎实的基础知识，他们还能运用所学知识甚至运用多学科知识去解决实际问题；能从多种渠道获取所需信息；能从复杂信息中提炼出所需内容；善于分析问题并提出解决方案。超过 83%的受访者认为，新员工在工作中能够认真对待每一个细节，善于提出新颖独特的观点、新想法和新思路。他们拥有辩证思维，能注重反思自己在实践中的对错得失、善于从事情的阴面中发现阳面、遇到问题会持续钻研，直到将其解决。

此外，受访单位对新员工的团队协作能力十分满意，大部分受访者认为，新员工能够在肯定自身优点和长处的基础之上，去学习同事身上的优点和听取别人的建议。在团队合作中，新员工善于协调各方矛盾、能够协调冲突双方有效沟通以达成共识、把高质量完成任务看作自己的本分并且愿意为自己所完成的工作承担责任，乐意主动与别人交流并解决分歧。在工作中，他们善于激发别人士气以达成任务目标；善于通过制订详细计划推进团队任务；擅长与合作伙伴沟通，从而提高工作效率。有超过 89%的受访者评价新员工富有团结协作精神（图 12-6）；有超过 90%的受访者认为，新员工善于与团队成员合作完成任务（图 12-7）。

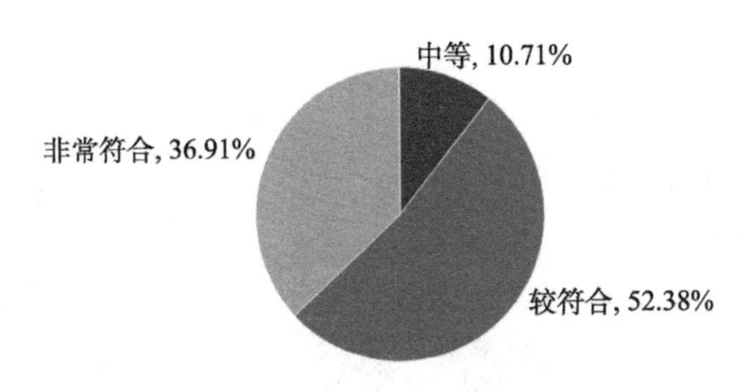

图 12-6 新员工富有团结协作精神符合程度

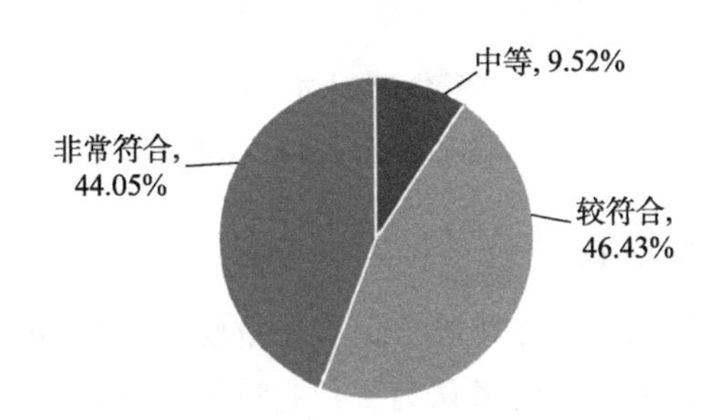

图 12-7 新员工善于与团队成员合作完成任务符合程度

二、人才需求

在受访者单位 2021~2023 年对工业和信息化部七所学校应届毕业生的需求方面，有 39.29%的单位需求明显增加，28.57%的单位需求略有增加，25%的单位需求量持平。受访单位对国防军工行业特色高校毕业生学历的需求仍然主要是硕士研究生和博士研究生。受访单位预计需求的国防军工行业特色高校专业门类主要有控制类、电子科学与技术类、机械类、电气工程类和软件工程类。

三、人才培养建议

（一）对行业特色高校的看法

受访者单位对行业特色高校在人才培养中的作用持肯定态度，有 60.71%的受访者非常同意行业特色高校是行业技术创新、知识创新和人才培养的主力军；有 64.29%的受访者非常同意行业特色高校担负了许多行业、企业应用基础研究和技术研发的重任；有 51.19%的受访者非常同意行业特色高校在行业共性技术创新中有无可替代的作用；有 70.24%的受访者非常同意行业特色高校的学生为行业发展作出了很大贡献；有 66.67%的受访者非常认同行业特色高校的学生成为公司发展的中坚力量（图 12-8）。

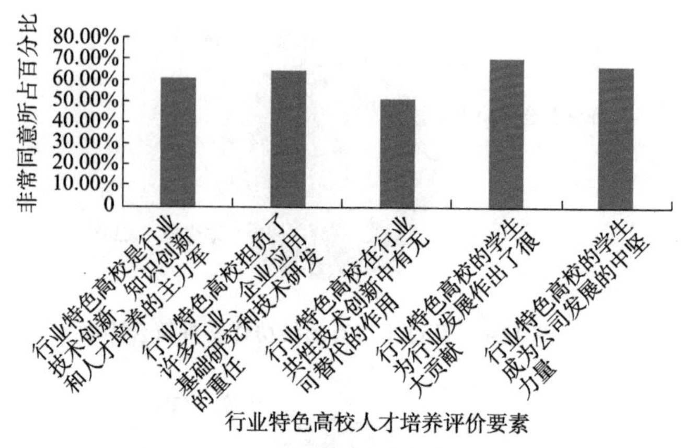

图 12-8　行业特色高校人才培养评价

（二）人才培养的建议

在肯定行业特色高校在人才培养方面有着重要地位的同时，受访者单位也提出了许多建议。超过六成的受访者认为，行业特色高校应该围绕行业发展需求来培养高水平创新型学术人才和应用型复合型技能型人才。他们提出，行业特色高校应该密切跟踪行业发展新态势，形成新的人才特色和优势；应摒弃拼规模比数量的观念，强化人才培养质量导向；应适应社会需要，动态调整人才培养目标和规格。

在人才培养的具体建议措施方面，受访者单位认为，国防军工行业特色高校应通过基于项目的学习、社会实践、企业见习实习、创新创业活动和科技竞赛等途径来完善国防军工行业特色高校学生的知识结构（图 12-9）；通过参与校内实习或实验室教学、参加学生科研或作品大赛、课堂讲授和讨论、参与教师科研项目和参与创新创业活动等途径强化国防军工行业特色高校学生的能力培养。

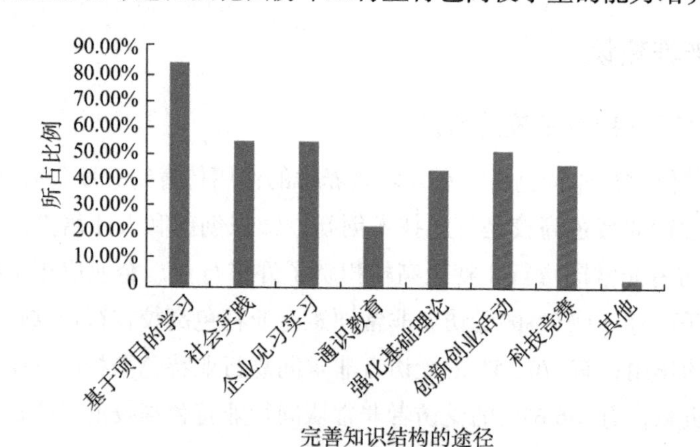

图 12-9　完善国防军工行业特色高校学生的知识结构途径

在具体教学措施方面，受访者建议，通过推动教学内容更新、教学方法和培养模式创新、强化实践教学环节、增加实践教学比重等措施着力提高学生的创新能力、沟通能力与人文素养。

在学科建设方面，受访者认为，行业特色高校应该优化学科结构，进一步拓展学科专业覆盖面；应围绕主干优势学科实现多学科协调发展；应持续加强优势学科（群）建设；应加强基础学科对其他学科的支撑作用。此外，行业特色高校还应该积极推进交叉学科培育，拓展新学科；应该适应行业发展趋势形成新的学科特色优势；应该处理好做强特色优势学科与发展新兴学科的关系；应该跟踪行业发展形成特色优势学科动态调整机制。

在高校与区域社会经济方面，他们认为行业特色高校应该妥善利用所处区位资源、地理、人口、文化等优势，更需要克服所处区位资源、地理、人口、文化的劣势。他们非常同意行业特色高校发展与区域经济社会发展是协同和相互依存的；有 66.67%的受访者非常同意行业特色高校应着力解决行业区域共性与关键技术问题（图 12-10）；73.81%的受访者非常同意行业特色高校应该要大力推进高校产学研合作与协同创新；71.43%的受访者认为，行业特色高校应该要与行业、区域协同建立重大研发与应用平台，应该注重成果转化，增强服务行业产业和社会的能力。

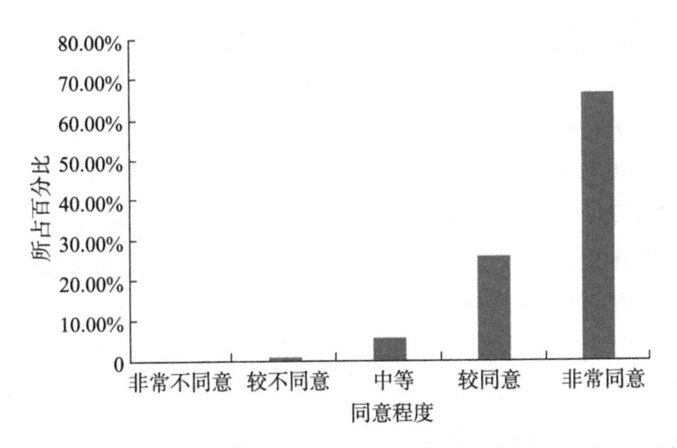

图 12-10　行业特色高校应着力解决行业区域共性与关键技术问题同意程度

在校企合作方面，受访者对校企合作对人才培养的作用有着积极的看法，71.43%的受访者非常同意校企合作能够搭建科技竞赛、社会实践等高质量实践平台，提高学生综合竞争力及提高学生培养与岗位需求的匹配度。他们认为，校企双方应该深化合作程度、扩大合作规模和开发合作的多种形式。有 66.67%的受访者非常同意企业主要负责人应该主动参与校企合作；69.05%的受访者非常同意高校主要领导人应该主动参与校企合作（图 12-11）；超过 59%的受访者非常同意企业应该为高校人才培养提供技术、平台支持，高校则应该面向企业定向培养专业人才；此外，有 57.14%的受访者认为应该设立奖惩机制，从而提高校企合作参与者的积极性。

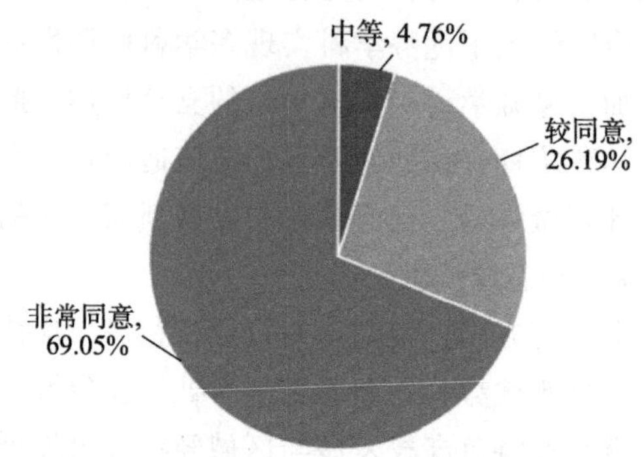

图 12-11　高校主要领导人应该主动参与校企合作同意程度

此外，63.1%的受访者十分支持行业特色高校去适应行业产业需求，从而建立人才培养质量标准体系；有 53.57%的受访者提出，行业特色高校应非常积极开展与国际标准实质等效的工程教育认证。

第三节　市场对行业特色高校治理模式变革的推动作用

在当前我国进行创新型国家建设的形势下，“以企业为主体，市场为导向、产学研结合”是高校参与创新型社会建设的重要途径，更是行业特色高校参与行业科技创新体系建设的“必由之路”。行业特色高校具有深厚的行业背景，与行业、产业之间有着与生俱来的联系，具有与行业开展产学研结合的基础和优势；通过产学研，既可以发挥行业服务优势，同时也可以为地方产业作出贡献。[①]

突出产学研结合优势，提高创新水平，引领行业科技进步。行业高校必须认真研究行业发展规划，找准与国家战略、行业发展需求相对接的切入点和突破口，充分利用并发挥特色学科优势，面向国民经济发展和行业重大需求开展前瞻性、战略性研究，积极寻求在行业共性技术和关键技术上取得突破，在基础和应用研究、高科技研发、工程开发等方面取得成果，不断强化学校科研特色，全面提升自主创新能力。行业高校应充分利用与行业开展产学研结合的基础和优势，加强科技创新平台建设，进一步拓宽产学研结合模式和渠道，深度融入行业及其相关企业的科技创新体系和人才队伍建设规划，建立与相关企业的产学研战略联

① 张明旭. 高等教育强国战略下行业高校的特色发展之路[J]. 煤炭高等教育, 2010, 28(2): 42-44.

盟。特别要立足于优势学科专业与行业及企业，实现产学研全面对接，在为企业创新提供有力的学科专业支撑、理论和技术支持的同时，从企业需求和科技发展中吸收灵感及动力，促进优势学科创新，推动学校科技工作的持续健康发展。①

市场对行业特色高校治理模式变革的推动作用：行业特色高校是与市场、产业、行业和岗位群密切联系的大学，依据普通院校本科办学的基本规律，围绕学科建设，针对行业、岗位与技能需要设置专业，以培养专业型高级人才。

第四节　市场对行业特色高校定位的促进机制

我国“双一流”建设高校入选标准之一是“具有重大的行业或区域影响”，行业特色高校建设是一流大学建设的重要组成部分，行业特色高校提供了大量的社会所需人才。

社会的发展，需要各行各业都得到充分发展，社会需求多元，行行出状元。行业所需要的人才，大多来自行业特色高校。现代大学从社会边缘走向社会中心，与社会方方面面发生着千丝万缕的联系，工作繁杂。应用型大学强调大学的社会服务职能，以服务经济社会发展需要为导向，注重学术专业知识、专业技能的培养和训练，以培养应用型人才为目标。随着现代科学技术的发展，发现、发明和制造融为一体，更加需要产学研相结合，行业特色高校的教学、科研与行业紧密结合。针对行业的重大需求开展研究，可以产生重大的科研成果。因此，行业特色高校要针对行业需要开展科学研究。

行业特色高校的贡献不在于理论创新，而在于技术创新。要立足本行业，对先进的技术成果进行深度开发和工程化研究，以技术集成的形式使其在行业内转移和推广。通过技术创新，服务生产实践，提高行业的生产和服务水平。针对行业的重大应用需求开展科学研究，产出有重大影响的科研成果；在为行业服务、为行业奉献中求得支持，推进发展。大学要研究行业，关注行业需求的变化，根据行业的特点推进学校的发展；要探索学校与行业的不同之处，推进学校健康发展。

① 周南平, 蔡媛梦. “双一流”建设中地方行业特色型高校的发展思考[J]. 江苏高教, 2020, (2): 49-54.

第十三章

新时代行业特色高校与社会的关系研究

第一节　社会对行业特色高校的需求

高等教育社会化功能的加强，使得高等教育不再是一种独立的事业，而是一项面向社会、融入社会的公益性事业。高等教育受到的社会期待在增强、社会责任在加大，这些在客观上要求高校关注区域社会发展，做好服务工作。

进入 21 世纪后，中国的社会经济文化迎来了前所未有的机遇和挑战。随着市场经济的快速发展和知识经济的兴起，高校作为培养人才和直接产出科学技术的基地，掌握着社会经济发展的核心资源。在经济的快速发展中，高等教育发挥着重要的作用。第一，高等教育为经济的发展培养了大批的人才，这些人才成为经济可持续发展的动力。第二，高等教育所产生的大批科技成果都转化成了实际的生产力，有力地推动了其所服务对象的发展。第三，高等教育承接了大批的经济、企业发展研究课题，有效地解决了一大批社会发展的难题。伴随着经济的快速发展，发挥核心作用的高等院校自身也取得了长期的进步，“985 工程”“211 工程”的实施极大地提升了一大批高等院校的综合实力。

长期以来，行业特色高校都以与相关行业结合作为自身发展的主要方向，在知识经济时代，区域经济的发展在很大程度上取决于人力资源素质、科技创新能力和科技成果转化。而行业特色高校在这些领域具有巨大的优势，其是实现区域经济快速发展的动力之一。首先，行业特色高校为区域经济发展提供人才支持。行业特色高校能够为区域经济发展培养大批带有行业属性的专业人才，提高劳动力的专业综合素质，促进区域经济的集约式增长。其次，行业特色高校所具有的科技优势能够带动其所在区域的产业结构发生变化。行业特色高校不断孕育出新的高新技术企业以及新的产业，为区域产业升级提供动力，有利于新技术的发展，推动产业的更新。最后，行业特色高校通过其自身的科技创新成果，可以直接融入区域经济的发展，通过创建校办企业、研究中心、咨询公司、科技园以及参与重大项目建设等方式，孵化和应用科研成果，把科研成果直接转化为生产力，促进科技与区域经济结合，为推动区域经济较快发展作出重要贡献。

第二节　行业特色高校服务社会的方式

第一，行业特色高校的人才培养。人才培养是高等院校的首要职能。行业特色高校的人才培养特色在于，以培养满足行业需求、适应行业发展的专业化人才为己任。首先，行业特色高校的专业分布主要集中在支撑行业发展的专业和学科上，特色专业招生计划占学校总体招生计划的大部分。其次，行业特色高校优势专业依托行业特色。最后，行业特色高校的毕业生主要面向服务行业就业，遍及行业内各个企事业单位，领导岗位不乏他们的身影。

第二，行业特色高校的科学研究。在国家科技创新体系中，高等教育是系统的核心，而行业特色高校则是该核心的重要组成部分，承担着专属领域内基础科学的研究职能。行业特色高校经过几十年的发展和积淀，形成了具有鲜明特色和优势的学科与专业。在一批批科研人员和教师、学生的不断探索及研究过程中，行业特色高校产出了相当可观的科学研究成果。每年，行业特色高校都会有相当数量的论文、发明专利以及各种级别的科技成果奖问世，对区域经济的发展作出了重要贡献。衡量行业特色高校科学研究的指标主要有论文、发明专利以及科研成果。论文是衡量研究活动的重要产出指标。高校教师、科研人员以及学生发表论文的数量和质量可以从一个侧面反映学校的办学水平、办学实力与科学研究的成果和效率。目前，世界许多国家都用文献计量学的原理和方法来评价一所大学、一个科研机构甚至一个国家和地区的科研产出。来源于行业特色高校的论文为区域中的行业经济提供了有力的理论和技术支撑。

专利是衡量科技创新能力的重要指标。相对于社会其他研究机构和生产企业而言，大学申请专利具有申请量大、授权率高、发明专利比例大、增长迅速的特点。行业特色高校的专利有相当一部分是面向行业需求的，并在行业内得以实施。

国家和地方政府为了鼓励在推动科技进步和社会发展中作出突出贡献的个人及单位，设立了各级各类奖励。大学与大学的科研人员是此类奖项的主要获得者。行业特色高校因其在与行业相关的优势学科上具备国际一流、国内领先的水平，而常常获得此类奖项。

第三，行业特色高校的社会服务。长期以来，因与具体的行业之间形成了较为紧密的关系，行业特色高校有了更多的机会和渠道直接为社会提供服务。大学中的教师和科研人员能够通过提供技术转移、管理咨询的形式为行业企业服务，甚至作为专家参与区域行业政策的制定和调整。同时，大学通过共建实验室、兴办企业等方式与企业开展合作，将科研成果直接转化为现实生产力。

第三节　社会需求对行业特色高校发展的推动作用

行业特色高校要根据行业的特点，推进学校的发展，为行业培养人才。

第一，人才培养适应行业发展的需求。新时代，我国经济转型发展，新信息技术突飞猛进，各行各业发生了重大变化，对学校发展提出了新要求。以工业发展为例，在工业发展中发生了许多重大变化，突出表现在三个方面。一是新业态不断涌现。由于信息技术革命，产业升级，消费者需求倒逼等多种原因，新业态不断涌现，如智能工业机器人、电子商务、数字员工、现代物流、生物医药、汽车服务、观赏农业、快递业、在线教育、家政服务、养老服务等。因此，行业特色高校要根据新业态，适时调整学科专业，以培养新业态所需人才。二是技术发展神速。相对而言，理论是比较稳定的，技术创新发展、变化很快。行业特色高校要关注本行业的技术发展，洞察前沿，不断调整人才培养目标、教学内容和方法。三是高水平行业的研发能力、技术创新水平超过大学。在计划经济的时候，企业的任务就是生产，国家很少拨款给企业进行科学研究。现在企业用于科研的经费充足，科研水平随之提高，技术创新的主体在企业。因而，行业特色高校要紧紧依靠行业，与之建立联盟，形成知识创新、技术创新和服务的交流平台，共同开展科学研究和人才培养。

第二，学科专业建设要体现行业特点。行业不同，需求不同，特点不同，行业特色高校在学科专业建设中要体现行业的特点。以农业为例，农业有许多不同于其他行业的特点。一是区域性。这是农业的显著特点。农业在大自然中进行，大自然是人们无法控制的。"橘生淮南则为橘，生于淮北则为枳"，就是典型的写照。因此，行业特色高校要根据自己行业的特点，创建办学特色。二是周期长。一般而言，由于季节性、对象的生命性等原因，农业要培育一个新品种，并在现实生产中应用，需要相当长的时间。因此，农业特色高校要有长远战略规划，倡导团队精神，鼓励代代相传。三是艰苦性。农业要在大自然中进行，日晒雨淋，比较艰苦，但艰苦可以磨炼人的意志，提升人的精神。农业特色高校要利用这一情境，锻炼和培养学生热爱劳动、吃苦耐劳的品质。

第三，将行业精神融入学校的精神，建设自身独特的精神文化。例如，中国劳动关系学院将"劳动情怀深厚"作为人才培养目标，举办劳模本科班，弘扬劳动精神。

第四节　社会需求对行业特色高校发挥作用的途径

第一，区域经济的发展能够为行业特色高校的建设提供各类资源。这种资源的投入最直接的表现形式是行业特色高校为区域经济中相关主体服务时，这些主体支付相关的费用。实质上，一所大学的所有资源都是来源于经济中的其他主体。对于行业特色高校而言，与行业管理部门的脱钩使其从行业维度获取资源的途径逐渐消失，而与区域经济的结合将开辟新的途径。

第二，区域经济的发展能够为行业特色高校的功能作用提供承载平台。一方面，区域经济的发展过程能够吸收行业特色高校所培养出来的人才，而且经济发展得越好，这种吸收作用越明显，表现为经济发展形势越好，包括行业特色高校在内的高校的就业形势就越好。另一方面，区域经济的发展，为行业特色高校的科学研究成果提供实践与转化的平台。

第三，区域经济的发展对行业特色高校的学科布局与发展方向产生影响。长期以来，行业特色高校的行业属性使其已经能够按照行业的发展趋势适时调整优化自身办学特色。在与区域经济的互动过程中，区域经济产业特点的变化，会引导行业特色高校根据需求适时地调整学科布局与发展方向。

第十四章

“四元关系”对行业特色高校治理模式变革的相互作用机制

第一节　各因素对行业特色高校发展的相互作用机制

行业特色高校既要服务于行业，也要面向地方，还要积极争取行业与地方政府的支持。在新的历史条件下，行业特色高校要协同处理好与政府、市场、社会之间的关系，坚持面向行业不动摇，以服务求支持，以贡献求发展，不断提升自身的核心竞争力。有效地梳理行业特色高校与政府、市场、社会间的关系，建立具备良性互动、有机协调、有效制衡的高校治理模式，离不开政府的政策支持和合理引导，政府职能在行业特色高校的发展中发挥着不可或缺的引领作用。

高校的行业属性、地理区位、学科实力、产教融合和国际化程度等因素对高校治理模式的变革都会产生影响，而且这些因素之间也在一定程度上存在相互作用机制，而行业特色高校的战略发展与市场等外部治理要素之间会不可避免地产生矛盾冲突。在不同的矛盾中寻求自身的战略发展正是行业特色高校发展沿革中持续面临的问题，在矛盾和发展中探究高校与不同因素之间的整合路径及其与社会之间的相互促进关系，是行业特色高校发展各个阶段的必然存在。

第二节　提升行业特色高校治理机制的途径

从艰苦创业到遭逢挫折，从更名合并到重塑自信，行业特色高校的发展进入了新的阶段。这一方面是源于对高等教育办学的新的客观理性的认识，另一方面是源于其赖以生存的行业基础依旧存在，同时国家需求和行业发展新变化也为行业特色高校的发展带来了新契机，这些因素使得行业特色高校敢于重树旗帜，不盲目攀比综合性大学，围绕自身特点大做文章，继承并发展传统优势，打造相对优势，办出特色，走出新路。

一、争取外部支持，营造良好外部环境

纵观一波三折的发展历史，不难看出，行业特色高校与国家政策、行业发展依存度相对较高，从办学规模到筹资渠道，从学科发展方向到高层次人才培养，从办学知名度到社会美誉度，无一不受外界影响乃至制约。因此，行业特色高校应实时关注政策动向，把握政策机会，寻求多方关注和投入，增强自身在政策制定中的发言权，做好学校事业发展规划。行业特色高校应呼吁教育主管部门尽快改革评估标准，制定相对公平、鼓励特色发展、以建立多元化高等教育格局为目标的政策。

行业特色高校既面临一些相同的问题，也可能经受不同的压力。有些行业特色高校在行业内部竞争者较少，一枝独秀，在获得行业支持方面压力相对较小；有些行业特色高校在行业内部竞争者较多，需要突破重围。无论是前者还是后者，都需要以积极主动的态度，以贡献求发展，以服务求支持，构造与行业、企业的良好关系，争取行业层面的实质性支持，特别要在行业科技项目参与、行业发展规划制订、行业人才培养等方面加强沟通和交流，深化感情与合作，把两部共建等协议落到实处。

二、打造内涵特色，提升核心竞争力

行业特色高校的发展既需要外部环境的推动，又需要走内涵发展的道路，坚持办学特色不动摇，集中力量提升核心竞争力。

行业特色高校必须大力提升战略执行力。行业特色高校学科结构相对简单，校园规模相对较小，办学历史单纯，容易导致学校管理停留在策略层面，过多关注具体事务，对长远发展问题考虑不足。行业特色高校提升战略执行力，就是要提高把特色的办学理念、发展规划、学校决策落到实处的能力。要实现从策略管理到战略管理的转变，领导班子应切实加强战略管理意识。一方面，通过对学校战略体系的深入了解，在资源相对有限的情况下，按照有所为有所不为，有所先为有所后为的办学思路，采取非均衡发展模式，通过推进资源配置集约，集中有限资源重点支持和建设优势学科和特色学科，有效贯彻和执行学校战略；另一方面，要形成领导的集体意识，要使战略定位和规划目标成为学校领导层的工作关注点，成为学校上下共同的思想基础和行为规范。加强战略执行力需要建立和完善精细化管理制度，培养责权清晰、纪律严明、责任心强、落实力强的管理干部队伍，避免形成议而不决、决而不行、行而不果的不良执行文化和作风。

行业特色高校必须不断强化人才吸引力。人才资源是决定大学核心竞争力的

核心要素，是大学发展的第一资源。对于行业特色高校而言，学科优势往往体现为拥有行业领域内公认的大师、大家。因此，办学必须以人才为本，切实做到依靠人、为了人、发展人。一方面，要以学科建设为龙头，发挥学科魅力，增强学术荣誉，使群英尽来、人才济济，树立尊重人才、发挥个性的人才观念，为他们施展才华创造、提供广阔空间，做到人尽其用；另一方面，要统筹规划，整合资源，结合学科发展和教学任务需求，制订一段时期内的人才引进培养规划，设立高层次人才队伍培养专项资金，启动高层次人才队伍培养计划，进一步解放思想，以超常规的热情、超常规的努力、超常规的举措吸引人才、培养人才、用好人才。

行业特色高校必须努力提升学术创新力。行业特色高校的安身立命之本即为某一领域中的学术研究相对优势。因此，坚定学科建设的龙头作用，不断攀登学术高峰是这些行业特色高校的永恒要务。一方面，要推进优势学科集群建设，形成优势突出、特色鲜明的学科集群梯队，凝练学科方向，瞄准国际发展前沿，打造学科群旗舰和学科群品牌，并率先在优势学科领域为社会发展作出卓越成绩；另一方面，要适应现代科技发展，建立交叉学科群，根据各学科发展规律积极组建由相邻学科、相关学科构成的学科群体，进一步促进学科协作和协调发展，通过优势与非优势结合、基础与应用结合、工科与理科结合、理工与文管结合，寻求新的学科增长点。同时，还要加强学术创新平台建设，争取获得教育部、财政部和行业主管部门的支持，逐渐成长为国家拔尖专门人才培养基地、科技创新基地和国际交流基地。

行业特色高校必须积极扩大科技影响力。科技影响力是一所学校综合科技实力的直接反映，也是赢得外界美誉的重要因素。行业特色高校的科技影响力是学科建设成果的关键体现，其根源在于行业特色高校强大的学科优势。对接国家需求、适应行业发展需求，要求行业特色高校大力培育科技影响力，用实力说话。培育科技影响力要走成果集成道路，要找准优势领域，在学科、人才、平台、财力等方面集成力量，积极承担国家高技术研究发展计划、国家重点基础研究发展计划等国家重大科研任务，创造一批具有显示度的科技成果；要组建强大的创新团队，着力解决科研队伍整合难、人才引进难、资源共享难的问题，探索建立和完善以科研团队和课题组为核心的内部组织管理模式和校际合作模式，提高科研活动效率；要重视科研的社会服务功能，深深扎根行业领域，面向行业战略需求与相关科技前沿，面向国民经济建设和社会发展主战场，从现实、紧迫的需求出发，切实解决行业领域的大量科技问题，通过产学研合作等方式，探索鼓励成果转化的新激励模式；要注意形成保持可持续科研能力的长效机制和环境，建立和培育能够促进学术自主发展和教学相长的学术传统和制度框架，积累发展后劲。进一步凝练科学方向，整合科技力量，紧紧追踪国内外科学研究前沿，选准制高点和突破口，不断增强承担重大科研任务和服务经济社会发展的能力。

行业特色高校必须充分关注文化引领力。文化引领力是大学的隐性社会责任之一。行业作风也深深地影响着行业特色高校的大学气质和大学文化，行业特色高校应充分发挥其在特定方面的知识、思想、人才的独特优势，成为引领特定文化的旗帜和阵地。关注文化引领力对外则以大众为宣扬对象，以行业文化为宣扬内容，对内则以广大师生为宣扬对象，以大学精神和办学理念为宣扬内容，借助各具特色的校训，打造各有魅力的办学风格，构建学术自由、兼容并包的学术环境，营造良好的大学氛围。

第五篇

新时代行业特色高校的创新发展机制：以国防军工行业特色高校为例

第十五章

新时代行业特色高校创新发展机制的内在逻辑与影响因素

第一节　行业特色高校创新发展机制的内在逻辑

创新体制机制，大学章程建设是“龙头”。深入推进管办评分离，扩大学校办学自主权，完善学校内部治理结构，适应国家全面深化改革、加快政府职能转变、推进制度创新的需要，高校在治理结构、人才培养、招生改革、就业机制等方面将发生深刻变革。高校要把建立和完善相关制度摆在突出位置，按照“党委领导、校长负责、教授治学、民主管理”的原则，推进中国特色现代大学制度建设。在这一制度体系中，大学章程具有“龙头”统领作用，上承国家法律法规，符合改革大方向，下启学校各种规章制度，作为“总纲领”，是大学面向社会依法自主办学的根本准则。通过制定大学章程，确立学校的办学理念、发展定位和战略，完善内部治理结构和运行机制，明晰学校、学院以及师生的责任、权利与义务等。章程要“落地”，配套制度要跟上。全面梳理、健全完善教学管理、人才培养、学科建设、学生管理等方面的制度，通过一系列建章立制，形成相互衔接、较为完备的制度体系。

创新体制机制，人事制度改革是核心。要加快建立集聚人才体制机制，择天下英才而用之；加快形成具有国际竞争力的人才制度优势，完善人才评价机制。人事制度改革的重中之重是深化考核评价制度改革，结合学科特点，逐步完善数量、质量与贡献相结合的多元评价指标体系。坚持团队评价和个体考核并重，鼓励团队合作和协同创新，进一步破除高校与其他创新主体之间的体制壁垒，推动教育与科技、经济、文化紧密结合。健全各类人才队伍管理机制，逐步在教学科研岗位系列实行岗位分类聘用管理模式，采用针对高层次人才和特殊人才的项目聘用、协议聘用等方式，完善重大贡献和突出业绩奖励制度，让优秀拔尖人才脱颖而出，努力造就一支师德高尚、业务精湛、结构合理、充满活力的高素质教师队伍。

创新体制机制，管理制度改革是保障。深化教育领域综合改革非常迫切，这反映了我国教育改革已进入深水区、攻坚期，破解深层次矛盾难度加大。高校的综合改革最终将归结到管理制度的改革。在管理制度方面，目前高校的管理权力集中在学校，学院是学科建设、人才培养、科学研究的主体，但权力不足，缺乏创新动力；职能部门之间工作协调度不够，政出多门；各类建设项目和平台交叉重复，存在分配不公、效益不高等问题。深化管理制度改革，必须加强顶层设计和整体谋划。逐步扩大学院自主权，科学设计校院两级人、财、物的管理权限，推进学院经费包干、依法自主支配的试点；进一步明确学术组织的职能、运行规则，发挥学术委员会等组织在学科建设、学术评价、学术发展中的作用；拓宽师生参与民主管理、民主监督的渠道，完善职能部门的联合工作机制，协同制定政策；做好专项统筹，整合各个建设项目和平台的资源，进行统筹管理和使用，努力推动学校从粗放式的外延管理转向更加精细化的内涵管理，从经验型管理转向更加科学的管理，从相对封闭的管理转向师生和社会广泛参与的开放型管理。

第二节　行业特色高校创新发展的影响因素

本书的研究主题之一是行业特色高校师资队伍建设（以国防军工行业特色高校为例）。调查问卷 19 个问题分为“教师的基本情况”“教师队伍现状及问题”“教师队伍建设与活力”“教师能力素质与提升”“高校人才评价体系满意度”5 个部分，包括 6 个填空题，12 个选择题，1 个开放性问答题，总共 77 个统计变量。根据研究设计，本次共发放调查问卷 500 份，最终回收问卷 449 份，其中有效问卷 402 份，有效问卷回收率为 89.53%。所用数据统计工具为 SPSS 22.0。

分别从“院校层面”和“个人情况”两个维度对调查的教师个体样本进行分类。其中，“院校层面”涉及教师所在高校、学院两个要素；“个人情况”涉及“年龄”“教龄”“职称”“毕业院校类别”“是否获得过本校学位”5 个要素。调查显示，在院校层面上，工业和信息化部所属七所高校中，来自南京理工大学的样本数量占比最多（21.14%），北京理工大学的样本数量占比最少（1.24%）；在个人情况方面，七所样本高校中级、副高、高级职称的比例分别为 91 : 198 : 122，毕业院校为国内高校占比 90.55%，有 74.38%的教师获得过所在高校的学位（表 15-1）。

表 15-1　402 位受访教师的个体样本分布表　单位：位

高校名称	年龄					教龄				
	30 岁及以下	31~40 岁（含）	41~50 岁（含）	51~60 岁（含）	61 岁及以上	5 年及以下	6~10 年（含）	11~20 年（含）	21~30 年（含）	31 年及以上
北京航空航天大学 26（6.47%）	1	14	9	1	1	5	6	13	1	1
北京理工大学 5（1.24%）	0	1	4	0	0	0	2	2	1	0
哈尔滨工程大学 82（20.40%）	0	37	28	17	0	0	23	31	21	7
哈尔滨工业大学 72(17.91%)	2	27	32	11	0	10	20	21	15	6
南京航空航天大学 56(13.93%)	2	28	19	7	0	16	14	14	7	5
南京理工大学 85(21.14%)	13	47	17	8	0	36	21	15	9	4
西北工业大学 76(18.91%)	5	46	18	6	1	26	17	21	7	5
总计	23	200	127	50	2	93	103	117	61	28

高校名称	职称			毕业院校类别		是否获得过本校学位	
	中级	副高	高级	国内（占比）	国外（占比）	有（占比）	无（占比）
北京航空航天大学 26（6.47%）	6	13	7	24（92.31%）	2（7.69%）	17（65.38%）	9（34.62%）
北京理工大学 5（1.24%）	0	5	0	5（100%）	0（0）	3（60.00%）	2（40.00%）
哈尔滨工程大学 82（20.40%）	7	34	41	76（92.68%）	6（7.32%）	79（96.34%）	3（3.66%）
哈尔滨工业大学 72(17.91%)	17	33	22	66（91.67%）	6（8.33%）	62（86.11%）	10（13.89%）
南京航空航天大学 56(13.93%)	17	22	17	51（91.07%）	5（8.93%）	36（64.29%）	20（35.71%）
南京理工大学 85(21.14%)	28	43	14	78（91.76%）	7（8.24%）	51（60.00%）	34（40.00%）
西北工业大学 76(18.91%)	16	39	21	64（84.21%）	12（15.79%）	51（67.11%）	25（32.89%）
总计	91	189	122	364(90.55%)	38(9.45%)	299(74.38%)	103(25.62%)

通过 SPSS22.0 对调查问卷进行信效度分析。结果显示，自编调查问卷的可靠性检验结果为 0.917，具有较高的信度。KMO①值为 0.918，并且通过了显著性水平

① KMO 即 Kaiser-Meyer-Olkin，是 Kaiser、Meyer 和 Olkin 提出的抽样适合性检验。

为 0.05 的巴特利特球形检验，说明问卷的数据非常适合做因子分析。信度结果说明，自编问卷具有很高的信度水平，可以有效支撑调查分析结果（表 15-2）。

表 15-2 调查问卷的信度

信度统计量		数值
克龙巴赫 α 系数		0.923
基于标准化项的克龙巴赫 α 系数		0.917
项数		18
KMO 取样适切性量数		0.918
巴特利特球形检验	近似卡方	4202.827
	自由度	153
	显示性	000

（一）教师队伍现状及问题

对于教师队伍现状及问题，49.00%的受访者认为对外交流渠道少；45.88%的受访者认为成果共享和展示的渠道少；40.76%的受访者认为基础研究能力弱；38.31%的受访者认为学生培养中行业针对性弱；37.68%的受访者认为国际化程度低；35.41%的受访者认为师资规模小、行业结合不紧密；33.85%的受访者不适应现有考核评价体系；33.18%的受访者认为学科数量少；32.74%的受访者认为行业实践能力弱；18.49%的受访者认为服务国家战略意识薄弱；3.34%的受访者认为教师队伍还存在其他问题（图 15-1）。

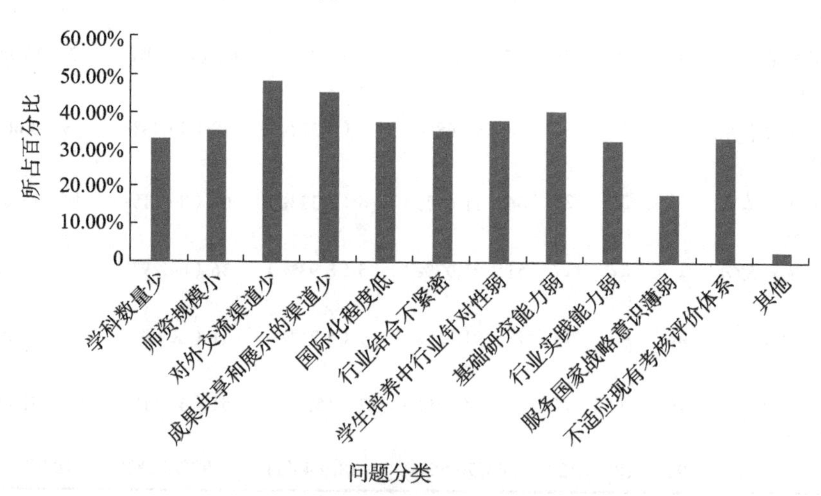

图 15-1 教师队伍现状图

（二）教师队伍建设与活力

对于师资队伍建设的影响因素，45.66%的受访者认为学校应积极推动人事制度改革，探索建立教师能进能出、岗位能上能下的工作机制非常重要，0.45%的受访者则认为非常不重要。59.34%的受访者认为学校应该加强青年教师培养，着力培养层级合理的后备人才，0.22%的受访者则认为非常不重要。38.08%的受访者认为学校应该积极引进优秀的海内外人才，2%的受访者则认为非常不重要。48.55%的受访者认为建设一批提升学生全球胜任力和国际化视野的课程非常重要，1.11%的受访者则认为非常不重要。63.03%的受访者认为学校应该完善青年教师职业发展通道和成长体系，0.22%的受访者则认为非常不重要。55.46%的受访者认为建立针对行业特色高校的科学评价体系非常重要，0.22%的受访者则认为非常不重要。60.58%的受访者认为建立科学的科研绩效考核与激励机制非常重要，0.22%的受访者则认为非常不重要。44.32%的受访者认为选派优秀教师赴国内外高水平机构访学交流非常重要，0.89%的受访者则认为非常不重要。33.63%的受访者认为加大优秀外籍教师和专家引进工作力度非常重要，3.34%的受访者则认为非常不重要（图15-2）。

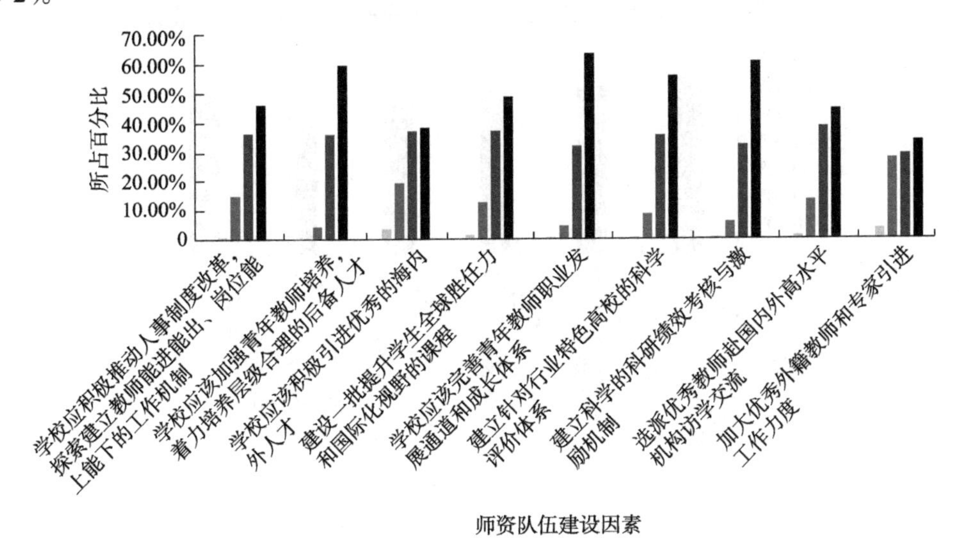

图 15-2　师资队伍建设的影响因素图

（三）教师能力素质与提升

对于影响行业特色高校师资素质能力提升的关键因素，60%以上的受访者认为包括个人能力、家国情怀、行业实践、基础研究（图 15-3）。因保密要求，在各类评奖评优中很难体现国防军工行业特色高校师资的实际工作量，这对国防军工行业特色高校教师的工作积极性造成了一定的影响，55%以上的受访者认为应专门设置国防类评审组，在综合学科评审的评委构成中增加长期从事军工科研的专家的占比，增设行业内专家的同行评议环节，对服务国防的教师单设评审指标，对作出重大贡献或取得标志性成果的教师开设“绿色通道”（图 15-4）。

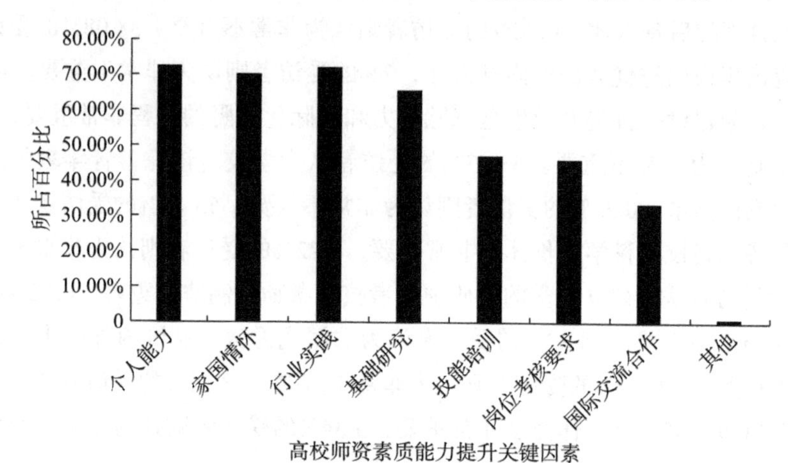

图 15-3 影响行业特色高校师资素质能力提升的关键因素图

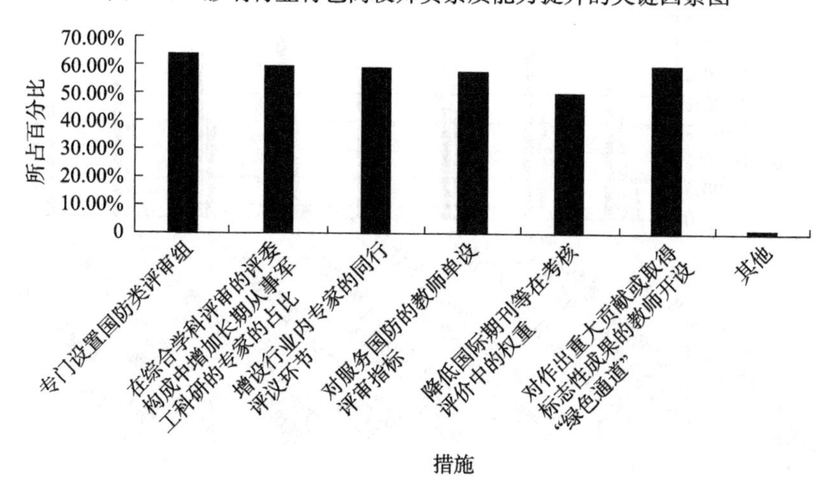

图 15-4 国防军工行业特色高校师资评奖评优改进措施图

（四）高校人才评价体系满意度

对于所在高校的人才评价体系，25.84%的受访者非常同意，2.67%的受访者非常不同意。23.16%的受访者同意 “我满意所在学校现有的岗位考核和职称晋升体系”，4.23%的受访者非常不同意。25.17%的受访者同意 “我所在高校的岗位考核和职称晋升体系与大多数高校的做法基本一致”，1.11%的受访者非常不同意。30.96%的受访者同意 “我认为所在高校有必要设置专门的行业服务岗位”，2.67%的受访者非常不同意。20.49%的受访者同意 “如果所在高校设置了专门的行业服务岗位，我愿意调整岗位类型为行业服务岗”，9.80%的受访者非常不同意（图 15-5）。

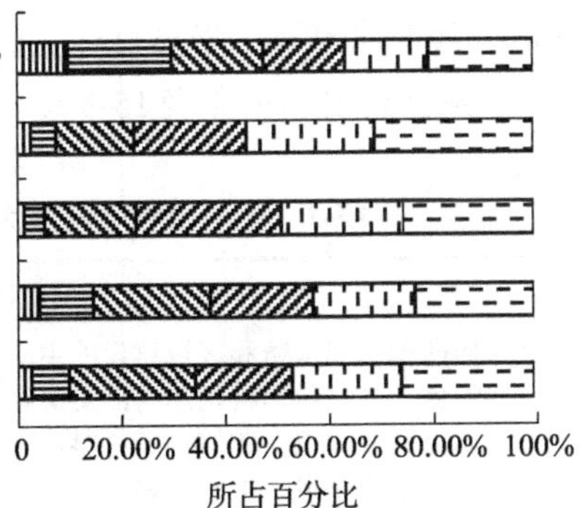

图 15-5　高校人才评价体系满意度图

第三节　行业特色高校人才培养

大学的主体职能和基本价值是人才培养，大学的立身之本在于人才培养。培养具有行业背景、能够支撑经济社会发展的高水平创新人才是行业特色高校的根本使命。当前，行业特色高校的人才培养存在诸多问题，如专业面偏窄、创新能力薄弱、实践能力不强、适应周期过长等。究其原因，与人才培养模式单一及趋同化、培养目标模糊、培养机制社会适应性不强等因素有密切的联系。

一、人才培养目标

培养目标是人才培养的规格和标准，是大学培养什么样人的一种价值主张和具体要求，是大学人才观的集中反映，也是大学理想和使命的具体体现，大学教育的质量首先取决于人才培养目标设计的质量。学校办学的根本性的问题之一就是人才培养的目标定位，它不仅决定着学校的办学方向，而且对教学内容的选择、教学计划的制订以及教学的安排和实施都起着决定性作用，对高校的发展具有重要的导向作用。只有人才培养的目标定位准确，人才的规格质量才有保证，人才的出口才会比较畅通，学校才能实现可持续发展。高等教育管理体制改革前，行业特色高校为相应行业产业培养专门适用人才，其培养目标比较明确。但是，经济体制的转型与教育管理体制的改革，部门管理体制的解体，高等教育大众化、市场化，人才市场的激烈竞争和需求变化，以及经济社会的快速发展使学生和家长的教育需求日益增长等，都给行业特色高校的人才培养带来了严峻的挑战。

选取西北工业大学、大连理工大学、哈尔滨工业大学、西安交通大学等高校，其中包含国防军工行业特色高校，也包括其他工科高校，对其培养目标及人才培养模式进行比较分析。选取材料大类培养方案、计算机大类培养方案为分析对象，分别从其构成要素、培养目标、课程设置、专业分流、教学方式等维度进行比较分析，从而得出结论（表 15-3）。

表 15-3 不同高校本科生大类培养方案培养目标比较

学校名称	培养目标	人才类型定位
西北工业大学	面向国家、国防和区域建设的主战场，以先进材料及其制备技术为特色，与材料学科国际前沿交叉融合，培养掌握坚实的自然科学基础与专业知识，能够从事材料与化工相关领域的科学研究、设计开发、生产制造、工程管理等工作，具有家国情怀、追求卓越、国际视野、创新创业精神、团队协作精神、组织管理能力以及良好职业道德和社会责任感的复合型领军人才	复合型领军人才
大连理工大学	培养具有材料制备与过程控制的基础知识和技能，在材料成型过程控制和工艺优化、材料制备过程的计算机模拟、新材料开发和制备等领域从事设计制造、科学研究、技术开发、运行管理及经营销售等工作的高级复合型人才	高级复合型人才
哈尔滨工业大学	培养面向高分子材料科学与工程及相关领域的专业基础扎实、综合素质全面、工作能力强、富有创新精神的德、智、体、美、劳全面发展的专业人才	专业人才
西安交通大学	面向国家社会经济发展对材料科学与工程领域高素质人才的需求，培养具备扎实的数学和自然科学基础、全面的材料科学与工程基础、丰富的专门知识和实践经历，具有健全人格、人文情怀、社会责任感、全球视野、科学素养、求实创新精神和领导力，可以在材料、机械、航空航天、电子和信息等领域从事材料技术开发、产品研制、科学研究和项目管理等工作，能解决各行业中材料领域复杂工程问题，并在上述领域起引领作用的工程应用复合型人才	复合型人才

（一）材料大类

从表 15-4 可以看出，不同高校本科生材料大类在培养目标及规格方面有所差别，都是以学校总的培养方案为前提，再根据各自大类的特点和优势进行适当的调整，基本上关键词为“材料开发、工程、生产”等。由于高校类型不同、层次不同、生源质量不同，各个高校在培养目标上也表现出了一定的差异，对学生知识、能力和综合素质要求的侧重点不尽相同，一定程度上反映出各校培养目标的特色。从总体上看，这几所高校基本都要求学生掌握专业基本理论、基本知识、技术技能，能从事相关领域的工作，具备一定的科学研究能力。不同的是，像西北工业大学、北京航空航天大学这类国防军工行业特色高校都提出了要培养出具有“家国情怀”的人才；综合类院校如西安交通大学主要强调“夯实基础、重视实践、强化能力、注重个性”的要求，复旦大学则强调“人文情怀、科学精神、国际视野和专业素养”。这也体现出了各个学校都能根据自己的特色对培养目标进行规范和要求。

表 15-4 不同高校本科生材料大类培养方案培养目标比较

学校名称	培养目标	人才类型定位
西北工业大学	致力于培养具有家国情怀，追求卓越、引领未来的领军人才，使学生具备健康体魄、高尚品格、广博学识、创新精神、全球视野与持久竞争力，德智体美劳全面发展	领军人才
西安交通大学	以“夯实基础、重视实践、强化能力、注重个性”为目标的创新型人才培养方案	创新型人才
大连理工大学	实施拔尖创新教育，培养拔尖创新人才	拔尖创新人才
北京航空航天大学	着力培养具有高度的国家使命感和社会责任感，理想高远、学识一流、胸怀寰宇、致真唯实的领军领导人才	领军人才
东南大学	造就具有家国情怀和国际视野、担当引领未来和造福人类的领军人才	领军人才
复旦大学	致力于培养具有人文情怀、科学精神、国际视野和专业素养的各类人才	拔尖创新人才

（二）计算机大类

从表 15-5 可以看出，除去高校自身的培养目标，计算机大类的培养目标关键词主要有“计算机技能、工程实践能力、计算机思维能力”等。各高校结合了各自特点对培养目标进行定位，如大连理工大学强调培养“研究型、应用型人才”等。

表 15-5 不同高校本科生计算机大类培养方案培养目标比较

学校名称	培养目标	人才类型定位
西北工业大学	培养基础宽厚，知识、能力、素质俱佳，富有复合创新精神和创新能力，具有国际化视野，掌握计算机科学与工程方面的基本理论、基本知识和基本技能，在计算机科学与技术专业及其相关领域具有国际竞争力的“复合型、创新型、引领型”计算机专业人才	“复合型、创新型、引领型”人才
大连理工大学	培养适应国家社会经济和科学技术发展需要的德智体全面发展的、具有扎实的基本理论、良好的学科素养和创新精神及获取新知识的能力，知识面宽，外语应用水平高，工程实践能力强的研究型和应用型高级科学技术与工程应用人才	研究型、应用型人才
哈尔滨工业大学	面向国际前沿和国家需求，培养具有社会责任感、专业使命感和国际视野，身心健康，勇于探索未知、迎接挑战，恪守工程伦理道德，具备计算思维能力，能够综合运用所学知识解决与计算相关复杂问题的创新能力，具备学科交叉融合、团队合作与跨文化交流能力，能够在计算机及相关领域引领未来发展的卓越人才	卓越人才
西安交通大学	培养适应 21 世纪国家现代化建设需要的，德、智、体、美全面发展的，富有社会责任感，系统扎实地掌握计算机基础理论，计算机系统结构、计算机软件和计算机应用技术与技能的，具备信息获取、存储、检索和处理能力的，在计算机、通信、自动化和电子等信息技术领域起引领作用、具有国际视野和竞争力的创新型高层次专门人才	创新型高层次专门人才
上海交通大学	培养能适应新时代信息技术发展需要、具有开阔视野、德智体全面发展的计算机科学与技术领域专门人才，包括具有创新能力的研究型人才、具有设计能力的工程型人才和具有组织能力的管理型人才	研究型、工程型、管理型人才

通过表 15-3、表 15-4 和表 15-5，可以看出，各个高校的培养目标各具特色，从材料类和计算机类的培养方案来看，则都是在学校总体的培养目标的要求下，结合大类和学科特色，对人才培养提出了具体的要求和培养方向。

在人才类型定位方面，“领军”“复合”“创新”则变成了高频词汇，在一定程度上体现了这几所高校的“同”，但是又不完全相同，这恰恰说明由于学校的类型定位、办学定位、办学指导思想、办学条件的不同，不同类型普通高等学校体育教育专业本科人才的培养目标定位存在一定的差异性，同时也表明了大类培养对人才知识结构、能力结构多样化和人才素质的综合化、全面化的要求。虽说这些高校类型定位不一样，但是在提倡学生全面发展的今天，各个学校的培养目标都不约而同地体现出了这一点，这恰恰说明了大类培养模式在强调通识教育这一方面是成功的。

二、人才培养模式

人才培养模式是人才培养体系的重要组成部分，是指在一定的教育思想和理论指导下，为学生构建的知识、能力、素质结构以及实现这种结构的方式。高等学校的重要职能之一是人才培养，而人才培养的载体在于人才培养模式，因此，对高校的发展来说，人才培养模式起着举足轻重的作用。每一所高校都不能回避的课题是如何组合各种教育教学要素，并建立与办学特色和办学理念相一致的人才培养模式，实现教育教学的发展目标。行业特色高校的人才培养模式过多地强调专业知识教育，注重“专才型”人才培养，而且在专业设置上对学科专业的划分过于细致；同时，过多地注重课堂教育，而轻视实践练习，这将对高校人才培养质量形成桎梏。

（一）材料大类

表 15-6 是不同高校本科生材料大类培养方案的课程设置，主要包括通识课程、学科专业课程，不同的是有的高校根据自己的特色及需求在课程设置里面添加了其他课程，如西北工业大学的“素质拓展课程”，大连理工大学的“第二课堂”。

表 15-6　不同高校本科生材料大类培养方案课程设置

学校名称	课程体系	课程类型
西北工业大学	通识课程；学科专业课程；个性发展课程；素质拓展课程	思想政治理论类；军事类；体育与健康类；审美与艺术类；语言类；数学与自然科学类；信息类；创新创业类；文明与经典类；管理与领导力类；全球视野类；工程伦理与可持续发展类；写作与沟通类；学科基础课程；专业核心课程；专业选修课程；实践实训；毕业设计/论文；综合素养类课程；学科拓展类课程；学术深造类课程及素质拓展课程

续表

学校名称	课程体系	课程类型
大连理工大学	通识与公共基础课程；大类与专业基础课程；专业与专业方向课程；创新创业教育与个性发展课程；第二课堂	思想政治类；军事体育类；通识类；外语类；计算机类；数学类；物理类；化学生物类；大类平台课程；专业基础课程；专业课程；专业方向必修课程；专业实验、实习、实践、实训；毕业设计（论文）；跨学科交叉课程；个性发展课程；创新创业教育课程；社会实践；健康教育；其他（社团活动、讲座、两组学习、劳动等）
哈尔滨工业大学	通识与公共基础课程；学科大类与专业基础课程；专业课程；毕业论文	思想政治类；军事类；通识教育类；外语类；体育类；计算机类；数学类；物理类；学科基础课；专业基础课；专业课程；专业实验、实践
西安交通大学	通识教育类；大类平台课程；专业课程	公共课程；核心课程；选修课程；数学和基础科学类课程；专业大类基础课程；专业核心课程；专业选修课程；思政教育；其他

（二）计算机大类

表 15-7 是不同高校本科生计算机大类培养方案的课程设置，大体上都分为通识课程、学科专业课程及其他，西北工业大学和大连理工大学都有“个性发展课程”。

表 15-7　不同高校本科生计算机大类培养方案课程设置

学校名称	课程体系	课程类型
西北工业大学	通识课程；学科专业课程；个性发展课程；素质拓展课程	思想政治理论课程；职业规划与发展课程；心理成长与个人发展课程；军事训练、理论课程；公共通修基础课程；分层次通修课程；非专业数学类课程；自然科学基础课程；科学素养类课程；经管法类课程；人文素养类课程；艺术素养类课程；学科基础课程；专业核心课程；学科前沿课程；专业选修课程；毕业设计/论文；集中实践环节；科研训练
大连理工大学	通识与公共基础课程；平台与专业基础课程；专业与专业方向课程；创新创业与个性发展课程；第二课堂	思想政治类；军事体育类；通识类；外语类；计算机类；数学类；物理类；化学生物类；大类平台课程；专业基础课程；专业课程；专业方向必修课程；专业实验、实习、实践、实训；毕业设计（论文）；跨学科交叉课程；个性发展课程；创新创业教育课程；社会实践；健康教育；其他（社团活动、讲座、两组学习、劳动等）
哈尔滨工业大学	通识教育课程；专业教育课程	公共基础课程；数学与自然科学基础课程；人文与社会科学基础课程；创新创业课程；跨学科课程；国际课程；毕业设计；其他
上海交通大学	通识教育课程；专业教育课程；实践教育课程；个性化教育课程	公共课程；通识教育核心课程；通识教育实践活动；学科基础类选修课；专业科技创新类；任选课程等
西安交通大学	通识类课程；学科课程；集中实践	思想政治与国防教育；体育、英语、计算机；基础通识类课程；基础科学课程；专业主干课程；专业课程；毕业设计、课程设计；工程实践、科研训练；课外实践

如表 15-6、表 15-7 所示，各校现行培养方案的课程体系构成基本上包括通识教育课程、学科基础课程/专业教育课程和实践课程三大要素，各个学校再根据自己的特色和要求增设其他类型的课程，但总体上来说是没有很大的差别的。为了更充分地体现大类培养模式的培养目标，通识教育课程在每一所学校的培养方案里面都有且排在首位，学科基础课程/专业教育课程是为学生提供专业知识技能的课程，可以反映该专业特色，是以该专业最核心理论知识和技能为内容的课程。实践课程可以是教学实践，也可以为社会实践、科研实践、课题模拟申报等，因此将培养方案中描述较为模糊的部分纳入实践环节。每个学校或者大类再根据自己的特色增设其他类型的课程，有的高校增设了第二课堂，有的设有素质拓展课程。

从课程类型上看，主要分为思政军理类、学科基础课程、专业课程、必修课程、选修课程等。比如，大连理工大学设置了跨学科交叉课程，有的则将通识教育课程按模块整合归类，如西北工业大学。

各高校课程设置基本符合国家及新的培养方案的要求，根据自身的特色对课程设置的侧重点均有不同倚重。对三类课程结构进行不同的设置，有利于不同层次、不同领域院校形成自己的特色，打造独特的办学理念和风格，也顺应了《国家中长期教育改革和发展规划纲要（2010—2020 年）》的需要。

三、人才培养社会适应机制

大学是社会的大学，离不开社会对它的支持，但如果大学长期不能以服务社会需求为己任，或者公众感觉不到大学的这种努力，培养的人才学不致用、缺乏实践经验、眼高手低现象突出以及定位不清晰，就势必会导致社会对大学支持度的下降。行业特色高校培养的人才最终目的是服务行业产业、促进经济社会的发展，人才培养的社会适应性至关重要，即行业院校要适应社会的需求，培养出来的人才要能适应社会、市场和行业发展的需要。这就需要行业特色高校以经济结构调整和产业升级需要为导向、结合行业科技创新和社会进步的需要，建立完善的人才培养机制，面向行业企业和地方需求，强化人才培养的适应能力，形成人才培养规格的动态调整机制，应对行业景气周期、社会需求滞后对人才需求的波动影响。增强人才的社会适应性是行业特色高校实现以服务求支持、在贡献中求发展的关键所在。

四、专业博士教育的优势分析与路径优化

（一）优先支持行业特色高校增设博士专业学位授权点

行业特色高校的区域分布是历史上国家计划大区布局的结果，在中西部地区

也有一定的数量。在具有学术博士学位授予权的行业特色高校中扩大专业博士培养资格，为一些在国家重大战略、关键领域和社会重大需求领域具有特色和优势的行业特色高校提供优先支持和适度倾斜，有助于进一步完善省域博士教育布局，全面提升研究生教育服务国家和区域发展的能力。另外，考虑到行业高校已具备良好的产教融合和行业协同基础，应支持具备学位授权自主审核权的行业高校增设一批博士专业学位授权点，将“完善博士专业学位授权点区域布局，支撑区域经济社会发展”的举措落到实处。

（二）稳步扩大专业博士研究生招生规模和类型

“专业博士学位的扩张是研究生教育领域一个重要的全球性现象”①，但我国近年来专业博士研究生招生规模的超常规增长，更多地具有补偿性质，增速虽然很快，但基数较低，仍然不能满足需求。当前，我国专业博士研究生中，工程博士占有较大比例，这符合我国经济发展对于高层次人才的迫切需要，为我国科技创新和自立自强提供了支撑，其中首批开展工程博士教育的 25 所高校中，一半以上是行业特色高校。行业特色高校应继续坚定自信，坚持走自己的路，扩大现有专业博士的招生数量，更好地服务国家经济建设。同时，企业依托行业特色高校，进一步加快论证相关行业领域新增专业学位博士类型的可行性，培养更多高层次应用型和复合型创新人才。

（三）进一步明确专业博士的培养定位与质量标准

培养目标决定着培养过程，同时也体现着人才培养重点与核心。专业博士教育受到质疑，一方面由于培养过程与学术博士雷同，存在“学院化”倾向，未彰显出自己的实践性特质；另一方面，毕业水准又突出强调实践性，忽视学术性标准，自我降低教育“含金量”②。行业高校要在传承弘扬业已形成的优势与特色基础上，进一步转变思想认识，主动调整办学定位，不断提升培养质量。招生要以培养“研究型专业人员”为目的，入学资格审核方面，在加强学术水平考核的同时，更应关注其实践背景以及对所从事专业工作内涵、特性和意义的理解程度。培养过程要紧密围绕行业需要，挖掘自身学科特色，加强学科交叉与融合课程体系建设，吸纳具有丰富实践经验的校外专家，打破传统指导方式惯性思维，增强学生解决实践复杂问题的能力。在毕业环节，论文要强调实践应用性与学术创新性并重，突出专业实践领域实际问题解决，并进一步完善分流退出制度，严把“出口关”，确保人才输出与社会需求有机衔接，适应国家经济建设和社会发展需求。

---

① 王世岳, 沈文钦. 教育政策的跨国学习: 以专业博士学位为例[J]. 复旦教育论坛, 2018, 16(4): 94-100.

② 袁广林. 专业博士培养目标定位: 研究型专业人员[J]. 学位与研究生教育, 2014, (11): 1-5.

（四）不断深化产教融合培养模式改革

加强产学研用合作，是开展学位研究生教育的重要支撑。2012 年，哈佛大学“教育领导博士”项目与近 40 个全国性校外组织建立合作①，提供了大量生动的现实案例和需要解决的实际问题，也为第三学年顶岗实习提供了保障和锻炼平台，对学生实践能力培养发挥了极其重要的作用。当前，我国专业学位培养过程中，社会、企业参与度还不够高，政府应出台相关激励和支持政策，以建立“国家主导、行业指导、社会参与、高校主体”培养体系为目标，推进高校、行业、社会和国外同行等多方力量共同参与、联合培养，进一步加大行业在招生、课程体系、教学方式、实践培养和学位授予各环节的参与度，有效打破目前相对封闭的培养模式，突出实践导向。

（五）构建涵盖培养全过程、全要素的多元多维评价体系

完善的考核评价体系是确保人才培养质量的必要措施②。美国在强化博士在学期间综合考试的同时，还构建了由联邦政府（芝加哥大学国家民意研究中心的博士学位获得者调查）、专业协会（美国心理学会开展的博士就业跟踪调查）、研究学者（华盛顿大学研究生教育研究与创新中心开展的博士毕业十年后调查）和高等院校（麻省理工学院院校研究中心组织的博士生离校调查）四层次博士跟踪调查体系③，对保障博士培养质量发挥了积极作用。当前，可引进行业学会评估、用人企业评估等方式，加强对博士培养质量的评价，着重突出对特定职业领域实践能力的衡量，使之成为“某些特定社会职业从业者必须具备的教育经历”和一些职业资格认证的重要依据，促进专业学位与职业资格认证有机衔接。同时，加强对专业博士学位授权点的调查和反馈，提升评价针对性和有效性。

五、人才培养现状分析

本书的研究主题之二是行业特色高校（以国防军工行业特色高校为例）高质量发展与创新型人才培养。调查问卷 19 个问题分为“学生的基本情况”和“行业特色高校高质量发展影响因素的评价”两部分，包括 1 个填空题，16 个选择题，2 个开放性问答题，总共 202 个统计变量。根据研究设计，本次共发放调查问卷 1500 份，最终回收问卷 1464 份，其中有效问卷 1431 份，有效问卷回收率为

① 包水梅. 哈佛大学“教育领导博士”学位的创设及其培养方案研究[J]. 学位与研究生教育, 2012, (8): 64-70.

② 秦琳. 博士生教育改革的逻辑、目标与路向——知识生产转型的视角[J]. 教育研究, 2019, 40(10): 81-90.

③刘怡, 刘晨光. 如何保障博士培养质量?——美国四层次博士跟踪调查体系的研究与借鉴[J]. 国家教育行政学院学报, 2019, (9): 53-60.

97.75%。所用数据统计工具为 SPSS 22.0。

从三个维度对调查的在校生个体样本进行分类：院校层面、教育层级和专业层面。调查显示，在院校层面上，工业和信息化部所属七所高校中，来自南京理工大学的样本数量占比最多（39.41%），哈尔滨工程大学的样本数量占比最少（0.98%）；在教育层级上，七所样本高校本科生、硕士生、博士生的比例分别为 60∶38∶2；在专业层面上，七所样本高校的“工科”专业学生和非“工科”专业学生比例为 87∶13（表 15-8）。

表 15-8　1431 位受访在校生的个体样本分布　　单位：位

院校层面	教育层级			专业层面	
	本科生（占比）	硕士生（占比）	博士生（占比）	工科（占比）	非工科（占比）
北京航空航天大学 120(8.39%)	57(47.50%)	47(39.17%)	16(13.33%)	118(98.33%)	2(1.67%)
北京理工大学 139(9.71%)	138(99.28%)	1(0.72%)	0(0)	101(72.66%)	38(27.34%)
哈尔滨工程大学 14(0.98%)	14(100%)	0(0)	0(0)	10(71.43%)	4(28.57%)
哈尔滨工业大学 299(20.89%)	295(98.66%)	4(1.34%)	0(0)	206(69.00%)	93(31.10%)
南京航空航天大学 199(13.91%)	191(95.98%)	7(3.52%)	1(0.50%)	175(87.94%)	24(12.06%)
南京理工大学 564(39.41%)	111(19.68%)	449(79.61%)	4(0.71%)	548(97.16%)	16(2.84%)
西北工业大学 96(6.71%)	59(61.46%)	29(30.21%)	8(8.33%)	92(95.83%)	4(4.17%)
总计	865(60.45%)	537(37.53%)	29(2.03%)	1250(87.35%)	181(12.65%)

注：表中数据进行过修约，存在相加不等于 100%的情况

通过 SPSS 22.0 对调查问卷进行信效度分析。结果显示，自编调查问卷的可靠性检验结果为 0.994，具有较高的信度。KMO 值为 0.990，并且通过了显著性水平为 0.05 的巴特利特球形检验，说明问卷的数据非常适合做因子分析。信度结果说明，自编问卷具有很高的信度水平，可以有效支撑调查分析结果（表 15-9）。

表 15-9　调查问卷信度

信度统计量		数值
KMO 取样适切性量数		0.990
巴特利特球形检验	近似卡方	344 481.388
	自由度	16 290
	显著性	000

（一）在校生对高校人才培养价值塑造的认同度

受访在校生十分热爱国防事业，对国家的发展感到自豪，有着非常浓厚的家国情怀和国防精神。其中，超过 40%的受访在校生了解我国国防工业发展现状、掌握国家相关国防政策、从内心坚信“国防连着你我他”、非常认同“没有国防，国家就永无宁日”。有 53.14%的受访在校生非常热爱国防科技事业；超过 90%的受访在校生对国家强盛、军工发展感到自豪；有 56.63%的受访在校生把个人目标和“国家富强、人民幸福”的目标连在一起；有 42.76%的受访在校生更是十分坚定地把投身军工事业作为毕生职业理想（图 15-6）。

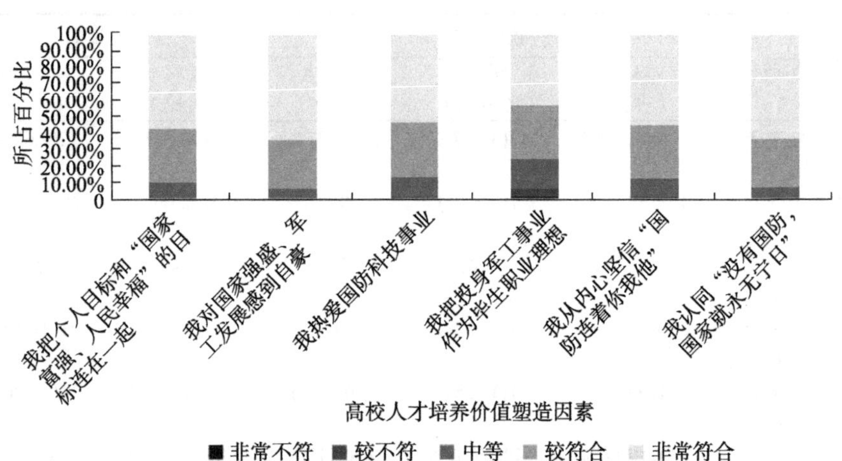

图 15-6　在校生对高校人才培养价值塑造的认同度图

（二）在校生对高校人才培养模式的满意度

超 45%的受访在校生认为，其所在高校非常重视关心学生个人成长与发展、开发学生潜能、尊重理解学生、重视学生建议、强化学生能力素质培养、重视团队建设、鼓励合作精神；非常重视促进学生之间情感交流、鼓励学生之间相互协作、倡导学生之间团结友爱；非常重视培养学生乐于接受新事物的能力、注重基础科学研究、倡导原创和推动颠覆性技术研究。此外，学校尤其重视对家国情怀的价值塑造。有 68.03%的受访在校生认为其所在高校非常重视弘扬军工报国精神；有 68.92%的受访在校生认为，其所在学校非常重视倡导国家利益至上（图 15-7）。

（三）在校生对课程教学的满意度

有 62.70%的受访在校生认为，课程设置与岗位职业能力相对接是影响行业特

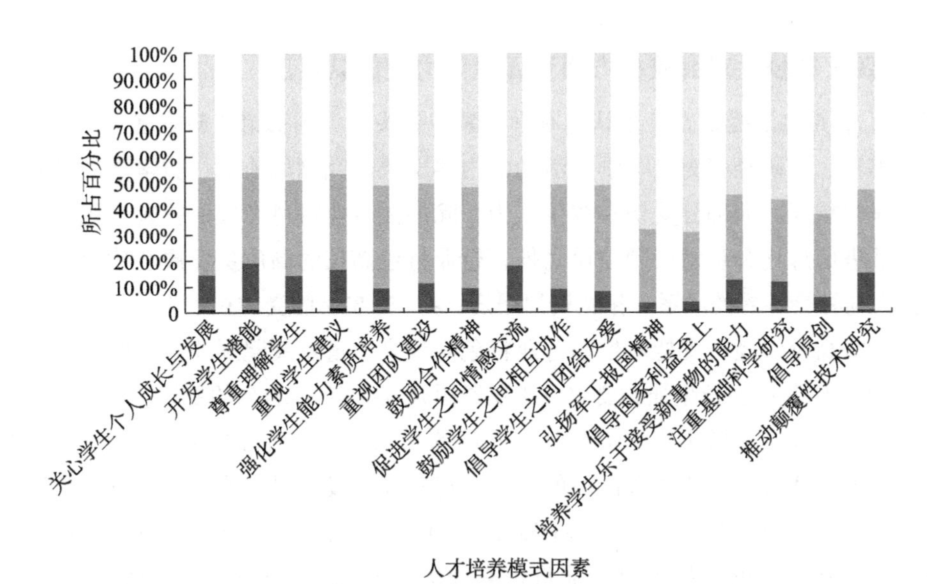

图 15-7　在校生对高校人才培养模式的满意度图

色高校发展的非常重要因素之一；有 63.73%的受访在校生认为，教学条件与人才培养目标相匹配对推动行业特色高校高质量发展非常重要；此外，超过 55%的受访在校生认为学生了解并认可高校人才培养模式、加强基础课程对专业学科的支撑、加强对学生的就业指导与职业规划、高校推动教学内容与教学方法更新、高校强化实践教学与增加实践教学比重、面向行业企业开展深度校企合作和通过校企合作提高自身理论实践素质与岗位适应能力对推动行业特色高校高质量发展起到了非常重要的作用（图 15-8）。

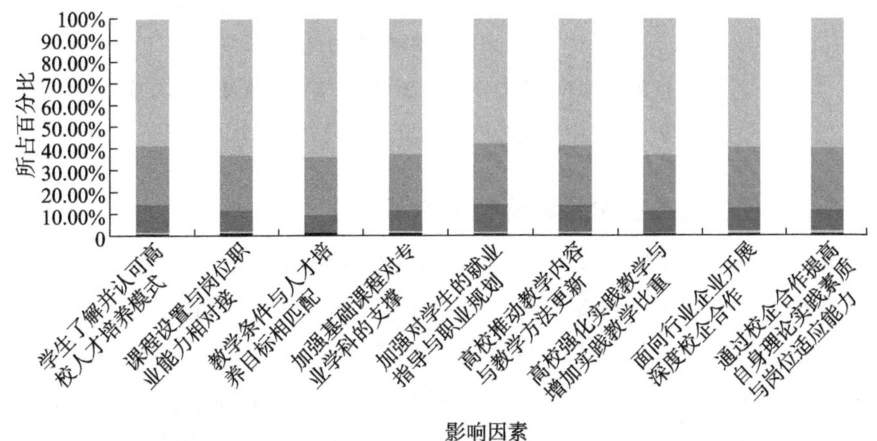

图 15-8　在校生对课程教学的满意度图

（四）在校生对高校各方面资源建设力度的认可度

超过 60%的受访在校生认为有学科领域带头人、图书馆资源丰富、网络信息资源丰富、科研经费充足、学术活动的内容反映研究领域前沿、教学活动具有学术性非常重要。大部分受访在校生认为，除加强行业特色高校的校园文化建设、大力推进信息化和智慧校园建设之外，行业特色高校的高质量发展和建设非常需要扩大与社会各界的联系、拓宽资源渠道。有 52.87%的受访在校生认为，加大社会人士对高校的经费支持对推动行业特色高校高质量发展起到非常重要的作用；有 57.92%的受访在校生强调要重视校友资源开发；有 59.36%的受访在校生提出，行业特色高校应非常重视扩大与社会各界的联系，拓宽资源渠道；有 60.18%的受访在校生认为，行业主管部门的政策支持和经费投入对行业特色高校的高质量发展有着非常重要的作用；有 63.52%的受访同学认为，政府加大对行业特色高校的政策扶持和财力投入对行业特色高校的高质量发展起到了非常关键的作用（图 15-9）。

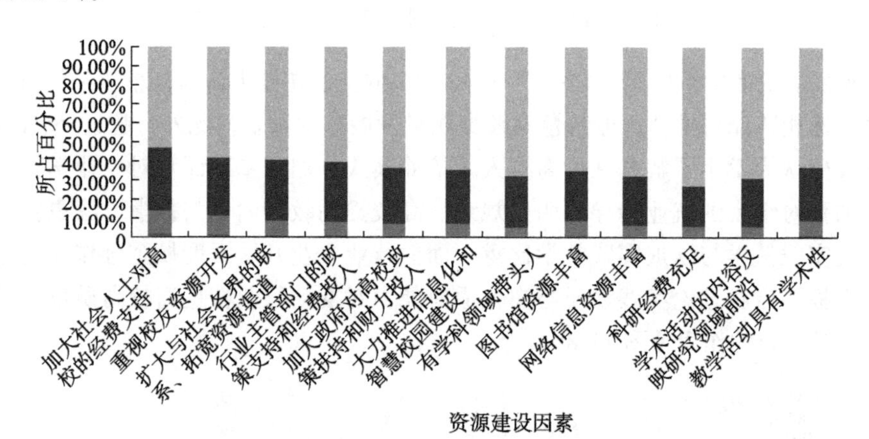

图 15-9 在校生对高校各方面资源建设力度的认可度图

（五）在校生对高校学生评价制度的满意度

在学术平台与管理上，69.67%的受访在校生认为，学术管理应该民主、科学，尊重学者研究风格和劳动付出；在高校学术评价上，67.01%的受访在校生认同，学术成果评比、强调学术卓越成就与创新对行业特色高校的高质量发展有着非常重要的作用；高达 73.91%的受访在校生提出，学术评价应该要严厉打击学术剽窃、学术腐败、弄虚作假等不正之风；有 66.73%的同学非常赞同建立科学的科研绩效考核与激励机制。

（六）影响行业特色高校高质量发展的关键因素

在高校区域位置方面，超 60%的受访在校生认为行业特色高校的高质量发展与区域有关，有 63.27%的学生认为行业特色高校需妥善利用所处区位资源、地理、人口、文化等优势；61.38%的学生认为行业特色高校需要克服所处区域资源、地理、人口、文化的劣势。行业特色高校高质量发展影响因素图，如图 15-10 所示。

图 15-10　行业特色高校高质量发展影响因素图

第四节　行业特色高校的科研与学科建设

一、学科建设

学科平台是教师群体赖以生存与成长的依托，更是人才培养与专业建设的基础。大学如果没有学科作为依托，就等于没有发挥其职能的根基，大学将无法进行人才培养与科学研究，无法服务社会和传承文化。学科特色是行业特色高校发展的核心所在。行业特色高校的优势学科与行业发展密切相关，占领着所在领域的学科前沿，引领着本领域学科的发展方向，在一定时期内具有充分的话语权和不可替代性。部分高水平行业特色高校甚至形成了强势学科群，部分学科在国际上达到领先水平。追求并保持在优势学科的领先地位是行业特色高校赖以生存的重要生命线。反之，如果优势学科被弱化，那将使行业特色高校“特色”顿失，给办学和发展带来严重冲击。如何立足实践、把握未来，对学科发展进行长远规划，如何解决好巩固传统优势与拓展新兴方向之间的矛盾，摆脱学科面比较狭窄的困扰，克服特色被弱化甚至丢失的危险等，是当前行业特色高校需要着力解决的问题。

二、科研创新与服务社会

科学研究是大学服务社会的重要基础。尽管现代大学服务社会的形式在不断发展变化，但社会服务的内容与方式越来越多地与科学研究密切相关，大学服务社会的途径主要通过科技或文化成果转化来回馈社会。行业特色高校面向行业发展的特征，决定了科学研究与服务社会对其自身和行业发展尤其重要。培养更多的高素质人才以提高教育质量，提升科研实力，使学校更加主动地适应不断变化着的经济社会和行业，更好地为社会和行业服务，从而实现自身的可持续发展与良性运行，是行业特色高校发展的价值所在。科研创新能力的薄弱，将会影响行业特色高校服务社会功能的发挥，进而严重阻碍学校发展的价值实现。为此，行业特色高校必须汇聚创新人才，凝练研究方向，构建创新平台，以提升科研实力和科技创新能力，进而提升学校核心竞争力和推进向高等教育强国迈进的步伐。

三、学科与科研互动机制

学科专业与科学研究互为基础、相互促进，科学研究能够促进新兴学科的形成，能够推动传统学科改造，促进新兴学科与优势学科的交叉整合。而形成优势学科（群），又能很好地推动科学研究的创新。刘献君教授曾深刻地指出，科学研究中重大问题的解决要靠强大的学科实力，有了高水平的学科，才可能聚集一批高水平的教授，建设高水平的基地，形成浓厚的学术氛围。有了高水平的学科，社会才能对行业特色高校产生认同感和信任感，也才有可能让行业特色高校承接重大的科研项目。因此，行业特色高校要注重建立学科与科研之间的良性互动，一方面要以强大的优势学科（群）为科学研究集聚资源、吸引项目、引领前沿，另一方面要在科学研究的过程中不断创新、不断开拓、不断发现，促进学科门类的丰富和完善。

第十六章

高校创新发展机制的案例研究

第一节　坚持立德树人根本任务，培养新时代国防科技领军人才

一、传承“空天报国”红色基因，建设“课程思政”体系（北京航空航天大学）

北京航空航天大学围绕立德树人根本任务，不忘“培养红色工程师”的初心，牢记“空天报国”的使命担当。建校伊始，北京航空航天大学的教授 80%从海外留学归来，秉持“祖国的需要就是我们的选择”的信念，投身国家和北京航空航天大学建设，为新中国培养了王永志、戚发轫等第一代红色工程师，也将“空天报国”镌刻成永不褪色的北航精神。

2012 年，歼 15 舰载机工程总指挥罗阳校友牺牲在工作岗位上。习近平总书记作出重要指示：罗阳同志秉持航空报国的志向，为我国航空事业发展作出了突出贡献，他的英年早逝是党和国家的一个重大损失；要很好地总结和宣传罗阳同志的先进事迹，广大党员、干部要学习罗阳同志的优秀品质和可贵精神①。北京航空航天大学师生备受感染，自编自导自演了大型原创音乐剧《罗阳》，北京航空航天大学让这段关于信仰与奉献的故事在校园里年年上演，引导师生“演罗阳、学罗阳、做罗阳”，把空天情怀、强国兴邦的使命责任内化为北航学子创新报国、创业奉献的理想信念。

北京航空航天大学坚持“把盐溶解在食物中”的思政育人理念，精选覆盖面最广的三门核心课程作为“课程思政”试点，将红色基因和理想信念、家国情怀、哲学思维、创新精神、团队意识、国际视野等元素有机融入课堂教学内容，使核心课程成为立德树人的重要载体。2019 年 6 月 14 日，《中国教育报》头版头

① 周国强. 忠诚奉献 逐梦蓝天——写在新中国航空工业创建 70 周年之际[EB/OL]. [2022-10-27] http://www.qstheory.cn/ laigao/ycjx/2021-04/17/c_1127341437.htm.

条报道北京航空航天大学“课程思政”建设成效。

70 多年薪火相传，“空天报国”精神被北京航空航天大学人始终坚守、践行、传承和弘扬，有超过 50%的博士毕业生和 1/3 以上的硕士毕业生选择在国防系统就业。“空天报国”成为北京航空航天大学人代代相传的红色基因。

二、传承“延安根”红色基因，涵育新时代国防人（北京理工大学）

北京理工大学以立德树人为根本任务，继承发扬“延安根、军工魂”红色基因，实现红色基因“代代传、不断线”，形成了涵育新时代国防人的特色人才培养实践。

筑牢文化根基，用“延安根、军工魂”表达凝聚师生价值归属和精神动力。将“延安根、军工魂”教育元素融入主渠道、主阵地，把红色基因精神内涵和师生先进典型作为鲜活案例融入思政教育，推动校史校情教育全覆盖。实现思想政治理论课与学生日常思想政治教育贯通、与校史校情教育贯通、与社会实践贯通、与学生党建工作贯通，牢铸爱国奋斗价值取向。2019 年牵头中国人民大学等 9 校成立“延河高校人才培养联盟”，探索红色人才培养新模式。

丰厚文化滋养，在坚持国家利益至上、坚持服务国家重大需求实践中培育时代新人。在承担国家重大战略需求的国防任务中产生了“大先生”“大团队”，他们言传身教使青年牢记初心传统、强化使命担当。打造科教融合育人平台，开展“军工百团”社会实践，熔铸学生“军工品格”。建成以徐特立像、延安石、新校史馆为代表的文化景观“中轴线”，打造特色文化符号。红色基因融入教师课堂、贯穿学生成长。

学校不断赋予“延安根、军工魂”新的时代内涵，形成了理论与实践结合、课内与课外互动、线上与线下融通的文化涵养长效机制，红色基因内化于心、外化于行，在校生入党比例逐年升高，毕业生积极投身国防、服务基层，到国防系统就业人数占直接就业人数的比例达 1/3。立足“价值塑造、知识养成、实践能力”三位一体人才培养模式，以培养“胸怀壮志、明德精工、创新包容、时代担当”领军领导人才为目标，以集成协同、交叉融合为理念，系统谋划、协同发力，开展创新创业人才培养实践。

三、厚植军工报国情怀，培养新时代国防科技领军人才（西北工业大学）

强化军工报国情怀，塑造学生献身国防的价值追求。将军工报国情怀、“三航精神”融入人才培养全过程，引导学生“立大志向，上大舞台，入主战场，干大事业”，矢志国防报国。打造“翱翔系列型号总师进校园”的思政育人品牌，统筹推进思政课程和课程思政建设，做到“门门课程有思政”。

优化“三航”特色学科专业布局，坚守国防科技人才培养。聚焦国防科技现代化，布局了一批特色一流学科专业，重点建设航宇、材料、兵器等“3+2”一流学科（群），包括飞行器设计、航空宇航制造工程等 10 个国防特色学科；聚类形成航空航天类、海洋工程类等 9 个本科生大类，坚持不懈培养国防领域优秀人才。

构建“产学研用＋国防”深度协同育人机制，提升学生创新实践能力。强化科研育人，以大团队、大平台、大项目、大成果支撑人才培养。超过 80%的学生毕业论文选题来源于大型飞机、探月工程、深海探测等国家/国防重大科研项目；学生参与的科研项目超过 80%来源于国防军工领域；超过 80%学生赴国防科研单位开展实习实践和科研工作。2016 年，“翱翔系列微小卫星”获第二届中国“互联网+”大学生创新创业大赛全国总冠军。

扎根西部、献身国防的爱国奉献精神和国防军工特质深深地融入西北工业大学学子的灵魂和血脉，毕业生投身国防科技领域就业比例达到 40%，居全国普通高校第一，在西部地区就业比例达到 43%。近年来涌现出以“民机三总师”（ARJ21 总师陈勇、C919 基本型总师韩克岑、CR929 中俄远程宽体客机中方总师陈迎春）、直-20 总师邓景辉、首次实现海上航天发射的长征十一号运载火箭型号总师张飞霆、我国首款大型水陆两栖飞机 AG600 常务副总师王正龙等为代表的一大批杰出毕业生，在国家/国防重点领域“愿意去、留得住、干得好”，续写了新时代国防科技领军人才培养“西工大现象”。

四、以“徐川思政工作法”为特色，构建主渠道引领与常态化渗透相融合的思政教育教学新模式（南京航空航天大学）

南京航空航天大学根据全国高校思想政治工作会议精神和学校思政工作的总体要求，秉承“航空报国”“献身国防”的优良传统，以问题意识为导向，以学科建设为平台，以理论研究为支撑，以话语转化为路径，以达成实效为目的，以“徐川思政工作法”为特色，构建了主渠道引领与常态化渗透相融合的思政教育教学新模式。改革传统“照本宣科”的思政教学模式，聚焦供给侧，找准“真”问题，努力实现教材体系向教学体系的转化，解决思政教育针对性不足的问题。重点打造新媒体平台，通过“南航徐川”微信公众号，借助网络交流的私密性、便捷性等特征，引导学生提出在课堂上“不敢提”“不愿提”的“真”问题，由实际问题的反馈改进教学内容和侧重点，倒逼思政教育体系设计。通过研（深化理论）、讲（讲透道理）、建（组好团队）、传（多方传导），直面问题，因材施教，践行“精准滴灌”的教育理念，创新形式，转化话语，形成“寓理于情”的表达特色，构建“协同联动”的工作机制，形成“铺天盖地”的辐射效果，达到“入脑入心”的教育实效。

南京航空航天大学既有一线思政课教师的优秀教学团队做保障，又融合了校内外思政教育工作者的力量，形成全员育人队伍。团队研发的思政课程和工作方法在全国高校和各行业产生示范影响。团队成员主讲的“优秀示范党课”由教育部思想政治工作司组织在全国范围内巡讲，辐射全国 140 余所高校。“徐川思政工作法”由中共江苏省委教育工作委员会在全省高校范围内推广；王岩教授以“思维助产术”为核心理念的思政工作方法多次在“全国高校思想政治理论课骨干教师研修班”等进行示范讲授。“确定问题域提升亲和力追求实效性构建‘川流不息’思想政治教育新模式”获 2017 年江苏省教学成果特等奖和 2018 年国家级教学成果二等奖。

五、“两华精神”为引领，孕育富有红色基因的新时代革命军人（中国人民解放军空军军医大学）

大力推进以文化人、以文育人工作，不断引导师生增强文化自信和文化自觉，聚力拓展践行培育社会主义核心价值观和革命军人核心价值观的新路径。

强化铸魂育人。把始终坚持把握正确政治方向放在办校治学首位，聚力拓展践行培育社会主义核心价值观和革命军人核心价值观的新路径。深入开展“传承红色基因，担当强军重任”和“不忘初心、牢记使命”主题教育，结合驻地红色资源优势，创新教育实践环节，组织新入校学员赴延安开展革命传统教育，传承党和军队红色基因，凝聚建校兴校的磅礴力量。

提升大学精神。深入挖掘学风和办学理念的文化底蕴，全面总结学校 80 多年来的办学历史，大力弘扬“至精至爱、效国效民”的大学精神、“德、学、和、进”的校风、“团结，求实，创新，献身”的校训，不断凝练、丰富和弘扬大学精神的文化内涵。深入开展办学思想大讨论和纠治和平积弊活动，聚焦备战打仗主责主业，统一师生员工的思想和行动，号召全校师生学习“甘巴拉精神”和“抗疫精神”，打造学校的精神高地和文化标尺。

丰富文化活动。积极开展校园文化艺术活动和课外学术科技及社会实践活动，构建了校园文化活动品牌体系，扩大了社会影响力，在丰富师生员工文化生活的同时，营造了健康向上、生动活泼、浓郁热烈、高雅文明的校园文化氛围。主办 2018 年亚太军事医学年会，提升学科在国内外医学领域的软实力。截至 2018

年，赛艇队参加8项国际和全国赛事，荣获冠军4项、亚军季军各2项，优胜奖2项，有效激发师生员工的参与热情，充分展示了中国人民解放军空军军医大学的风采，打造了具有中国人民解放军空军军医大学特色的校园文化活动品牌体系。

第二节　深化人才培养模式改革，培养国防科技工业急需高层次专业人才

一、汇聚六维合力，创新人才加速涌现的北理工探索（北京理工大学）

北京理工大学立足培养担当民族复兴大任的时代新人，构建“价值塑造、知识养成、实践能力”三位一体人才培养模式，以“家国情怀、追求卓越、引领未来”为培养目标，努力实现学生在价值、能力和知识维度上的协调发展，六维合力培养拔尖创新人才，为培养高素质国防科技人才、续写新时代人才培养新华章提供了坚强保障。红色基因知识能力一体，构建“大思政”工作格局，建立“十育人”工作体系，把“延安精神”“军工文化”融入人才培养全过程。本研人才培养体系一体，以徐特立学院为引领，打造基础知识精深、能力素质并重、分类卓越成才的本研一体贯通培养体系。“寰宇+”（SPACE+X）改革一体，整体推进专业建设、培养模式、实践能力、课程建设、激励机制、体制改革，打造“金专”“金课”名师成果。书院学院专业大类一体，实施跨学院跨专业大类招生、大类培养和书院制，开设智能机电、医工融合等交叉融合实验班，提升人文素质，跨界培养人才。科学研究实践创新一体，创建双创大平台、大中心、大团队、大项目，将科技创新优势转化为人才培养优势，将教师学术科研能力转化为学生创新创业能力。国内国外培养教学一体，享世界一流大学资源，促学生国际交流，建设中俄学院、大数据专业、对标课程，工科专业接轨国际工程教育“第一方阵”。

二、支撑国防现代化建设，培养国防急需高层次专业人才（哈尔滨工程大学）

哈尔滨工程大学始终坚持“国家战略在哪里，人才培养就到哪里”的方针，发挥长期服务国防优势，依托军地合作，开展协同育人，紧密结合承担的型号研制、科学研究任务，在国防科研和办学过程中锤炼技术攻关队伍、培养国防急需高层次专业人才。

2018年，教育部批准清华大学、北京大学、哈尔滨工程大学三所高校与中国

人民解放军军事科学院首批开展联合培养专项计划，这是军队改革实施以来融合发展的重大举措。哈尔滨工程大学 2018 年首批培养 20 名博士生，2019 年培养规模达到 40 名博士生、20 名硕士生，合作导师 80 人，在全国高校中合作规模最大、类型最全，并在船舶、控制、力学、动力、水声等国防关键核心技术和前沿共性问题领域联合承担装备预研、前沿创新等研究任务，发挥了示范引领作用。

服务“一带一路”，培养知华友华国际一流人才。学校长期与国际原子能机构（International Atomic Energy Agency，IAEA）密切合作，探索建立中国特色、国际标准的核教育体系，为中国和全世界培养了一批高素质核领域人才，获得国际社会高度评价。基于在国际核领域人才培养的良好声誉，学校积极响应并服务“一带一路”倡议，在教育部大力支持下，2017 年倡议并推动设立了首个“中国政府原子能奖学金”，至 2022 年为“一带一路”沿线和新兴核能国家培养 200 名硕士、博士留学生，将中国技术、中国制造、中国标准、中国文化传播到世界，为提升国家软实力作出了应有贡献。国际原子能机构评价该项目是“构建核领域人类命运共同体，推动‘一带一路’、核工业走出去的具体举措”。

三、学科与专业建设协同，打造人才培养南航样板（南京航空航天大学）

依托高层次学科平台建设一流本科生校内实践创新基地。依托机械结构力学及控制国家重点实验室等 11 个国家及省部级科研优势平台，建设了一批以高水平科研项目为载体的“主题创新区”，全面向学生开放，实现学生课外科技训练全员覆盖。

依托高水平学科团队组建一流教学团队。坚持学科建设与专业建设统一规划，由学科带头人担任专业负责人，学科团队骨干成员承担专业核心课程教学任务。重视老教师的传帮带作用，采用青年教师导师制、课程组集体备课、定期组织课程教学创新竞赛等方式，整体提升教师的教学能力。构建教研融合、高水平科研转化为高质量人才培养的有效机制。出台相关政策，激励教师及时将科研成果转化为课程内容、教学案例，不断更新教材和实验设备，结合工程实际研发出一批具有自主知识产权的力学实验教学设备。实施本硕博贯通式人才培养新模式，率先设立工程力学优秀生培养班——“钱伟长班”，实施“本—硕—博”贯通式培养，探索了创新人才拔尖创新化培养的有效模式。

2015 年，第十届全国周培源大学生力学竞赛总成绩全国第一并获得全国唯一团体特等奖。2015 年，工程力学专业入选江苏省品牌专业建设工程一期项目 A 类建设点。2016 届工程力学“钱伟长班”被誉为“南航最牛毕业班”。2018 年 1 月 3 日，教师教学团队获得首届“全国高校黄大年式教师团队”称号，被中央四部

委授予 “全国专业技术人才先进集体”称号。2018 年“依托优势学科构建与实践工程力学专业创新人才培养新体系”获国家级教学成果奖一等奖。2019 年，在国际大学生工程力学竞赛中获奖 9 项。

四、践行“强大国防”使命，构建工程拔尖创新人才培养的南理工体系（南京理工大学）

建立“使命担当”英才培养机制。根植“强大国防”使命，提出了“为中华民族复兴立命、为武器装备现代化立行”的教育理念，在人才培养的各个环节渗入军工文化元素。将知识传授、能力培养、文化引领、价值培塑等融会贯通，将军工文化育人理念落细、落小、落准到人才培养全过程，通过言传身教、教学相长，不断培养学生的家国情怀和奉献精神，提升了学生献身国防的使命感、责任感、荣誉感和自豪感。

构建军民融合课程体系。以兵器装备发展及国民经济建设对通专结合的军民两用人才的需求为导向在打牢工程基础理论和专门知识的基础上，模块化构建了火炮等军工特色专业，设置了先进发射等交叉学科领域卓越工程师培养专业课程，实施校企双导师制，培养“三师型”领军人才。依托国防科技重点实验室、“111 计划”引智基地、国际合作办学项目，聘请国内外名师专家，开办暑期学校和系列讲座。

打造多层次专业实践教学平台。以创新设计和工程实践能力培养为导向，校企协同、优势互补、科教融合，打造了多层次、多模块的工程素质与创新实践能力培养平台，建设了国家级实验教学示范中心、科教融合的专业实验室、高层次科研实验室、多样化的学生自主创新工作室、校企优势互补的工程实践教育中心，全面提升了学生的基础实践能力、专业综合实践能力和自主创新创业能力。

在国防科技工业相关领域，一大批校友已经成为我国国防建设事业的中坚力量。2015 年大阅兵兵器方阵中武器系统的总师和副总师均由南京理工大学校友担任。

五、构建“三者合一”的工程实践，培养体系武器类拔尖创新人才（南京理工大学）

依托学校武器类学科优势，结合研究生教育综合改革，通过完善武器类博士生专业知识体系，构建“梯次配备+小组指导+分类培养”的拔尖创新人才培养机制，构建“三者合一”的工程实践培养体系，创新了武器类博士生培养模式。优化培养方案、拓展培养渠道，完善武器类拔尖创新人才知识体系。优化培养方案，形成通专结合的课程体系；拓展培养渠道，建立“四位一体”的课外学习方式，强化武器类博士生的专业知识。通过国际顶尖军工院校研访等方式，紧跟国际学术前沿；借助实地试验等途径，使博士生系统掌握工程技术。立足自主，依托“两高”（高水平团队+高层次项目），构建梯次配备、分类培养的拔尖创新人才培养机制。依托高水平国防创新团队，院士、总师引领，构建梯次配备、分类培养的拔尖创新人才培养机制。按方向组建技术小组，组内纵向技术攻关，组间横向协同合作，提高跨学科解决科研问题的能力。全链贯通，自主参与，构建武器类博士生“三者合一”的工程实践创新培养体系。博士生作为参试者，参与武器系统全寿命研制试验，全面提高解决复杂工程问题的能力。近年来武器类博士生自主创新能力提升显著，成果示范和辐射作用突出。2017 年，博士生章冲以第一作者在 *Science* 上发表我国火炸药领域首篇论文，引领了新型超高能含能材料研究；许元刚以第一作者在 *Nature* 上发表我国含能材料领域首篇论文。2/3 以上的毕业生在国防系统就业，涌现出程刚、张培林等一批具有献身精神的国防领军人才。

六、以智能无人系统/机器人技术为主线的强军新工科“无人”专业课程体系构建与实施（国防科技大学）

根据“无人作战”新型作战力量的发展对“无人装备工程”“无人系统工程”等强军新工科专业人才培养提出的新要求，构建了以智能无人系统/机器人技术为主线的“无人装备工程”“无人系统工程”专业课程体系，实现理论教学与综合实践教学的融会贯通。根据无人装备的技术特征，“无人装备工程”专业课程必修课程划分为机电系统课程群、信息系统课程群、控制系统课程群、智能系统课程群；根据无人系统的技术特征及作战应用，“无人系统工程”专业课程必修课程划分为机电系统课程群、信息系统课程群、控制系统课程群、智能作战课程群。“无人装备工程”“无人系统工程”专业的机电系统课程群、信息系统课程群、控制系统课程群均设置一个综合设计项目，分别为机电系统综合设计、信息系统综合设计、控制系统综合设计，另外两个专业分别设有本科教育专业一级项目，即无人装备工程专业综合设计项目和无人作战工程专业综合设计项目。通过上述一体化设计和贯穿本科学习全过程的综合实践系列课程，训练学员综合运用所学的机械、电子、通信、控制、导航、智能等方面知识，设计并实现典型的智能机器人系统，完成复杂地形穿越或者对抗竞赛等预定任务，实践典型无人系统装备的“需求分析、资料查阅、方案设计、理论计算、工程实现、试验调试”的全套设计流程，巩固所学的基础理论和专业知识，培养工程素养及协作精神，激发创新思维与科研兴趣，大大提升了学生的创新实践能力和解决实际问题的能力。

七、探索航天教育国际合作新路径，构筑“一带一路”航宇发展新高地（西北工业大学）

学校依托航空宇航优势学科，大力推进与世界一流大学交流与合作，探索建立“以‘一带一路’为重点，以国际平台为依托，以联合研究为牵引，以人才培养为使命”的航天工程教育国际合作新路径。

发起成立“一带一路”航天创新联盟多边合作平台，建立了以我国为主，包括 21 个国家 63 个成员单位在内的国际合作网络，吸引莫斯科航空学院、意大利米兰理工大学等国际名校加入。在西班牙、埃及等多国举办航天学术活动，成为为数不多的以“一带一路”为主题的大学联盟中在国外举办系列活动的单位，极大提升了中国航天工程教育与学科国际影响力，为航天强国建设贡献西工大智慧。

作为欧盟 QB50 项目的亚太区域总协调单位，与 23 个国家的 40 余所大学、研究机构合作开展微小卫星研发工作，西北工业大学自主研制的“翱翔一号”卫星首次搭载宇宙神 5 运载火箭（Atlas5）/天鹅座货运飞船进入国际空间站，形成中国航天对美合作的实质性“突破”。为中国航天服务“一带一路”沿线国家贡献西工大方案。

与亚太空间合作组织（Asia-Pacific Space Cooperation Organization，APSCO）联合，获批“未来空天飞行技术创新型人才国际合作培养”等项目，建成了航天创新人才培养基地。

第三节　技术、知识创新方面：大力加强学生创新创业教育

一、依托“冯如杯”学生学术科技作品竞赛，打造创新创业教育体系（北京航空航天大学）

在大类招生、大类培养背景下，学校创新创业教育逐步成为学校科研优势向人才培养优势转化的有效载体。学校鼓励“师生共创+学生原创”相结合的创新培育模式，明确以创新为基础的创新创业教育导向，于 2016 年成立了创新创业学院，下设教育中心、活动中心、指导中心、实践中心、研究中心五个分中心，学院办公室设在校团委。各部门在现有工作基础上，整合校内创新创业教育资源，凝聚创新创业合力，实现了校内创新创业教育的高效沟通和无缝衔接。目

前，学校创新创业工作形成了资源统筹、齐抓共管、上下联动、全面推进的良好工作格局。

“冯如杯”学生学术科技作品竞赛作为北京航空航天大学创新创业教育的核心载体，逐渐形成了创意、创新、创业的“一杯三赛”竞赛模式，通过竞赛鼓励学生大胆创意、动手创造、勇于创业，形成了北京航空航天大学独特的从创意到创造，再到创业的创新创业氛围。正是基于“冯如杯”学生学术科技作品竞赛的沃土，近年来，在“挑战杯”全国大学生课外学术科技作品竞赛、中国“互联网+”大学生创新创业大赛等全国大赛中，相继获得多项特等奖、一等奖和冠、亚军等荣誉。学生创新创业团队也得到了包括《新闻联播》在内的权威媒体的多次报道。近百个学生创业团队成立公司、走向市场，涌现出了拔尖的学生创业企业，得到了千万级的风投资金，创造了数十亿元的市值。

二、四融合四促进，实践创新创业人才培养新模式（北京理工大学）

创建先进材料实验中心等 20 个集科研教学创新于一体的公共平台，建设工程训练中心、智能电子信息系统研究所/电工电子国家级实验教学示范中心、前沿交叉科学研究院等从基础到前沿的创新中心，组建无人机队、赛车队、机器人队等多学科交叉的学生双创团队，搭建高层次学科团队指导的学生双创项目。推动创新创业与知识体系融合，促进学生创新思维培养与能力提升；创新实践与科学研究融合，促进科技创新优势转化为人才培养优势；创新平台与学科平台融合，促进创新创业实践生态升级；创新团队与教师团队融合，促进教师学术科研能力转化为学生创新创业能力；形成“四融合、四促进”的学生创新创业教育“北理模式”。

创新创业成果不断涌现，学生团队斩获多个国际国内大奖，2018 年在第四届中国“互联网+”大学生创新创业大赛中获得冠军、季军和金奖，创赛事纪录。冠军倪俊本科一年级起就浸润在北理创新文化“塑”、创新模式“育”、创新平台“促”的氛围中，多次率领车队参加国内外比赛 30 余项，已入选 2016 年中国科协青年人才托举工程，获 2017 年 “北京青年五四奖章”。

三、“德才培育并举，科教深度融合，自主创新实践”的哈工大育人理念（哈尔滨工业大学）

在秉承“规格严格、功夫到家”校训的莘莘学子中，有一群具有“特别能吃苦、特别能战斗、特别能攻关、特别能奉献”基因的航天人，他们组成了紫丁香学生微纳卫星团队。紫丁香学生微纳卫星团队成立于 2012 年，凝聚了航空宇航、力学、计算机等 9 个学科的 100 多名本科、硕士和博士学生。

紫丁香学生微纳卫星团队是一个开放的学生自主创新实训平台，建立了“按兴趣和特长自主选题+多学科导师团队”的培养模式；紫丁香学生微纳卫星团队，是一个国际合作示范平台，学生自主与国内外 60 余所大学和学术组织建立实质性合作关系；紫丁香学生微纳卫星团队是一个航天科普和爱国教育平台，提出了“依托工程实践传承航天精神”的感悟式德才并举教育方法。紫丁香学生微纳卫星团队屡创佳绩，我国首次由学生自主研发的“紫丁香一号”和“紫丁香二号”卫星相继发射成功，2017 年 5 月“紫丁香一号”卫星从国际空间站释放，开启了我国在校学生参与国际空间研究计划的新篇章。紫丁香学生微纳卫星团队近年来获得 20 余项国家级奖励（一等奖及以上），开创了“德才培育并举，科教深度融合、自主创新实践”人才培养新模式，相关成果获国家级研究生教育成果奖一等奖。

央视网、人民网、光明网、凤凰网、中国教育报等均跟踪报道，深刻剖析了“学生把梦想做上天”背后对于高校人才培养的意义和作用。

四、构建校地深度融合的创新创业教育模式，打造国家双创示范基地（南京理工大学）

南京理工大学开展类型丰富、途径多样的创新创业教育与实践，将双创教育与区域发展整体规划深入融合，对体制机制进行创新探索，打造扎根区域服务社会的国家级双创示范基地，得到主管部门的高度认可和新闻媒体的广泛报道。南京理工大学创新了针对性双创培养新模式，围绕区域企业院所创新人才需求，吸纳产业教授、产学研实习基地等社会优质创新资源，实施融合—普惠、拓展—拔尖创新和提升—典型三种创新创业教学方式，精准、有效地促进不同创新创业需求学生的成长发展。2017 年南京理工大学成立创新创业教育学院，先后遴选建设多个大学生创新创业工作室，打造环南理工创新创业区，利用地缘优势与南京市各行政区共建“紫金创谷”双创街区、南理工科技创新园、南京机器人研究院等一批政产学研用双创载体。

南京理工大学获批教育部“全国高校实践育人创新创业基地”“全国深化创新创业教育改革示范高校”“全国创新创业典型经验高校”“首批中美青年创客交流中心”，“二月兰创新工坊”获批国家级众创空间，南京理工大学大学生创业实践基地获评“2017—2020 年度江苏省大学生创新创业示范基地”、南京市“市级众创空间”等称号，2017 年学校成功入选国家“大众创业万众创新示范基地”。

第四节 协同创新方面：大力推进科教产教协同育人

一、科教融合、校企协同、国际合作的定制人才培养北航模式（北京航空航天大学）

北京航空航天大学在多年试点经验基础上，于 2017 年启动建校以来规模最大的人才培养改革，全校按照四个大类招生，并成立覆盖一二年级全体本科生、强化通识教育的“北航学院”。在学院内部，设立有党政办公室、教学工作部、学生工作部以及传源、士谔、冯如、士嘉、守锷、致真、知行七大书院，其核心功能涵盖通识教育、导师制以及社区育人，探索出一条具有“中国特色、北航风格”的本科生大类招生、书院培养的特色道路。

围绕“大飞机”重大专项，与中国商用飞机有限责任公司联合举办“大型飞机高级人才培训班”，为国产大飞机的设计、研发、制造和运营定向培养核心人才，许多学员工作在中国商用飞机有限责任公司的关键岗位上。围绕“两机”重大专项，成立“吴大观英才班”，聚焦航空发动机领域，到 2018 年已定向培养 6 届学生。2018 年，北京航空航天大学与法国国立民航大学签署合作备忘录，在杭州共建中法航空大学，围绕“航空强国”战略，培养航空、民航高端人才。北京航空航天大学不断通过专项招生和定制培养，为航空航天、信息安全等国家重点行业领域持续输送一流创新型人才。

二、科教融合，在哈尔滨工业大学学习的高“性价比”得到社会广泛认可（哈尔滨工业大学）

哈尔滨工业大学建立了“以学生为中心，学生学习与发展成效驱动”的教育理念，构建“核心价值塑造、综合能力养成和多维知识探究”三位一体的人才培养模式，完善了“通识教育、专业教育、实践创新、个性发展”四个融合的课程体系，实施了“转理念、强通识、精课程、重实践、抓两化（个性化和国际化）、健组织、严评价、促发展”八大举措，强化了学校人才培养特色。在专业教育和通识教育间把握平衡，人才培养向交叉融合转移。建立的大类招生、大类培养体系实现 8 个专业集群招生，100%的学生可自主选择专业和发展方向；布局创建战略新兴专业，建设 13 个新型辅修专业，加大跨学科人才培养力度；进行交叉学科方向研究生培养，实现本研人才培养课程体系、实习实践平台、教学管理、信息化支撑系统的全面贯通；将最新科研成果凝练固化为课程教学内容，将科研项目用于学生培养，将科研设备开发为实践育人平台，将科研方法用于学生创新创业实践能力培养。

经过系统培养，学校的毕业生就业竞争力排名明显高于入学分数排名。自“BOSS 直聘”2016 年发布高校应届毕业生就业竞争力 100 强以来，学校连续 3 年位列全国第 7 位。在 2019 届校园招聘 500 强企业宣讲高校排行中居全国第 1 位；在泰晤士高等教育发布的“2018 年全球大学就业能力排行榜”中居全球第 143 位。

三、共建协同培养机制，构建高素质国防科技人才培养共同体（西北工业大学）

依托多方培养单位，共建协同培养机制。依托国防特色的国家级实践示范基地、协同创新中心等近 100 个联合培养平台，实施本硕贯通式培养计划和工程博士培养计划；打破学院及专业、企业及部门壁垒，实现培养方案统筹规划、培养资源精准对接和高效共享，每年选派近千名研究生去企业深度参与工程实践。

建设一批协同创新中心，联合培养高层次科技人才。通过实践实习、挂职锻炼等与专业学习融会贯通，与中国航天科技集团有限公司等单位共同建设了“航天动力技术协同创新中心”等四个协同创新中心，并先后与中国航空工业集团公司第一飞机设计研究院、航天恒星科技有限公司等单位开展了围绕联合培养高层次创新人才的战略合作，将专业学位研究生人才培养与国防项目紧密结合，协同培养了一批优秀的国防科技人才。

大力加强实践实习基地建设，在实践中协同培养学生。建立完善了专业学位研究生实践基地管理办法等一系列规章、制度，大力加强实践基地建设，鼓励院系与国防科研单位共建实践基地，先后与陕西飞机工业有限责任公司等单位建立了全日制工程硕士研究生实践基地，与多家企业建立了全日制工程硕士联合培养合作关系。

面向国家和国防重点建设领域设立工程博士专项班。联合中国航空工业集团公司第一飞机设计研究院、中国飞机强度研究所、中国航空发动机集团有限公司、中国船舶重工集团公司第七〇五研究所等大型国防企业，聚焦未来飞行器、船舶与海洋工程、智能无人系统、未来飞行器、航天装备、无人海洋装备、稀有材料、两机专项等国家和国防重点建设领域灵活设立多个工程博士专项班，着力增强研究人员的创新能力和综合实践能力，推动高端前沿技术创新，培养行业领军人才。

四、依托北斗重大工程任务，培养高层次、高水平的战略型和专家型人才（军队院校）

创立“四位一体”人才培养的“北斗模式”。创立了以“多专业交叉融合的课程体系”“关键技术攻关与前沿探索并举的选题体系”“与北斗系统建设无缝对接的实践体系”“多层次多方位导师联合培养的指导体系”四位一体的研究生培养“北斗模式”。强化科研创新在卫星导航知识体系中的主导作用，构建集基础、应用、前沿于一体的研究生课程。以重大需求为导向的选题方法，使研究生培养紧密依托北斗型号工程建设开展，先后为解决以北斗一号全数字快捕、北斗二号卫星抗干扰、北斗三号系列卫星载荷为代表的系统建设瓶颈问题，提供了重要的技术支撑。依托北斗科研大团队，构建“导师+助理导师+专家级工程师+教学管理办公室”的多方位、多层次的研究生培养指导方法，培养过程更加规范化和制度化，提高了研究生管理与指导质量。

第五节　治理体系创新方面：着力提升治理能力现代化水平

一、着力提升治理能力现代化水平，不断完善治理体系（西北工业大学）

学校党委坚持以习近平新时代中国特色社会主义思想统领“双一流”建设全局，以确保正确办学政治方向为抓手，以释放办学活力为着力点，持续推进中国特色现代大学制度建设，不断完善治理体系，着力提升治理能力现代化水平，为“双一流”建设营造良好的制度保障。

全面加强学校党委的建设，把党的领导贯穿“双一流”建设全过程。学校党委充分发挥把方向、管大局、做决策、抓班子、带队伍、保落实的作用。修订党委全委会、常委会、校长办公会议事规则，印发《西北工业大学落实“三重一大”决策制度实施办法》，健全学校重要工作常态化督查督办机制。党委常委会常态化研讨“双一流”建设中的重大问题，聚焦涉及学校改革发展稳定的重大问题和事项进行调研决策，坚决落实党中央关于教育改革发展和“双一流”建设的各项决策部署，为“双一流”建设提供坚强领导保证。

压实工作责任，构建“双一流”建设管理体制。西北工业大学成立一流大学建设领导小组，负责“双一流”建设的统筹协调和实施推进，审议事关“双一流”建设的重要事项；校学术委员会就“双一流”建设中的重要事项决策进行咨询和把关；各职能部门通力合作，协同推进各项建设任务和改革任务，形成了党委统一领导、校长负责，一流大学建设领导小组统筹推进，校学术委员会咨询把关，各职能部门分工协作的“双一流”建设管理体制。

着力建章立制，推进现代大学制度建设。一是坚持以《西北工业大学章程》

为基本遵循，健全完善相关规章制度。坚持党委领导下的校长负责制，坚持民主集中制，规范学校议事规则和决策程序，进一步明确党委和行政关系，积极推进校务委员会工作开展。二是成立学校规章制度建设工作小组，科学规划规章制度顶层设计。支持学术委员会遵照章程开展工作，健全以学术委员会为核心的学术管理体系与组织架构。三是完成工会、教职工代表大会、共青团的换届工作，充分发挥教职工代表大会、学生代表大会等组织作用。引导广大师生参与学校发展规划、重大改革和涉及师生切身利益的重要事项，充分发挥师生在民主监督和民主管理中的作用。四是通过先行先试，逐步扩大学院在岗位设置、人才引进、考核评价、薪酬分配等方面的自主权，完善落实学院办学主体地位的制度体系。

持续扩大开放，完善社会参与机制。积极构建集地方政府、国防科研院所、知名企业于一体的社会参与机制，汇聚支撑学校发展的合力。瞄准长江三角洲区域一体化发展、粤港澳大湾区建设、西部大开发等国家战略，与西安市人民政府签订战略合作协议，推动“翱翔小镇”等科技特色小镇和环西工大军民融合创新带建设。与江苏省合作共建太仓校区和长三角研究院，推动深圳研究院、青岛研究院等异地创新机构建设。积极投身陕西新时代“追赶超越”和大西安建设。主动对接军工集团，先后与中国航空发动机集团有限公司、中国船舶集团有限公司等签订战略合作协议，深化与中国航空工业集团有限公司、中国航天科技集团有限公司、中国航天科工集团有限公司的联系，围绕人才培养、项目合作、科技研发与产业化发展等方面开展合作。

加强统筹协调，优化资源配置。一是按照“资源随人走、随新走、随改革走、随贡献走、随公共平台走”的原则优化资源配置。优先支持人才培养、师资队伍、学科公共平台、“3+2”一流学科（群）及新兴（交叉）学科建设。二是改革公用房配置机制，建立“基础资源+竞争性资源”的公用房资源配置模式及以绩效和经济为杠杆的公用房调配机制。按照“办公定额、教学保障、科研有偿、绩效导向”的原则，建立有偿使用和绩效评价机制，推动学院使用绩效和经济杠杆开展房屋核算。三是构建科研设施开放共享机制，建立以校级分析测试中心为主体，多个共性学科公共平台为支撑的科研设备开放共享机制，着力推动大型仪器的开放共享，盘活校内科研设施资源，降低科技创新成本。

二、深化管理体制改革，充分释放办学活力（北京航空航天大学）

完善学科建设管理机制，促进学科内涵式发展。在拓展学科面的同时，严把学位授权点的申报和设立质量关，围绕国家发展战略和经济社会发展需求，以提高质量为宗旨，有序开展学位授权点增列工作。对各学位点建设水平进行全面梳理和评估，对于建设质量不高的学位点进行动态调整，促进了学位授权点建设质量的提升。完善学科建设评估机制、优化考核指标，将研究生指标、建设经费等资源调配与国家战略需求、学位点建设质量挂钩，激发学科创新活力。

深化人才培养机制改革，完善培养质量评估体系建设。完善覆盖全部教学环节的教学质量标准，健全学生评价、学院评价、教师自评、同行评价、专家评价的多维度教学质量评价体系。加强校院两级督导，实施校领导听课制度。建立教学基本状态数据库及评估系统，开展教育教学质量常态化监测；以“树典范、筑底线”为原则完善学位论文质量保障机制，出台《北京航空航天大学研究生指导教师岗位管理办法（试行）》《北京航空航天大学落实研究生导师立德树人职责实施细则（试行）》，健全研究生导师权责机制；全面实行博士生招生“申请—考核制”；建立健全涵盖保障型、半竞争型和竞争型的研究生创新激励体系，引导和激励研究生潜心学术、追求卓越。

深化人事制度改革，建立人才队伍的多元评价机制。北京航空航天大学深入研究出台《教师队伍分系列发展与评价总体方案》。以“分类管理、科学评价、强化责任、人尽其才”为原则，构建教研、教学、研究、实验、管理服务五大系列，强化师德师风第一标准要求，全面清理“五唯”，着力深化以质量、贡献、影响为核心的代表作评价制度，有效引导、激励教师选择适合自己的发展系列，推进实施教师队伍分系列发展与评价制度。启动体系化职称评审制度改革，科学统筹政策机制设计，出台《北京航空航天大学职称评审实施办法（试行）》，强化代表作评价制度，实施以权威第三方进行同行评价为主的多元化评价机制，力求评价的科学性和公正性，分系列发展效果初显。

深化科研评价方法改革，释放科研创新潜能。深化改革、清理“五唯”，完善校院两级科研组织和科研管理体系，有效完善科研治理体系、提升科研治理能力。优化“青年拔尖人才支持计划”选拔，强化考核，强调以需求为导向开展基础前沿研究；优化重大科技创新支持计划，激励引导科技创新向质量、影响、贡献导向转变。依托航空发动机研究院、前沿科学技术创新研究院等，建成重大装备超大关键构件增材制造研究院、电磁安全先进技术研究院等分院。

三、坚持和加强党对学校工作的全面领导（北京理工大学）

坚持和加强党对学校工作的全面领导。把党的政治建设摆在首位，增强“四个意识”、坚定“四个自信”、做到“两个维护”，把党的领导党的建设贯穿办学治校全过程。推动形成了以大学章程为统领，以党委领导下的校长负责制为核心，以职能部门和专业学院为依托，以学术委员会、教职工代表大会等为支撑的现代化大学内部治理体系，完善了“党委领导、校长负责、教授治学、民主管理”的治理结构。

实施思想引领计划。持续完善落实党中央决策部署和上级工作要求快速响应、扎实部署、督查问责工作机制。高扬旗帜，持续推动习近平新时代中国特色社会主义思想深入人心落地生根，做好党的理论创新成果“三进”工作，及时学习宣传贯彻习近平重要讲话和重要指示精神，加强重大问题的理论阐释和深度解读。制定推进落实《关于加强高校党的政治建设的若干措施》工作方案。扎实开展“三严三实”专题教育、“两学一做”学习教育和“不忘初心、牢记使命”主题教育。持续深入推进中央专项巡视整改、工业和信息化部专项巡视检查整改工作。制定巡察工作规划和巡察工作办法，建立党委巡察工作长效机制。

实施能力锻造计划。坚持新时代好干部标准，制定完善《北京理工大学中层领导人员管理办法（试行）》《北京理工大学中层领导人员选拔任用工作实施细则》等制度，紧密结合学校机构改革，优化班子结构。打造忠诚干净担当的高素质干部队伍，营造良好选人用人环境，加强精准分类和关键业绩导向，激发干部勇担重任、能担重任的信心。搭建挂职锻炼平台，每年推荐十余名干部教师去部委、地方挂职借调。依托校外党性教育基地持续开展暑期集中培训实践，实现中层领导干部三年全覆盖。

实施固本强基计划。落实党建工作责任制，突出党组织政治功能，出台《中共北京理工大学委员会关于进一步加强和改进基层党组织建设的若干意见》等基层党建工作制度。重点突出“书记抓、抓书记”，作为中共中央组织部遴选的试点单位，在全国率先开展院级党组织书记抓党建述职评议考核，并拓展到全体师生党支部。

坚持和完善党委领导下的校长负责制。学校党委贯彻落实民主集中制，严格执行“三重一大”规定，党委书记、校长经常性沟通机制更加完善。推进党务公开、校务公开，制定了《北京理工大学党务公开实施细则（试行）》，及时向师生员工、群众团体、民主党派、党外人士、离退休职工等通报学校重大决策及实施情况。

建立促进学术发展的体制机制。充分发挥校学位评定委员会、学术委员会、各学部在学术事务中的科学决策、民主管理与民主监督作用，实施“大部制”改革，推进扁平化管理，以信息化建设推动管理流程再造，建成教师服务大厅，形成线上线下一体化校务服务体系，提供专业化、精细化服务，打造一流的管理服务运行机制。探索实施校院两级管理体制改革，制定了《关于推进校院两级管理体制改革的若干意见》，以人事管理制度改革和财务管理制度改革为牵引，推动学院综合改革，持续增强学院的办学活力。

四、坚持党的领导，健全内部治理体系和社会参与机制（哈尔滨工业大学）

坚持和加强党的全面领导。一是全面实施党的领导强化工程。以成为“听党指挥、跟党走”的中国特色社会主义大学排头兵为目标，高站位、高标准贯彻新时代党的建设总体要求和新时代党的组织路线，将党的全面领导落实在管党治党、办学治校、育人育才的全过程各环节。二是深入实施党建体系优化工程。构建学校党委主导、基层党委主体、党支部主心骨、党员主人翁的工作格局，完善横向覆盖、纵向链接、效能贯通的责任体系，形成一整套党建工作制度体系，充分发挥基层党委“中间段”关键作用。三是积极实施党支部创新工程。党的十八大以来，学校党委在继承优良传统的基础上，深刻把握高校党支部建设规律，全面推广“+支部”组织设置模式，创新实施“大师+支部”“团队+支部”“项目+支部”“师生+支部”“榜样+支部”等多样化设置模式，围绕党员专家、重大项目、先进典型等设立党支部，实现中心工作开展到哪里、支部就建到哪里、战斗堡垒作用就发挥到哪里的目标。通过“四学三讲一提升”等建设项目着力提升党支部标准化规范化水平，实现“双带头人”教师党支部书记全覆盖，打通党建工作“最后一公里”。四是有效实施党建和思政工作协同工程。传承“精神引领、典型引路”的党建特色做法，推动党建与思政工作深度融合，全面提升育人水平。

健全内部治理体系。一是健全以《哈尔滨工业大学章程》为基本遵循的内部治理体系。重新修订党委常委会和校长办公会议事规则、“三重一大”等制度规范，模范执行党委领导下的校长负责制。二是发挥校学术委员会和校学位委员会作用。校教学委员会、科学技术委员会、人力资源委员会和学术道德委员会独立行使学术事务的决策、审议、评定和咨询等职权；院教授会、学位分委员会、大类教学指导委员会在学术决策和学术事务管理中的作用进一步加强。三是坚持民主管理和监督机制。严格执行教职工代表大会制度，明确学校重要制度须通过教职工代表大会审议，推进实施校团委、学生会、研究生会改革方案，按期召开教职工代表大会、学生代表大会、研究生代表大会。四是扩大和落实学校办学自主权。获批全国首批学位授权自主审核高校，通过“申请—考核”选拔适合培养需要的学生，创办面向学科交叉的 15 个新型辅修专业；推动“放管服”改革，提高学校采购限额，扩大采购人自主权；赋予二级学院充分的办学自主权，充分发挥学院和各类人才的积极性、创造性。

健全社会参与机制。一是深化学校与国家部委和地方政府共建机制。工业和信息化部、教育部为学校“双一流”建设提供政策环境和发展空间；黑龙江省、哈尔滨市支持学校建设中俄联合校园，省市统筹各类项目资金 30 亿元支持学校“双一流”建设。与黑龙江省医院、哈尔滨市第一医院签约共建附属医院。2014 年，工业和信息化部与国家海洋局签署共建哈工大船海学科协议，山东省威海市出资 7 亿多元用于威海校区创新创业园和校园建设；广东省深圳市投入 70 多亿元支持深圳校区校园建设和学生培养，教育部复函同意哈尔滨工业大学深圳校区正式开展本科教育，国际高端人才引进成效明显。二是加强资源统筹与协同。学校积极争取社会各界、广大校友和校友企业的大力支持；引入校友资金设立“李昌教育基金”“春晖创新成果奖励基金”“困难不怕，哈工大是家”等100多个奖教、奖助学项目，与中国乡村发展基金会等多家公益组织建立长期稳定的合作伙伴关系；联系当地派出所、交警队、出入境管理、公证处、工商税务等多个社会服务部门进驻师生服务中心，建成可以办理220项学校业务和社会业务的国内高水平高校办事大厅，师生满意度达99.98%，师生服务中心荣获“省级文明窗口标兵”称号。

五、深化管理体制改革，完善现代大学治理体系（哈尔滨工程大学）

坚持和加强党的全面领导。一是加强党的全面领导。以党的十九大报告提出的“加快一流大学和一流学科建设，实现高等教育内涵式发展”[①]的任务要求为指引，召开学校第四次党代会，提出了创建特色鲜明世界一流大学的战略目标和相关战略步骤和战略举措。二是扎实开展三严三实、不忘初心、牢记使命等主题教育。紧紧围绕“党的建设”根本要求、“强国安邦”神圣职责、“立德树人”根本任务三个方面扎实开展“不忘初心、牢记使命”主题教育，教育引导党员师生育杰出人才、铸国之重器，在“双一流”建设中践行初心使命。三是认真贯彻党委领导下的校长负责制。两次修订《中共哈尔滨工程大学委员会常务委员会会议议事规则》《哈尔滨工程大学校长办公会议事规则》，厘清议事范围、完善决策程序，党委常委会会议坚持每学期专题研究人才培养、科学研究、队伍建设等“双一流”建设核心问题，校长办公会议坚持每学期专题听取“工程100条”落实进展情况汇报，寒、暑假工作会议每学期坚持务虚与务实相结合，做好全体师生员工投身“双一流”建设的思想动员和工作部署。四是深入推进“三全育人”。出台《哈尔滨工程大学关于加强和改进新形势下思想政治工作实施方案》，推动思想政治工作在七个主要方面“强起来”，思想价值引领在七个育人领域“融进去”，在坚守中国特色中培养一流人才、产出一流成果。五是夯实“双一流”建设的组织基础。以教学、科研等改革发展实际需求为切入点和着力点，深化基层党组织的组织力建设，建立党支部聚焦“三全育人”志愿服务的长效机制，推动党的建设与“双一流”建设深度融合、相互促进，基层党组织的战斗堡垒作用和党员的先锋模范作用显著发挥。建设期内获评三个全国党建工作样板支部。六是强化“双一流”建设的纪律作风保障。深化运用监督执纪“四种形态”，强化日常监督执纪；推进重要职权清单建设，引导全体党员干部对标“双一流”建设要求，依法

---

① 习近平. 习近平：决胜全面建成小康社会 夺取新时代中国特色社会主义伟大胜利——在中国共产党第十九次全国代表大会上的报告[EB/OL]. [2022-09-28] http://www.gov.cn/zhuanti/2017-10/27/content_5234876.htm.

用权、廉洁用权、高效用权；高质量开展校内政治巡察，推动各基层以一流为目标，将管党治党、办学治校落实落地，以全面从严治党新成效为“双一流”建设提供保证。

完善现代大学治理体系。一是深入推进依法治校。认真分解落实《教育部关于进一步加强高等学校法治工作的意见》，建立校内单位法治工作年报告工作机制，持续推进治理体系与治理能力现代化。二是完善现代大学制度。出台《哈尔滨工程大学规章制度管理办法》，绘制“五纵五横”制度体系图谱，构建形成以大学章程为核心、以党委领导、校长负责、教授治学、民主管理、社会参与为依托的“1+5”顶层制度体系设计与规划，为“双一流”建设夯实制度保障。三是提升民主决策、管理、监督水平。坚持教职工代表大会制度和学术委员会制度，出台《哈尔滨工程大学学生会（研究生会）章程》《校级领导联系基层和调查研究工作细则》《哈尔滨工程大学督办督查工作实施办法》，打造“学生校务参事”品牌，推进改革发展重大问题和重要事项调查研究、专家论证、学术审议、征求意见的规范化、科学化、制度化建设，将“以师生发展为中心”的理念贯穿“双一流”建设始终，凝聚思想共识，汇聚智慧力量。

构建社会参与机制。一是“双一流”建设获得省部市多方支持。2018 年学校获工业和信息化部、国家海洋局共建；2019 年获工业和信息化部、教育部、黑龙江省人民政府、哈尔滨市人民政府“四方共建”，学校“双一流”建设纳入山东省与工业和信息化部战略合作框架协议，为“双一流”建设争取了更多的政策支持和资源供给。二是开拓改革发展“出海口”。建设青岛创新发展基地，使其作为新兴交叉学科的改革特区，培育未来一流学科增长点；建设烟台研究院，定位海洋工程学科建设；建设南海创新发展基地，聚焦深远海无人潜器等成熟技术试验试用。三是密切校企（院所）合作。

健全资源筹集和配置机制。一是健全资源的多元筹集机制。通过国家投入、省部市共建、校地合作等方式为“双一流”建设争取到稳定、优质的财力支撑和空间保障。二是优化实施面向服务需求的资源配置与共享。优化公用房资源配置调节，建立有偿使用机制；实施《哈尔滨工程大学公用教室管理实施办法》，优化调整存量教室布局；出台《哈尔滨工程大学大型仪器设备开放共享管理办法》，统筹仪器设备，大力提升存量资源使用效益。三是加强校园公服体系建设。哈尔滨工程大学 31B 综合实验楼、第三食堂、新体育馆相继建成使用，2019 年，5G（5th generation mobile communication technology，第五代移动通信技术）智慧校园启动建设，集 350 项师生服务事项于一体的智慧校园网上办事中心上线运行并入选全国高教信息化创新应用案例集，为学校“双一流”建设创造优质环境，提供支撑。

第十七章 新时代行业特色高校创新发展机制的构建策略

第一节 人才培养创新举措

人才不仅是各国经济、文化、社会发展的第一资源，也是各国国防和军队发展的重要后备力量。习近平曾强调“科技是国家强盛之基，创新是民族进步之魂”[①]，只有一流的军工人才才能研发生产一流的武器装备，只有一流的武器装备才能打造世界一流的军队。培养国防军工领域创新型人才是赢得国际竞争主动权的重要举措，也是新时代我国国防科技工业发展的必然要求。在百年未有之大变局加速演进的过程中，加强对国防军工人才发展中的体制机制、评价体系、培养体系等重大问题和世界主要国家军工人才重大事件研究，为我国军工人才可持续发展提供决策咨询建议非常重要。

一、夯实人才培养核心地位

习近平指出“只有培养出一流人才的高校，才能够成为世界一流大学。办好我国高校，办出世界一流大学，必须牢牢抓住全面提高人才培养能力这个核心点”[②]。一流人才首先要瞄准世界一流，遵循国际通行的标准，具有历史使命感和社会责任心，富有扎实学识、国际视野、创新精神和实践能力。有了这个基础，高校才能从供给侧出发，为学生成长提供符合教育精神与人才成长规律的专业、课程、实践等教育供给，强化个性化、拔尖创新化的专业培养，更好地服务行业发展建设。第一，优化调整人才培养目标定位。人才培养目标的确定就是要厘清“培养什么人、怎样培养人、为谁培养人”的问题，这是高校谋划自身建设发展的逻辑起点，也是叩问“初心使命”的重要命题。行业特色高校在其办学历史上，人才培养的目标始终紧跟行业发展建设需要，契合时代特征，同时也体现了

① 中共中央文献研究室. 习近平关于科技创新论述摘编[M]. 北京: 中央文献出版社, 2016: 27.
② 习近平. 习近平谈治国理政（第2卷）[M]. 北京: 外文出版社, 2017:377.

学校的办学层次和特色。进入新时代，伴随着新一轮工业革命对行业变革的强烈冲击，行业创新发展对高素质、综合型、复合型人才的需求不断提高。各行业特色高校的人才培养思路、定位也在不断优化调整，更加注重辩证处理好人才培养多样性和满足行业需求、满足当前需求和引领未来社会的关系。各行业特色高校要进一步秉承“基于学生全面发展的创新教育”的育人理念，在价值塑造方面，更加注重培养学生的社会责任感和家国情怀；在能力素质方面，更加注重“厚基础、宽口径、重实践、求创新”的人才培养特色；在国际化方面，更加注重培养学生国际视野和国际胜任力。进入新时代，行业特色型高校的人才培养目标兼具时代特征、中国特色、学校特质。第二，深入开展教育思想大讨论。人才培养是一项见效过程较长的系统工程，需要持续对教育教学的理念进行探讨，找出改革的新方向。例如，国防行业特色高校北京航空航天大学、西北工业大学、南京航空航天大学、南京理工大学、国防科技大学等高校，围绕人才培养中的新需求和问题开展了全校性的深入讨论。从宏观上讲，解决了思想层面的问题，进一步统一思想、凝聚共识；从微观上讲，突出分析问题、聚焦问题、解决问题，促进了相关改革措施的出台，推动人才培养工作高质量开展。其成效主要体现在“四个强化”上，即进一步强化对人才培养是学校根本任务的认识；进一步强化本科教学在人才培养中的基础性地位；进一步强化教职工全员育人的意识；进一步强化新时代推动人才培养工作改革的主动性。第三，持续加大对人才培养工作的资源投入。突出人才培养的核心地位，坚持教学投入优先，教学建设先行的原则，建立健全拔尖创新人才培养经费投入长效机制，优先保障人才培养、教师教学能力提升，以及行业特色学科专业建设和拓展，多渠道筹措资金，大幅增加教学建设与改革经费，确保教学改革、条件建设与入场运行经费的优先投入。

二、坚持立德树人根本任务

行业特色高校始终聚焦培养堪当民族复兴大任的社会主义建设者和接班人的任务，结合自身办学传统与行业特色，以加强党的建设和思想政治工作为引领，坚持把价值塑造摆在人才培养第一位，深入研究学生的新特点、新变化、新需求，大力加强理想信念教育，将思想政治理论课与通识课程、专业课程相融通，将学生思想政治工作和校园文化建设相结合，将课堂教学主渠道与课外素质拓展相结合，引导学生服从国家特定行业发展需要，为国家各行业发展建功立业。

第一，充分发挥课堂教学在学生理想信念塑造中的主渠道作用。将红色基因和理想信念、家国情怀、哲学思维、创新精神、团队意识、国际视野等元素有机融入课堂教学内容，协同推进思政课程和课程思政建设，推动行业特色文化与思政育人深度融合，使各类课程、资源、力量与思想政治理论课同向同行，引导学生深刻领会马克思主义内涵与精髓，增强学生对中国特色社会主义的政治认同。第二，积极探索思政育人新模式。将学生思想政治教育与文化建设、党组织建设、素质拓展、实践教育等相结合。比如，南京航空航天大学以“徐川思政工作法”为核心，构建了具有南航特色的思想政治教育教学新方法、新体系、新模式。北京理工大学牵头成立“延河高校人才培养联盟”，探索红色人才培养模式，发挥了较好的辐射和示范作用，引起社会强烈关注。哈尔滨工程大学将“哈军工文化”基本要素或案例明确落实到教学大纲具体教学章节，充分挖掘课程自身蕴含的军工文化思想政治教育因素。第三，用榜样的力量教育引导学生传承弘扬奋斗精神。深化中国梦主题宣传教育，深入开展“弘扬爱国奋斗精神、建功立业新时代”“担复兴大任、做时代新人”等系列爱国主义教育实践活动。比如，国防军工行业特色高校深入挖掘国防军工系统榜样事迹，先后推出了“工信楷模”陈士橹、刘永坦、王泽山，首届“中国铸造终身成就奖”获得者周尧和院士，哈尔滨工业大学 “八百壮士”教师等典型人物，以及高伯龙、王飞雪、肖立权等全国全军重大典型，大力宣传他们担当有为、攻坚克难，为我国国防科技事业发展和军队建设作出突出贡献的感人事迹，弘扬他们坚守初心、矢志报国、恪尽职守、甘于奉献的精神，在师生和党员干部中引起热烈反响。

三、推进人才培养模式改革

习近平在党的十九大报告中强调：“加快一流大学和一流学科建设，实现高等教育内涵式发展。”[①]新时代新形势下，我国高等教育改革发展已经进入深水区，到了关键的攻坚阶段，其中首要的任务就是打破传统人才培养模式的瓶颈，培养出适应社会发展、适应国家建设需求的高素质人才。以电子信息行业为例，多年来我国芯片产品依赖进口，随着美国等西方国家对我国芯片等半导体产品的进口封锁，国内科技企业纷纷意识到唯有自身掌握核心技术才能不被“卡脖子”。核心技术需要自主创新、自主研发，需要多种类型、层次的人才，对于行业特色高校提出了培养更多具有创新能力、能够引领未来发展领军人才的任务。人才需求类型和需求层次的改变引发的改革推动了人才培养模式的改革。

第一，基于学生全面发展要求，探索本科培养模式改革。随着新一轮工业革命对各行业产业升级的带动，专业对口教育背景下培养的学生已难以满足行业对高素质、综合型、复合型人才的新需求。基于外部环境的新形势、新变化，各行

---

① 习近平. 习近平：决胜全面建成小康社会 夺取新时代中国特色社会主义伟大胜利——在中国共产党第十九次全国代表大会上的报告[EB/OL]. [2022-09-28] http://www.gov.cn/zhuanti/2017-10/27/content_5234876.htm.

业特色高校必须与时俱进、开拓创新，基于学生全面发展的教育理念，构建通识教育和专业教育相结合的人才培养模式，推动人才培养向交叉融合转移，进一步强化“厚基础、宽口径、重实践、求创新”的人才培养特色。一是按照学科大类进行本科招生和培养，在本科低年级进行通识教育，学生可自主选择专业和发展方向。二是以一流课程建设为引领深化行业特色类课程体系改革，构建包含“通识课程、学科专业课程、个性发展、素质拓展”的课程体系，支持学生多样化与个性化发展。三是实施满足学生个性化培养的完全学分制，扩大学生自主选修课程和选老师的权利，激发学生学习的内生动力。四是建设学业导师、思政导师、社会导师、朋辈导师相结合的导师体系，打造专兼职结合的辅导员队伍，加强学习认知引导以及心理健康教育、个性发展辅导。

第二，围绕国家重大专项和行业发展战略需求，定制化培养拔尖创新人才。有针对性地培养国家改革发展稳定中急需的人才是行业特色高校的重要特征，也是新时代党和国家赋予的新的政治任务。各行业特色高校应充分发挥自身专长和特色，依托承担的重大项目和专项计划，定制化培养拔尖创新人才；选拔最优秀的学生，构建“大师引领、项目牵引、开放化、协同式”的培养模式，采取高校和行业企业双导师制、国际化、小班化、个性化教学等培养方式；实行班主任团队负责制，全程指导班级建设、培养和管理，根据每一位同学特点定制“一人一策”培养方案；聘请国内外著名专家学者授课，开展一定时长的境外学习研究和企业研究院所工程实践；直接面向工程领域的关键问题开展毕业设计和学位论文研究，定制化为行业领域培养解决实际问题的创新型人才，有效破解行业领域“卡脖子”的关键技术难题。

第三，面向行业重点建设领域，大力发展研究生专业学位教育。发展专业学位研究生教育是当前我国研究生教育改革发展的战略重点。行业特色高校要把培养符合行业需求的高层次人才作为“双一流”建设的根本任务，充分发挥自身特色，通过设立工程博士专项班等方式，打造协同育人工程实践体系，着力增强学生创新能力和综合实践能力，为行业发展、国家重大战略需求、国家现代化建设和世界工程科技发展培养具有家国情怀、广博学识、全球视野和持久竞争力的卓越工程领军人才。

第四，构建“行业大师＋项目＋团队”的培养模式，强化行业特色科研育人功能。行业特色高校在长期的办学历程中，始终围绕国家战略需求和行业发展需求，承担了一大批国家重大科研和工程项目，为行业关键核心技术创新发展提供了有力支撑。各行业特色高校要坚持科技创新与人才培养“双轮驱动”，深化科教融合，强化以大团队、大平台、大项目为支撑保障，培养具有多学科交叉融合背景的高素质人才。健全科研育人机制。结合重大专项与工程、重大基础研究与关键技术自主创新，修订研究生培养方案，鼓励将学术前沿及优秀科研成果及时转化为教材、课程、创新创业实践等教学内容，引导一大批学术造诣深厚、工程实践丰富的专家学者投入创新实践教育。建立基于科研项目的协同培育机制。以国家重大工程项目和行业发展关键技术为牵引，完善科研项目资源引入机制，注重将科研项目用于学生培养。坚持问题导向做论文，引导研究生围绕行业需求和重大项目做真课题、真研究，将科研方法用于学生创新创业实践能力培养，在解决问题中培养人才、在人才培养中解决问题，不断增强学生的科学精神、批判思维、学术志趣和创新能力。推动国家、省部级重点科研基地更大范围的开放共享。行业特色高校集中了全国大多数面向行业的创新发展平台，各高校积极探索资源共享机制，出台相关政策持续推动全部省部级及以上重点实验室向本科生开放，将科研设备开发成实践育人平台，青年拔尖人才担任本科生导师，支持学生早进课题、早进实验室。

第五，推进产教深度融合，构建行业特色校企协同育人模式。行业特色高校要充分利用与行业企业和科研院所的紧密联系，聚焦国家战略和行业发展需求，围绕培养未来应用型领军人才的目标，推动与行业重点领域的深度融合，推进产学融合、校企合作，为行业产业的转型升级和高质量发展提供强有力的人才支撑。一是联合培养高层次拔尖创新人才。推行“订单式培养”，聚焦重大项目需求，通过实践实习、挂职锻炼等与专业学习融会贯通，将研究生的学业、职业、事业有效衔接，与行业企业协同培养高层次拔尖创新人才，提高学生的创新能力和服务行业能力。二是搭建校企协同育人平台。通过合作搭建软硬件平台，为学生实习实践提供政策、条件和经费支持，提升本科生、研究生创新实践能力和青年教师工程实践能力。三是聘请行业企业的专家担任导师。积极推广“行业教师”“企业导师”聘任制度和“企业游学”育人模式，开发一批以企业教师为主导的“行业精品课程”，建设一批优秀“校企示范教学团队”。

第六，大力开展创新创业教育，培养高素质拔尖创新人才。行业特色高校要强化培养学生创新精神、创业意识和创新创业能力，不断加强创新创业教育顶层设计，构建“面向全体，结合专业，梯次递进”的全覆盖创新创业教育体系。面向全体，即面向全体学生开展创新创业教育。构建多元化创新创业课程体系，为全体学生提供创新创业课程教育服务，建立创新创业知识体系。结合专业，即在专业教育中渗透创新创业教育的理念和内容。打造双创理念与专业课相结合课程，切实将学科优势、科研优势、学术优势转化为创新创业教育优势。梯次递进，即根据学生所处年级和创新创业需求的差异制订不同教育方案。针对低年级学生开展通识教育，注重创新创业素质培养和意愿启发。针对有创业意识的学生开展兴趣教育，引导学生积极参与各类创业大赛，使学生聚焦方向、构建团队。针对有强烈创业意愿并付诸实践的学生开展实践教育，注重培养其创业实际能力、企业管理能力和市场营销能力。

四、打造一流教育教学资源

第一，优化特色学科专业布局，坚守行业特色人才培养。学科、专业是人才培养的基本单元，是建设高水平本科教育、培养一流人才的“四梁八柱”。行业特色高校要以行业未来发展的需求为导向，紧盯行业发展战略转型与学科发展前沿方向，将行业发展新领域、新方向、新技术纳入特色专业建设规划，谋划前瞻性、战略性方向，配置优质资源，不断完善学校专业动态调整机制，以行业特色优势学科专业为重点，建设一批符合行业发展现代化需求的一流学科专业集群。不断探索行业特色专业的建设方式，积极按照教育部“一流专业”建设要求，从课程体系、师资队伍、基层教学组织、教学质量保障体系等方面推动行业特色专业建设推陈出新，不断培育新时代行业发展高素质人才。

第二，增加优质行业教学资源供给，提升育人能力。一是以行业特色学科为牵引，立足国家战略需求和人才培养目标，加强课程体系整体设计，提高课程建设规划性、系统性。加大一流课程供给力度，尤其是行业特色类课程，从教学内容、课程体系、方法手段、实践教学等方面推动课程改革，着力打造线下、线上、混合式、虚拟仿真、社会实践等五类“金课”，设置多元发展方向课程群，构建起“校—省—国家级”一流课程培育体系。二是推动教材成体系规划、系列化建设，以国家优秀教材评选、国家部委规划教材立项建设为牵引，培育打造系列高水平精品教材，鼓励支持高水平专家学者编写既符合国家需要又体现个人学术专长的高水平教材，充分发挥教材育人功能。三是构建以重点实验室、实验教学示范中心为引领的实验教学体系。充分发挥重点实验室开展行业发展自主创新研究的实践优势，引导学生特别是研究生深度参与行业科研项目，在突破基础研究、攻关关键技术、集成重大项目的过程中，培养大批行业领军人才。

五、深化国际合作协同育人

新时代国际形势发生巨大变化，西方国家对我国的制裁封锁和长臂管辖对我国高等教育国际化产生了冲击，被美国纳入“实体清单”的国防行业特色高校受到的影响尤为显著。习近平深刻指出，国际经济联通和交往仍是世界经济发展的客观要求，以高水平对外开放打造国际合作和竞争新优势①。行业特色高校要坚持

①习近平. 在经济社会领域专家座谈会上的讲话[EB/OL]. [2022-09-28] http://politics.people.com.cn/n1/2020/0825/c1024-31835058.html.

教育对外开放不动摇，不断深化和巩固伙伴关系，持续优化国际合作格局，为新时代多元化、创新型、国际化一流行业人才培养提供强有力支撑。

一是优化国际合作模式，积极突围。面对日趋紧张复杂的国际关系，行业特色高校要主动调整国际合作格局，积极开拓欧洲合作伙伴，辐射全球，拓展国际合作战略纵深。聚焦国家在各行业领域的发展技术瓶颈和高端人才短缺问题，以中外合作办学、联合培养等为平台有效引入外方优质办学资源，持续提升人才培养层次。二是深入推动与国际组织的合作，拓展国际化人才培养新模式。瞄准国家新兴技术和重点战略需求，以创新型、紧缺型、复合型国际化行业人才培养为目标，探索人才培养新机制。依托优势学科积极培养具有全球竞争力的人才，开拓学生在国际组织实习、实践和任职机会，创建国际化教育共同体。三是主动构建多边合作平台，持续扩大影响力。依托学科优势发起大学联盟，扩大“朋友圈”，以多边带动双边，促进合作层次提升。四是践行“一带一路”倡议，培养“知华、爱华”的外籍专业人才。积极响应“一带一路”教育行动，着力提高教育对外开放水平。以行业优势学科为依托，构建本硕博全覆盖的高质量留学生人才培养体系，为“一带一路”沿线友好国家培养“知华、友华”的行业尖端人才。

六、完善一流质量保障体系

人才培养质量是高校的生命线，质量建设是高校可持续发展的基础工程，是培养一流人才的根本和保障。行业特色高校要以人才培养目标为依据，加强人才培养顶层规划，以提高教学质量为宗旨，以完善保障体系为重心，深化改革，驱动创新，促进教学质量稳步提高。一是建立以学生发展为中心的教学质量监控体系和评估机制，发挥评估促改促建作用。以教育部本科教学审核评估等为抓手，建设教学状态数据库，开展周期性教学质量自评估。以教师、学生、校内外学科专家、行业专家、用人单位等利益相关者为评估主体，对教学管理、专业发展潜力、课程教学目标达成度等进行评估，获得系统、相互关联的质量信息，探索形成“评估→反馈→改进”的长效机制，构建具有鲜明特色的多维质量评估体系。二是开展用人单位调研，建立人才培养质量反馈机制。因为行业特色，用人单位与建设高校的联系紧密，在人才培养质量保障体系中也具有更加重要的地位。学校领导要主动走访行业企业，了解毕业生在岗学习工作情况，听取用人单位对毕业生在技术素养、领导力、组织协调能力等方面的评价和意见建议，并据此及时调整培养方案，确保人才培养符合行业需求。通过邀请校友返校诊断开方，准确掌握行业用人单位对毕业生能力素质方面提出的新要求，并及时将这些新要求细化分解到人才培养的过程中，有针对性地提高学生竞争力。三是开展专业评估及认证，完善专业质量保障机制。以工程教育专业认证为契机，进一步规范专业教学，完善专业质量保障机制，推动以学生发展为中心的教育理念贯穿专业教学全过程。通过专业认证（评估），有力促进相关专业体系的有效运行，推动专业内涵建设。

第二节　科学研究创新举措

习近平强调，希望广大科学家和科技工作者肩负起历史责任，坚持面向世界科技前沿、面向经济主战场、面向国家重大需求、面向人民生命健康，不断向科学技术广度和深度进军[①]。党的十九届五中全会指出，坚持创新在我国现代化建设全局中的核心地位，把科技自立自强作为国家发展的战略支撑[②]。进入新时代，一方面新一轮工业革命催生以科技创新为引领的行业产业快速变革，传统产业升级、新兴产业兴起；另一方面，西方发达国家对我国的极限封锁，使得“卡脖子”技术难题对发展的限制效应越发明显。高等学校是我国培养高层次创新人才的重要基地，是我国基础研究和高技术领域原始创新的主力军之一，是解决重大科技问题，实现技术转移、成果转化的生力军。行业特色高校担负着培养行业创新人才、促进产业结构调整、解决行业关键技术、推进行业科技进步的重任。

一、优化科研顶层布局

与综合性大学相比较，行业特色高校具有优势学科群较为集中、学科结构体系较为单一、主要侧重于某一类应用学科、文理基础学科相对较薄弱、学科间交叉融合力度不够以及新兴交叉学科拓展能力不足等学科特色。这些学科特色一方面为行业特色高校解决工程难题、提升集成创新能力提供了条件；另一方面表现为对工程问题背后的基础科学问题研究较为薄弱，以学科交叉研究拓展新的科研增长点的能力欠缺，导致“从 0 到 1”的颠覆性、根本性的技术变革创新较少，科技创新引领行业发展的能力有待提升。新时代行业特色高校要优化科研顶层布局，坚持服务“四个面向”，聚焦行业发展前沿，要进一步拓宽传统学科科研方向以适应时代发展，强化交叉学科研究以催生新的科研增长点。瞄准国家原创导向和重大需求关键难题，针对行业科研生产中存在的“方法不新、规律不明、机理

---

① 习近平. 习近平：在科学家座谈会上的讲话[EB/OL]. [2022-09-28] http://www.gov.cn/xinwen/2020-09/11/content_ 5542862.htm.

②共产党员网. 中国共产党第十九届中央委员会第五次全体会议公报[EB/OL]. [2022-09-28] https://www.12371.cn/2020/10/29/ ARTI1603964233795881.shtml.

不清”等问题，加强基础科学研究布局，凝练并解决若干基础科学问题，以实现“从 0 到 1”重大突破；围绕行业国之重器、民生急需等重要领域，承担若干重大系统集成项目，突破若干关键技术。同时，部分行业特色高校还应注重军口和民口科研渠道协调发展。

二、强化有组织的科研

习近平在科学家座谈会上强调，要发挥高校在科研中的重要作用，调动各类科研院所的积极性，发挥人才济济、组织有序的优势，形成战略力量[①]。技术攻关常常不是一个人、一个单一学科团队能够完成的。聚焦重大现实问题、服务国家重大需求，必须深入推进有组织科研，克服单打独斗、资源分散的弊端，全面提升大学服务国家战略的科技能力。行业特色高校学科专业设置相对聚焦，科研方向服务特定行业，科研成果向特定行业汇聚，科研目标存在共同愿景，具备开展有组织科研的优势条件。行业特色高校要进一步巩固有组织科研的优势积累，一要积极引育“帅才型”战略科学家，有组织地建立以院士为核心的战略科学家团队，充分发挥各类领军人才、学术带头人的引领作用，争取国家自然科学基金委员会、教育部、科学技术部等设立的重大重点项目。二要设立专项科技支持计划，创新组织方式凝聚全校优势科研力量，聚焦以重大科学问题为导向的基础研究，提前谋划培育重大重点项目，培育重大集成创新成果。三要强化与政府和行业产业对接联动，紧密围绕行业发展需求，在行业重点领域为国家高质量发展提供支撑。

三、夯实战略科技力量布局

党的十九届五中全会深刻把握当前国内外形势变化和新时期我国经济社会发展对高质量科技供给的迫切需要，坚持目标导向和问题导向相结合，对强化国家战略科技力量作出全面部署。强化国家战略科技力量，是应对国际经济科技竞争格局深刻调整、把握新一轮科技革命和产业变革机遇的必然选择，是催生新发展动能、支撑经济社会高质量发展的客观要求，是优化国家创新体系布局、引领带动科技创新综合实力系统提升的重要抓手。高校是国家科技创新的主体，更是国家战略科技力量的重要载体。行业特色高校的发展应着眼于国家重大战略需求和行业高质量发展，汇聚全校科技资源，加快国家实验室、基础科学中心、前沿科学中心、国家重点实验室等国家战略科技力量布局与建设。一方面要强化顶层设

---

① 习近平. 习近平：在科学家座谈会上的讲话[EB/OL]. [2022-09-28] http://www.gov.cn/xinwen/2020-09/11/content_ 5542862.htm.

计和系统布局，瞄准人工智能、量子科技、集成电路、生命健康、脑科学、生物育种、空天科技、深地深海等前沿领域，谋划培育若干具有前瞻性、战略性的重大科技项目，为国家战略科技力量建设奠定基础。另一方面要强化协同创新，国家战略科技力量作为引领未来发展的战略制高点，需要最具优势的创新单元形成合力，行业特色高校要推动形成跨学校、跨学院、跨学科、跨团队的科研组织模式，为科研力量汇集创造条件。

四、创新科技管理体制

习近平在科学家座谈会上指出，要加快科技管理职能转变，把更多精力从分钱、分物、定项目转到定战略、定方针、定政策和创造环境、搞好服务上来。要加快推进科研院所改革，赋予高校、科研机构更大自主权，给予创新领军人才更大技术路线决定权和经费使用权，坚决破除“唯论文、唯职称、唯学历、唯奖项”①。新时代行业特色高校科技管理工作要围绕提高创新体系整体效能，以激发人才活力为重点推动科技体制改革，完善创新生态。

第一，要提高高校科技管理人员的服务意识和专业素质。高校科技管理人员要认识到“服务”在科技管理中的核心作用，不断学习专业知识，主动了解国家科技工作政策、国家发展需求、行业发展前沿方向，学习知识产权保护专业知识，树立强烈的责任心和团队协作精神。

第二，创新完善科技评价、考核和激励机制。突出“品德、能力、业绩”的人才评价导向，强化“能力、质量、实效、贡献”的科研评价导向。强化分学科、分岗位、分类别、分层次、分阶段评价，建立导向明确、科学精准、竞争择优的人才考核评价体系，坚持全面考核与重点考核相结合。弘扬科学家精神，促进科研价值观的进一步转变，完善以代表性成果、创新质量和标志性贡献为重点的科研评价体系。坚持定量与定性评价相结合、大同行和小同行评价相结合、个人与团队评价相结合、长周期与短周期评价相结合、代表性成果与实际贡献相结合，建立结果评价、过程评价、增值评价、综合评价的多元评价机制。依照实事求是和按劳分配的原则，根据科技人员的不同特点因人而异地进行激励，积极营造尊重知识、尊重创新的氛围，让科技人员在创新活动中得到合理回报，通过成果应用体现创新价值。各级组织激励、团队激励和个人激励要有机结合，发挥各级管理团队、个人的主观能动性。

第三，提高科技成果转化率，加强产权保护意识。加强高校知识产权管理，

① 习近平. 习近平：在科学家座谈会上的讲话[EB/OL]. [2022-09-28] http://www.gov.cn/xinwen/2020-09/11/content_5542862. htm

明确所属技术转移机构的功能定位，强化其知识产权申请、运营权责。在项目立项时，应充分考虑市场和企业的需求，做好市场调研工作，分析成果的市场前景和成果转化的难易程度，强化知识产权保护意识。在科研的各个环节引入市场机制，促进科技与经济相结合，使高校科技成果随时能进入市场供企业和用户选择与交易。完善科技成果、知识产权归属和利益分享机制，提高骨干团队、主要发明人受益比例。

第四，营造创新氛围，释放科研人员活力。积极优化高校行政管理结构，使行政管理人员服务于学术人员与学术活动。强化教师的学术权力，使其在学术管理中享有更多的决策权与话语权。建立跨学校、跨学院、跨学科、跨团队的科研协作制度和政策，积极鼓励与支持高校教师在学术活动中的协同合作。

第三节　社会服务创新举措

践行社会服务的办学使命，是高校的基本职能之一。行业特色高校的办学历史中蕴含着丰富的服务国家经济社会发展的优良传统，为满足我国各项事业建设发展需要作出了巨大贡献。2021 年国务院《政府工作报告》中指出，扎实推动京津冀协同发展、长江经济带发展、粤港澳大湾区建设、长三角一体化发展、黄河流域生态保护和高质量发展，高标准、高质量建设雄安新区。推动西部大开发形成新格局，推动东北振兴取得新突破，促进中部地区加快崛起，鼓励东部地区加快推进现代化。推进成渝地区双城经济圈建设。支持革命老区、民族地区加快发展，加强边疆地区建设。积极拓展海洋经济发展空间。新时代行业特色高校分布广泛，在服务经济社会发展和产业改革创新等方面大有可为。要聚焦国家战略需求，主动对外开放拓展，积极构建社会参与机制，深化产教融合，推动高校向“国家 + 地方政府 + 企业 + 社会”多元配置资源转变，在开放办学中汲取养分，在促进自身发展的同时服务区域经济社会发展。

一、培养“愿意去、留得住、干得好”的人才

行业特色高校在培养国之栋梁和社会拔尖创新人才的过程中，要结合地域特色、社会需求和行业发展，最大限度地确保培养的人才更具有针对性，让人才“愿意去、留得住、干得好”。东、中部地区在满足当地社会经济发展对人才刚性需求的同时，要以国家战略、社会需求和个人成长为导向，强化价值引领，引导毕业生服务国家和社会发展需要。西部地区要发挥地区优势，增强学生就业认同感，把价值观融入思想政治教育，建立与地方政府、行业企业的就业输送新机制，

精准对接地方人才需求。近年来，高校就业也逐渐由卖方市场转为买方市场，面对毕业生就业压力和社会适应性问题，行业特色高校要注重培育职业能力，构建多层次、递进式的实践教学体系，注重培养学生解决实际问题的能力和创新意识。

二、提升成果转化能力

围绕高校创新链布局产业链，围绕行业产业链部署创新链，推动社会服务转型升级。推进大学科技园建设，通过建设分园、技术转移中心等载体增强成果转化能力。加快重点项目推进力度，促进学校社会服务规模化集群式发展。完善科技成果转化研究人员的激励措施，从人员聘任、职称评定等方面，建立符合服务科技成果转化要求的研究开发人员“转型”机制。加大技术转移管理人员的培养力度，逐步形成服务高校科技成果转化的专业人员队伍。加强校内财务、科研、资产管理、科技园等部门在促进成果转化方面的政策协同，营造激励创新和成果转化的文化氛围。

三、构建社会服务平台

行业特色高校要依托与行业企业紧密联系的优势，全力打造科技创新要素“聚集地”。高校要推进校地深度融合，通过与政府、企业签订战略合作协议，围绕人才培养、重大项目合作、科技研发攻关、科研平台共享等方面开展合作，通过在地方建立创新机构、联合实验室等平台载体，充分发挥高校人才、科技优势和地方产业、经费优势，为高校发展汇聚资源，提升人才培养水平和科技创新能力，积极推进毕业生在地就业、科技成果在地转化，更好地服务国家区域发展战略需求和地方经济社会发展。近年来，各高校在设立异地研究院方面已有探索和实践，如西北工业大学宁波研究院、北京航空航天大学杭州创新研究院等，未来社会服务平台要更加关注内涵建设。同时，高校要聚焦地方发展、行业改革瓶颈问题，积极发挥人才优势，大力积极推进高水平智库建设，为地方政府决策、产业发展提供建议。

第四节　文化传承创新举措

党中央强调，要推动中华优秀传统文化创造性转化、创新性发展[①]。文化传承与创新是高校的办学使命之一，是中国高等教育发展到新阶段的内在要求，体现

① 新华社. 中共中央关于党的百年奋斗重大成就和历史经验的决议（全文）[EB/OL]. [2022-09-28] http://www.gov.cn/zhengce/ 2021-11/16/content_5651269.htm.

了大国崛起的过程中高等教育界的理论自觉和文化自信。新时代行业特色高校要把文化建设作为高校发展的重要战略，坚定文化自信，积极培育和践行社会主义核心价值观，构建“大文化”工作格局，形成具有学校特色的大学精神和大学文化品牌；大力宣传学校优良传统，在人才培养环节中强化中华优秀传统文化、革命文化和社会主义先进文化教育，加强师德师风建设和科学家精神建设，以文科发展、艺术展演为重要载体营造学校人文艺术气息，不断提升文化软实力，推动学校各项事业的快速发展。

一、丰富学校精神谱系

行业特色高校要深入宣传学校校训、校风、校歌、办学理念等核心精神理念，深度总结凝练在国家发展历程中的重要贡献和典型事迹，加强校史校情教育，传承弘扬优良的精神文化传统。结合学校学科特色和行业背景，深入开展学校特有的精神文化研究，进一步挖掘学校文化特色和精神理念，对教风、学风进行总结凝练，不断丰富学校精神谱系。比如，北京航空航天大学打造“空天报国”精神标识，传承听党话、跟党走的红色基因，坚守为党育人、为国育才的使命担当，践行爱国奉献、敢为人先的价值追求，把“空天报国”精神融入课堂教学、社会实践、创新创业。西北工业大学凝练“三航精神”“总师文化”“西工大现象”等特色文化，将家国情怀融入人才培养、科学研究等各个环节。

二、完善大学文化管理制度

行业特色高校要认真研究党和国家对文化传承与创新的工作要求，贯彻落实大学文化建设相关的系列管理制度。通过制度建设，引导学生热爱祖国、服务行业，引导教师崇尚教学、潜心育人，引导科研人员甘于奉献、勇攀高峰，引导全体员工履职尽责、爱岗敬业。加强对大学文化建设工作的理论研究和经验总结，结合学校实际情况，对制度进行完善，提升大学文化管理的科学性、规范性。

三、建设底蕴深厚的校园环境

校园环境是文化传承与创新的客观载体，是高校文化建设的重要抓手。高校要结合校史校情，围绕人才培养目标，统筹规划环境文化建设。对学校重要场所和文化景观进行顶层规划、联合策划和分步实施，通过特色文化景观建设、博物馆建设等，提升校园环境的文化内涵。比如，哈尔滨工程大学持续发挥作为国家AAA 级旅游景区的哈军工文化园的特色文化育人作用，强化哈军工纪念馆、哈尔滨工程大学船舶博物馆育人功能和文化辐射作用；落成哈军工导弹工程系等系列溯源碑；开辟杏林文化景观，丰富文化内涵。南京航空航天大学打造了以南京航空航天博物馆、校史馆等为主体的“三航”场馆文化，以陈达院士雕像、陶宝祺院士雕像等为代表的人物雕像文化，以院士林、校友林为特色的名人园林文化，将学校景观文化打造成为传承办学传统、彰显治学理想、陶冶师生情操、培育良好校风的重要载体。

四、打造一批特色文化品牌

分类指导校内文化活动，有针对性地培育和打造一批具有影响力的文艺作品、具有传播力的网络文化作品、具有广泛参与度的文化活动和富涵学科特色的学院文化品牌，促进跨文化交流，提升文化育人的成效。比如，西北工业大学打造的原创话剧《寻找师昌绪》，在师昌绪院士坎坷的人生经历中注入时代精神内涵，树立新时代的科学家形象，传承爱国奉献、敬业守责、朴实无华的科学家精神，话剧入选“共和国的脊梁——科学大师名校宣传工程”。

第五节　国际交流合作创新举措

习近平在科学家座谈会上指出，越是面临封锁打压，越不能搞自我封闭、自我隔绝，而是要实施更加开放包容、互惠共享的国际科技合作战略[①]。新时代行业特色高校要以强化合作内涵为核心积极推进全球拓展，主动融入“一带一路”建设，建立与世界一流大学紧密合作的伙伴关系，注重实质性国际合作与交流。持续完善与世界一流大学和机构高端人才联合培养机制，加快推进高层次中外合作办学项目。提升留学生服务管理水平，打造高质量的国际教育，提升教师队伍国际化水平和学生全球竞争力。

一、培养具有全球竞争力的拔尖创新人才

一是以质量为导向提高本科生的全球学习能力。打造升级版的本科生海外交流培育方案，提高中长期出国（境）学生交流的比例，在专业培养中强化国际合作交流要求，加快建设“通、专、跨、国际化”的新型课程体系。二是提升研究生面向全球的创新能力。完善多元化的研究生出国交流机制，拓展学生赴国际组织实习实践渠道，提高研究生合作培养的层次，探索研究生互授联授学位工作，优化研究生跨境培养模式。三是推进国际学生教育体制改革。支持相应机

---

① 习近平. 习近平：在科学家座谈会上的讲话[EB/OL]. [2022-09-28] http://www.gov.cn/xinwen/2020-09/11/content_5542862. htm.

构和院系更好地发挥作用，进一步优化国际学生招生、培养和管理的策略、模式与体制，加快打造一批特色来华留学项目，在国际学生培养质量提升上实现关键突破。

二、围绕全球前沿方向开展实质性创新合作

一是在协同攻关中提升原始创新能力。聚焦世界科技前沿领域，完善国际科技协同创新机制，推进全球范围内的新型产学研深度合作，加强对国际级重大国际科研合作项目的培育，力争在承担国际科技重大合作、重点项目中形成一批标志性原创成果。二是持续构建国家级、政府间的国际合作平台。完善全球科技合作网络，面向世界科技前沿深度参与国际或区域性重大科研计划，与全球战略伙伴打造创新联合体，围绕基础研究、颠覆性科技等加大共建重大创新平台的力度。三是推进高级别的中外人文交流。全面融入国际主流学术圈，加快在人文社科等领域与海内外大学合作成立科研机构，积极培育国别与区域研究中心。选派优秀教师赴国内外高水平机构访学交流，鼓励教师在国际重要学术组织担任管理职务和学术职务，鼓励青年教师和博士后出国参加重要学术交流。

三、构建全球引才环境

一是建立全球人才图谱，重点、精准引才育人。结合一流学科发展需求，借力国家人才项目，加快引进诺贝尔奖级海外学术大师、海内外高水平大学长聘教职、全球高被引学者等高层次人才和优秀青年学者。二是注重创新用才机制。坚持不为我所有、但为我所用的理念，推动用才与引智并重、个人引育与团队引育结合，完善讲座教授、兼职兼任教授、访问学者等多形式用才制度，为人才施展才华创造更好的条件。三是构建人才发展的国际化环境。完善教师发展体系，进一步创新人才评估评价机制，凸显国际化评估导向，明确教师在考评、晋升、聘任等方面的国际化要求，加大关于国际化建设、国际声誉提升和对外合作交流情况的考核与激励。

四、高标准建设全球开放发展的特色平台

一是打造国际教育合作样板区。构建高水平中外联合办学平台，完善与世界一流大学接轨的专业培养模式、课程体系和质量监控体系、教师评聘机制及师德师风建设机制等。二是加快建设多元文化交融的国际化校园。按照全球开放发展要求升级改造校园软硬件环境，建设对外籍师生更加友好的教育教学、校务管理、后勤服务等信息平台，在海外名师讲学、联合创新等方面进一步营造浓厚的

校园国际化氛围。三是依托全球合作网络适时设立海外科教基地。对接海外合作伙伴需求，借助战略合作伙伴和海外校友力量，积极探索海外联合授课、授予学位等形式，促进海外人才引进、科研合作、成果转化和优势学科率先“走出去”。

五、建设一流的国际化工作体系

一是创新联动协同的工作机制。优化跨部门协同以及部门与院系联动体制，健全全球开放发展过程的风险识别、防范机制，探索国际化工作的社会资源投入模式，完善支撑保障体系。二是充分释放院系的国际化活力。发挥院系在开放发展中的主体作用，挖掘学科参与国际合作交流的潜力，全面评价院系开放发展的成果、经验与问题。三是提升国际化队伍的战斗力。改进国际化建设队伍的聘任方式，分类分层开展国际化能力建设培训，常态化选派教师和管理人员到合作高校驻点挂职，全面提升开放发展的管理服务能力。